21世纪高职高专规划教材 · 旅游管理系列

"十三五"江苏省高等学校重点教材
编号：2019-2-036

旅游电子商务

Tourism E-Commerce

周春林　李俊楼　王新宇　等／编著

中国人民大学出版社
· 北京 ·

前　言

随着旅游业的快速发展以及“互联网＋”的渗透融合，旅游电子商务自身的优势更加凸显出来，旅游市场的商务活动逐步转变为依托互联网来完成。培养具备电子商务职业技能的旅游业一线人才也显得更为迫切。

本教材以旅游电子商务人才的实际需求为主线，与互联网技术迭代更新同步，加强新技术、新应用与旅游业的深度融合，通过案例导入、任务驱动、移动学习、学训结合，加强教中做、做中学，力求达到教学做一体化，激发学生学习的能动性和创造性。本教材设计了旅游电子商务基本认知、旅游电子商务网络技术、旅游电子商务营销推广和旅游电子商务运营管理四个模块，将理论与实践相结合，涵盖电子商务概述、旅游电子商务概述、旅游电子商务网站建设、旅游电子商务支付与安全、旅游电子商务网络营销、旅游新媒体营销、旅游电商平台运营管理和旅游电子商务数据挖掘 8 个项目、37 项任务，以期培养具有互联网思维、场景化思维和产品化思维的旅游电商人才，以满足网店运营、网络推广、新媒体营销和数据分析等职业岗位的需求。

与同类教材相比，本教材有所改进和创新，主要体现在以下几个方面：

第一，注重培养学生的综合能力与素质。教材中的每个项目均由若干任务组成，每个任务均设计了“任务导入”“任务执行”“知识讲解”“任务拓展”“任务反馈”和“拓展阅读”等，学习任务涉及面广、形式多样，在拓展知识学习的同时，有助于提高学生自主学习能力和分析问题、解决问题的能力，并养成职业认同、创新创业和团队协作等意识。

第二，契合社会需求，着眼于前沿技术应用。教材能够与时俱进，以紧扣时代发展脉络和行业应用实践为原则，减少长篇理论阐述，注重行业前沿新技术的应用，设计了“两微一抖”（微博、微信、抖音）新媒体营销、旅游电商平台运营管理、旅游电子商务数据挖掘、区块链等新内容，更好地服务于新旅游电商人才的培养。

第三，信息化学习资源提高效率与效能。注重运用现代信息技术，使教材的呈现形式更加场景化、动态化和形象化，如建设移动端教学平台支持微课、案例素材库、二维码扫描等多种互动教学模式，以及利用“微信公众号＋社交电商平台‘微店’＋第三方微场景应用”搭建虚拟仿真实训系统等。

本教材是“十三五”江苏省高等学校重点教材建设成果。作为旅游专业的基础课教材，本教材不仅适合高职院校的旅游管理、旅行社经营与管理、旅游休闲服务与管理等旅游专业学生学习使用，也适用于电子商务、市场营销等工商管理专业学生学习参考，同时可以作为旅游企业，如旅行社、酒店等企业的培训教材。

本教材由南京旅游职业学院周春林教授进行总体设计、内容遴选，并负责统稿和相关编写工作。南京旅游职业学院的一批从事旅游信息化、电子商务和市场营销研究的青年教师参与了教材设计和具体编写工作，具体分工如下：项目一（常直扬副教授），项目二、三（李俊楼讲师），项目四（马卫副教授），项目五（孙爱民讲师），项目六、七（李俊楼讲师、黄昕博士、缪真建博士），项目八（王新宇副教授）。

在教材设计和编写过程中，我们得到了合作企业广州问途信息技术有限公司 CEO 黄昕博士、镇江明都大饭店总经理缪真建博士、南京尔目易新文化传媒有限公司常务副总经理王鹏等的帮助。同时，中国人民大学出版社高度重视本教材，为保证教材的编写质量，编辑们对我们的编写工作给予了大量的帮助和支持。在此谨向他们一并表示感谢。

本教材引用了大量的第三方研究成果及网站案例资料，尽可能地在参考文献中列出，对于未能列出者，敬请联系本教材编者。在此谨对所有的旅游电子商务研发人员、旅游工作者、旅游网站及我们所获得信息的网站表示最衷心的谢意。

旅游电子商务理论与实践发展迅速，行业发展日新月异，由于编者水平有限，书中肯定有诸多不足之处，期待同行专家和广大读者批评指教，以便今后进一步修订和完善，为我国旅游电子商务人才培养做出更大的贡献。

编　者

2020 年 1 月

目　录

模块一　旅游电子商务基本认知

模块二　旅游电子商务网络技术

模块三　旅游电子商务营销推广

模块四　旅游电子商务运营管理

模块一
旅游电子商务基本认知

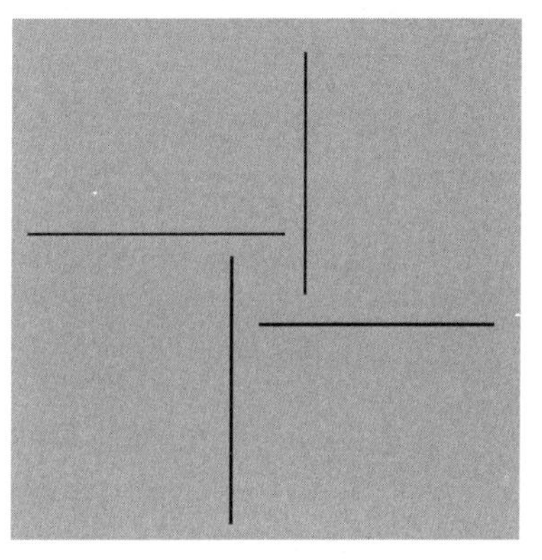

项目一　电子商务概述

项目概述

随着计算机信息技术的快速演变与互联网的不断发展，以虚拟经济为依托的电子商务已经走上历史舞台，发展成为我国新兴产业的中坚力量。本项目首先介绍了电子商务的起源、发展、定义及特性等。其次，介绍了电子商务的主要构成有哪些，其在生活中的应用体现在哪些方面。最后，重点介绍了当前电子商务发展过程中存在的不同交易模式，并从多角度探讨了电子商务与传统商务的区别和联系。

项目目标

知识目标：了解电子商务的起源、发展阶段及我国电子商务发展现状；理解电子商务的定义及特性；掌握电子商务的组成与应用和交易模式；理解电子商务与传统商务之间的区别和联系。

技能目标：通过对主流电子商务平台的了解，能够认识到电子商务在企业中的主要应用；通过模拟消费训练，掌握电子商务不同交易模式之间的区别和联系。

素质目标：增进学生对电子商务基本知识的理解，进一步培养学生对旅游电子商务知识点学习的兴趣。

任务一　电子商务的起源与发展

任务导入

海尔集团（简称“海尔”）是国内第一家引入电子商务业务的大型企业，率先推出电子商务业务平台。为进入一体化的世界经济，海尔累计投资 1 亿多元建立了自己的 IT 支持平台，为电子商务服务。海尔根据企业自身的特点，开发出有鲜明个性和特点的垂直门户网站，以通过电子商务手段更进一步增强在家电领域的竞争优势，不靠提高服务费来盈利。

任务执行

以四人为一个小组，借助网络工具，查阅亚马逊、阿里巴巴、京东、当当、海尔等国内外知名企业的信息和网站及《2019 年中国电子商务行业发展现状及市场前景研究报告》《2019 年中国品牌电商服务行业研究报告》《中国电子商务发展报告 2018—2019》等资料，分组讨论：

1. 这些知名企业的共性和个性是什么？
2. 究竟什么是电子商务？我国电子商务发展现状呈现什么样的趋势和特点？

知识讲解

一、电子商务发展历程

世界上对电子商务的研究与应用始于 20 世纪 70 年代末。电子商务的发展历程主要可分为三个阶段：基于 EDI 电子商务阶段、基于 Internet 电子商务阶段和基于 E 概念电子商务阶段。

（一）基于 EDI 电子商务阶段

从技术的角度来看，人们利用电子通信的方式进行贸易活动已有几十年的历史了。早在 20 世纪 70 年代末就出现了作为企业间电子商务应用系统雏形的电子数据交换（Electronic Data Interchange，EDI）和电子资金转账（Electronic Funds Transfer，EFT），而实用的 EDI 电子商务在 20 世纪 80 年代得到了较大的发展。EDI 电子商务主要是通过增值网络（Value-Added Networks，VAN）实现的。通过 EDI，交易双方可以将交易过程中产生的询价单、报价单、订购单、收货通知单和货物托运单、保险单和转账发票等报文数据以规定的标准格式在双方的计算机系统上进行端对端的数据传送。到了 20 世纪 90 年代，EDI 电子商务技术已经十分成熟。

应用 EDI 使企业实现了“无纸贸易”，大大提高了工作效率，降低了交易成本，减少了由于失误带来的损失，加强了贸易伙伴之间的合作关系，因此在国际贸易、海关业务和金融领域得到了大量的应用。众多的银行、航空公司、大型企业等纷纷建立了自己的 EDI 系统，在贸易界甚至提出了“没有 EDI 就没有订单”“EDI 引发了贸易领域的革命”等口号。但是 EDI 电子商务的解决方式那时基本上是建立在大量功能单一的专用软、硬件基础上。当时网络技术的局限性限制了 EDI 的应用范围，同时 EDI 对技术、设备、人员有较高的要求，并且使用价格极为昂贵。受这些因素的制约，EDI 电子商务仅局限在先进国家和地区以及大型企业的范围内应用，在全世界范围内得不到广泛普及和发展，大多数中小企业难以应用 EDI 开展电子商务活动。

（二）基于 Internet 电子商务阶段

随着 Internet 和计算机网络技术的蓬勃发展，网络化和全球化已成为不可抗拒的世界潮流，价格低廉并且连通全世界的电子信息通道逐渐形成，应用 Internet 开展电子商务业务开始具备实用的条件，电子商务获得长足发展的时机已经成熟。在 20 世纪 90 年代初期，计算机网络技术得到了突破性的发展，依托 Internet 的电子商务技术也就应运而生。Internet 电子商务是以飞速发展遍及全球的 Internet 网络为架构，以交易双方为主体，以银行支付和结算为手段，以客户数据库为依托的全新商业模式。它利用 Internet 的网络环境进行快速有效的商业活动，从单纯的网上发布信息、传递信息到在网上建立供、产、销全部业务流程的电子商务虚拟市场，从封闭的银行电子金融系统到开放式的网络电子银行，给企业在增加产值、降低成本、创造商机等方面带来了很多益处。除了 Internet 的发展外，信息技术也得到了全面发展，如网络安全和管理技术得到了保障、系统和应用软件技术趋于完善等，这一切为 Internet 电子商务的发展和应用奠定了基础。

（三）基于 E 概念电子商务阶段

E 概念电子商务是人类社会、经济、科学、文化发展的必然产物，是电子技术在信息化社会中的务实应用，也是商务发展的未来。电子商务实际上就是电子信息技术同商务技术应用的结合，而且电子信息技术不但可以同商务活动结合，还可以和政府、企业、卫生、教育、金融、军事等应用领域结合，从而形成相关领域的 E 概念，如电子政务、虚拟企业、电子医务、电子教务、在线金融、远程指挥等。

E 概念电子商务

电子商务的英文名称是 Electronic Commerce，缩写为 EC，E 概念电子商务中的“E”取自电子商务英文名的第一个单词，这里所指的 E 概念电子商务，其实就是强调电子商务与不同领域的结合，相当于“电子商务+”。例如：电子信息技术和教育结合，可以产生电子教务——远程教育；电子信息技术和医疗结合，可以产生电子医务——远程医疗；电子信息技术和政务结合，可以产生电子政务；电子信息技术和军务联系，可以产生电子军务——远程指挥；电子信息技术和金融结合，可以产生在线金融；电子信息技术与企业组织形式结合，可以产生虚拟企业等。

二、全球电子商务现状

1998 年被 HP 和 IBM 公司称为“电子商务年”，自此电子商务在全球范围内迅猛发展，交易额迅速增长，当年全球电子商务交易额达数千亿美元，收入增长高达 262%。

以欧美国家为例，电子商务业务开发如火如荼。目前，在法、德等欧洲国家，电子商务所产生的营业额已占商务总额的 1/4，在美国已高达 1/3，而欧美国家电子商务的发展也不过十几年的时间。在美国，美国在线（American Online，AOL）、雅虎、IBM、亚马逊、戴尔、沃尔玛等电子商务公司在各自的领域更是取得了令人不可思议的巨额利润。

欧美国家电子商务飞速发展的因素有以下几点：

（1）欧美国家拥有计算机的家庭、企业众多，网民人数占总人口的 2/3 以上，尤其是青少年几乎都是网民，良好的经济条件和庞大的网民群体为电子商务的发展创造了环境。

(2) 欧美国家普遍实行信用卡消费制度，建立了一整套完善的信用保障体系，这为电子商务的网上支付奠定了基础。

(3) 欧美国家的物流配送体系相当完善、正规。近年来大型第三方物流公司的出现，使不同地区的众多网民能在网上购物的当天或隔天就可以收到自己所需的商品，这得益于欧美国家近百年的仓储运输体系发展。

在移动技术飞速发展的今天，高速宽带无线网络、移动上网协议、双制式移动电话和各种界面友好的掌上设备大力推动了移动电子商务的发展。目前，已有来自世界各国的 1 200 多家公司签署了“无线移动协议”。

电子商务的发展已经逐步进入整合阶段，即把贸易服务、互联网服务、运输服务、信用调查服务、资金结算服务、传统业务等集合起来形成一个综合平台，实现信息资源共享，交易高度集成化。随着国际电子商务环境的逐步完善，国际电子商务正从区域性、经济体成员内部信息聚合向跨区域、全球化电子商务交易方向发展。目前，各发达国家和地区正凭借雄厚的经济实力和在电子商务发展上的优势，力争在世界电子商务浪潮中保持主导地位，而发展中国家也在积极探索缩小与发达国家之间差距的有效途径，争取迎头赶上。

在未来的发展中，电子商务服务将成为电子商务的一个重要发展方向，而其主要的服务对象将是中小企业。以公共服务平台为基础，采用一对多的服务方式，电子商务服务将为中小企业提供专业化服务。电子商务服务业以信息技术为核心，涉及第三方物流、信息服务、教育培训等多种行业。随着全球产业结构由工业型经济向服务型经济的转变，电子商务服务业的发展将成为电子商务发展的一个新亮点。可以预言，电子商务服务将带动世界范围内电子商务的发展，成为新时期国际电子商务发展的焦点。

三、我国电子商务的发展

我国电子商务始于 1995 年。如果说美国电子商务是“商务推动型”，那么中国电子商务则更多的是“技术拉动型”，这是中国电子商务与美国电子商务在发展模式上的最大不同。在美国，电子商务实践早于电子商务概念，企业的商务需求“推动”了网络和电子商务技术的进步，并促成电子商务概念的形成。当 Internet 时代到来的时候，美国已经有了一个比较先进和发达的电子商务基础。在中国，电子商务概念先于电子商务应用与发展，“启蒙者”是 IBM 等 IT 厂商，网络和电子商务技术需要不断“拉动”企业的商务需求，进而引发中国电子商务的应用与发展。

1998 年是世界的“电子商务年”，当年新成立的信息产业部提出：推进国民经济信息化，要重点抓好企业信息化、金融电子化和电子商务这三个方面的工作。企业信息化是基础，金融电子化是保证，电子商务是核心。一场有关电子商务研究和讨论热随之在国内掀起，我国的电子商务已进入起步阶段。

金桥工程的实施，推动了我国信息基础设施建设的步伐，促进了我国 Internet 的普及和应用，为电子商务的实施奠定了一定的物质基础。

金卡工程的实施，推动了我国一些商业银行的电子化进程，为电子商务的开展奠定了基础。从某种意义上来说，金卡工程本身就是电子商务在我国的应用试点，并取得了显著的成效。截至 1997 年年底，首批 12 个试点省市全部实现了自动柜员机

（ATM）与销售点终端机（POS）的同城跨行（工、农、中、建、交等各商业银行）联网运行和信用卡业务的联营，这中间包括 EDI、EFT 的实际应用，金卡工程的建设为实现网上支付与资金清算提供了很好的条件。例如，上海市商业增值网已连入金卡网络，这使得全市近百家大型商户建立了计算机管理系统，并与金卡网络相连。此外，中小型商场和超市、连锁店普遍采用了收款机，可全面受理信用卡，初步具备了发展电子商务所需要的基本条件。

金贸工程是电子商务在经贸流通领域的应用工程，也是我国电子贸易体系建设的一项试点工程。商品交换是商品经济社会永恒的主题，研究市场经济、研究商品交易的学问是每一个企业在商品经济社会中求生存、图发展的必修课。金贸工程就是帮助企业，特别是帮助国有大中型企业进行改革，走出困境，学会利用现代电子信息技术手段管理企业、研究市场、学会经营贸易、开创商品交易新模式的一项计算机应用系统工程。

1998 年北京、上海等地先后启动了电子商务工程。该工程在安全认证体系、安全支付结算体系、协同作业体系、法律政策环境等方面进行了实质性的探索和实践，对我国今后的电子商务工作起到了极大的促进作用。

1999 年 B2C 网站正式开通，从此网上购物进入实际应用阶段。同年，政府上网、网上纳税等广义电子商务开始启动。湖南大学、浙江大学开展了网上教育，北京、上海的部分大医院可以进行远程诊断等，这一切都说明我国的电子商务已经进入务实发展阶段。

2002 年电子政务进入全面实施阶段，全国政府采购投资达 350 亿元。该年 7 月国家信息化办公室（简称“国信办”）公布关于我国电子政务建设的指导意见。各级政府都可以在网上发布政府信息，开辟了与公众进行交流和提供服务的渠道。这一年基本建成了全国性税务计算机网，通过计算机管理全国 2 000 多万户纳税人的纳税问题，通过计算机征收全国 75%的税款，在全国推行防伪税控系统，在成熟的地区开展网上申报与缴税的试点，部分省市已经开始网上政府招标。

网络基础建设环境、法律环境、网上支付、信息安全、认证中心等建设环境不断地在改善中。行业电子商务发展进入高速增长期，对外经济贸易部建立的在线广交会、中国商品交易市场、中国技术出口交易会、中国招商等站点使得外贸电子商务的运行环境大大改善。纺织、旅游等行业也开展了网上交易活动，大大便利了交易。

我国电子商务自 2016 年开始，从超高速增长期进入相对稳定的发展期。2019 年上半年，我国实物商品网上零售额同比增长仍高达 21.6%，电子商务继续承担国民经济发展的强大原动力。同时，电子商务在壮大数字经济、共建“一带一路”、助力乡村振兴、带动创新创业等方面均发挥了积极作用。

数据显示，2018 年全国电子商务交易额达 31.63 万亿元，同比增长 8.5%。其中，商品、服务类电子商务交易额达 30.61 万亿元，同比增长 14.5%。随着电子商务就业规模日益壮大，电子商务与实体经济融合发展加速，带动了更多人从事电子商务相关工作。

从各省市电子商务发展情况来看，广东、浙江、北京、上海、江苏五个省市是我国电子商务发展的先导省市。山东、福建、四川、安徽四个省份电子商务优势逐渐形成，属于我国电子商务发展的第二梯队。黑龙江、广西、新疆、甘肃四个省份电子商务仍有较大发展空间，是我国电子商务发展的潜力省份。其余省份的电子商务发展水平处于中等位置，是我国电子商务发展的中坚力量。

任务拓展

借助网络工具，查阅相关资料，思考：欧美信用保障体系、物流配送体系对电子商务的发展有哪些促进作用？我国当前在电子商务领域主要有哪些知名企业？

任务反馈

各小组讨论并介绍我国电子商务发展不同阶段的典型电子商务企业案例。

拓展阅读

《电商帝国是这样诞生的——亚马逊 20 周年成长史》

亚马逊作为电子商务领域最耀眼的一颗明星，其诞生、特色、运营、战略定位等在电子商务领域探索阶段做了许多创新。

扫描二维码，阅读全文

《当当网：如何演绎中国版“亚马逊”?》

作为全球最大的中文网上图书音像店，当当网的广告布局、商品分类、产品展示、商品搜索等有诸多特色。

扫描二维码，阅读全文

任务二　电子商务的定义及特性

任务导入

广州唯品会信息科技有限公司（简称“唯品会”）成立于 2008 年 8 月，总部设在广州，旗下网站于同年 12 月上线，是一家致力于打造中高端名牌特卖的电子商务 B2C 网站。其主营业务为通过互联网在线销售品牌折扣商品，销售产品涵盖中高端服装、鞋帽、箱包、家居用品、化妆品、奢侈品等。唯品会于 2012 年 3 月在美国纽约证券交易所上市，是华南地区首家在美国纽约证券交易所上市的电子商务企业。

任务执行

以四人为一个小组，借助网络工具，查阅资料了解唯品会的运营特色，了解其如何借助互联网进行产品的整合与销售。

知识讲解

一、电子商务的定义

随着网络技术的飞速发展和信息经济、网络经济等概念的提出，电子商务受到人们越来越多的关注。电子商务是伴随着信息经济的脚步，在 20 世纪 90 年代兴起于美国、欧洲等发达国家的一个新概念。1997 年，IBM 公司第一次使用了电子商务（Electronic Commerce，E-Commerce）一词。后来，电子商务一词的使用慢慢普遍起来。

什么是电子商务？目前，国际上对电子商务尚无统一的定义，许多国际组织、企业乃至个人都提出了自己的观点。例如：电子商务是通过电子信息网络从事交易的活动；电子商务是一组电子工具在商务过程中的应用；电子商务是通过电子方式在网络上实现物资与人员流程的协调，以实现商业交换活动的过程；电子商务＝Web＋企业业务；电子商务＝电子化的市场＋电子化的交易＋电子化的服务；电子商务的技术公式是 E-Commerce＝Web＋IT＋Commerce；电子商务的商务公式是 E-Commerce＝SCM＋OPS＋CRM/DRP 等。

联合国经济合作和发展组织（OECD）将电子商务定义为：“利用电子化手段从事的商业活动，是发生在开放网络上的商业贸易。”该组织认为，电子商务的基础是电子处理和信息基础。

欧洲议会关于电子商务的定义是：电子商务是通过电子方式进行的商务活动。它通过电子方式处理和传递数据，包括文本、声音和图像。它涉及许多方面的活动，包括电子贸易和服务、在线数据传递、电子资金划拨、电子证券交易、电子货运单证、商业拍卖、合作设计和工程、在线资料、公共产品获得。它包括产品（如消费品、专门设备）和服务（如信息服务、金融和法律服务）、传统活动（如健身、教育）和信息活动（如虚拟购物、虚拟训练）。

加拿大电子商务协会对电子商务给出了较为严格的定义：电子商务是通过数字通信进行商品和服务的买卖以及资金的转账，它包括公司间和公司内利用电子邮件（E-mail）、电子数据交换（EDI）、文件传输、传真、电视会议、远程计算机联网所能实现的全部功能（如市场营销、金融结算、销售和商务谈判）。

IBM 公司指出：电子商务是将系统和主要商业运作的过程结合起来，通过 Internet 技术使之变得简单易行的、能够传送不同商业价值的、安全的、灵活的和完整的商业途径。Internet、Intranet 和 Extranet 是电子商务的三种基本载体。

通用电气公司对电子商务的定义是：电子商务是通过电子方式进行交易，分为企业与企业间的电子商务及企业与消费者间的电子商务。企业与企业间的电子商务，以 EDI 为核心技术，以增值网和互联网为主要手段，实现企业间业务流程的电子化，配合企业内部的电子化生产管理系统，提高企业从生产、库存到流通各个环节的效率；

企业与消费者间的电子商务，以 Internet 为主要的服务提供手段，实现公众消费和服务提供方式以及相关付款方式的电子化。

1997 年 11 月，国际商会在巴黎举行了世界电子商务会议，全世界商业、信息技术、法律等领域的专家和政府部门的代表，共同探讨了电子商务的概念。这是迄今为止对电子商务最有权威的定义：电子商务是指对整个贸易活动实现电子化。从涵盖范围方面可以定义为：电子商务是指交易各方以电子交易方式而不是通过当面交换或直接洽谈方式进行的任何形式的商业交易。从技术方面可以定义为：电子商务是一种多技术的集合体，包括交换数据（如电子数据交换、电子邮件）、获得数据（共享数据库、电子公告牌）以及自动获得数据（如条形码）等。

我国《电子商务发展“十一五”规划》中对电子商务的定义是：电子商务是网络化的新型经济活动，即基于互联网、广播电视网和电信网络等电子信息网络的生产、流通和消费活动。电子商务涵盖社会不同经济主体内部和主体之间的经济活动，体现了信息技术网络化应用的根本特性，即信息资源高度共享、社会行为高度协同所带来的经济活动的高效率和高效能。

概括起来，电子商务应是一种商务活动的形式，是以现代信息技术手段，加数字化通信网络和计算机装置等为工具，进行商品交易的过程。其目的是替代传统交易过程中纸介质信息载体的存储、传递、统计、发布等环节，从而实现商品和服务交易以及交易管理等活动的全过程无纸化，并达到高效率、低成本、实时化、网络化、直接化等目的。

电子商务的技术实现一般包括三个部分：建立企业的 Intranet（内联网，或称企业内部网），扩展到 Extranet（外联网，或称企业外部网），连接到 Internet，使用户在该企业的应用平台上或应用系统中进行交易。电子商务基于 Internet/Extranet/Intranet 或局域网、广域网，包括从销售、市场到商业信息的全过程。在这一过程中，任何能加速商务处理过程、减少商业成本、创造商业价值、创造商业机会的活动都应该归入电子商务的范畴。其中，基于 Internet 的电子商务是商家通过 Internet 进行信息的发布、产品的宣传以及网上销售、售前售后服务等，如虚拟商店、网上购物、网上信息服务等。基于 Intranet 的电子商务是通过 Intranet，企业可以完成内部信息的发布、交流和反馈，并进行业务流程和人、财、物的协调与管理，加强对企业内部相关数据库和文件系统的管理，通过防火墙技术与设置访问权限等措施提高企业机密信息的安全性。基于 Extranet 的电子商务是相关企业之间，如企业与其供货商、购货商、代理商、大客户以及维护服务中心等，通过 Extranet 相互沟通信息，协同运作，实现网上实时交易过程以提高运作效率和效益。基于其他网络的电子商务则如在电话网、其他增值网上的 EDI、帧中继、视频会议、视频点播（Video On Demand，VOD）、ATM 自动存取款业务等。

另外，电子商务还有狭义 Electronic Commerce（简称 eComs）和广义 Electronic Business（简称 eBiz）之分，两者都翻译为“电子商务”。但实际上这两者的含义并不相同。

eComs（电子商务）是指公司与其外部客户、供应商或合作伙伴之间的业务流程。这些流程通常包括营销、销售、订单处理、运输和交付、客户服务、生产性材料的购买、非生产性消费的采购，以及与供应商、分销商、管理机构、公众的沟通。或者说，包括交易前的广告宣传，交易中的商业洽谈、支付、商品的运输和支付，以及交易后的售后服务和商品的升级换代服务等。

eBiz（电子商务）则涵盖企业所有的业务流程，它不仅包括 eComs（电子商务）中面向外部市场的业务流程，也包括更多的企业内部流程，如生产、产品研发、客户关系管理（Customer Relationship Management，CRM）、基于企业资源规划（Enterprise Resource Planning，ERP）和业务流程重组（Business Process Reengineering，BPR）的智能化、柔性生产组织、供应链管理（Supply Chain Management，SCM）以及财务、人力资源和风险管理等。

二、电子商务的特性

电子商务的特性可归纳为：高效性、方便性、集成性、可扩展性、安全性、协调性。

（一）高效性

电子商务最基本的特性是高效性，即提供买、卖双方进行交易的一种高效的服务方式。网上购物为消费者提供了一种方便、迅捷的购物途径，为商家提供了一个遍布世界各地的、有巨大潜力的消费者群。因而，无论是对大规模还是中小规模的企业，甚至个体经营者来讲，电子商务的到来都是一种机遇。

电子商务的高效性体现在很多方面，例如：电子商务可以拓展市场，增加客户数量；通过将信息网络连至数据库，企业能记录客户每次访问和购买的情况、购货动态以及客户对产品的偏爱。这样，企业通过统计这些数据就可以获知客户最想购买的产品是什么，从而为产品的生产、开发提供有效的导向信息；网上营销还可以为企业节省大量的开销，如不需要营业人员、不需要实体店铺，并可提供全天候的服务，提高销售量和企业知名度等。

（二）方便性

在电子商务环境中，传统交易受时间和空间距离限制的局面被打破，客户不再像以往那样因受地域的限制而只能在一定区域内、有限的几个商家中选择交易对象，寻找所需的商品。他们不仅可以在更大的范围内，甚至全球范围寻找交易伙伴、选择商品，而且更为重要的是，他们的目光不仅仅集中在商品的价格上，服务质量的好坏在某种意义上成为决定商务活动成功与否的更为关键的因素。

企业将客户服务过程移至开放的网络上之后，过去客户要费尽周折才能获得的服务，现在只要用一种简捷的方式便能够获得。例如，将一笔资金从一个存款户头转移至一个支票户头，查看一张信用卡的收支情况，查询货物的收发情况，乃至寻找或购买不常用的稀有产品等，都可以足不出户就能方便、实时地完成。可见，电子商务提供的客户服务具有一个明显的特性，即方便。电子商务的方便性使客户及企业都从中受益良多。

（三）集成性

电子商务是新兴事物，采用了大量计算机和网络通信等新技术。但是，电子商务中新技术的运用并非意味着企业原有的信息系统和设备将被全盘淘汰。电子商务网络系统的真正商业价值在于，它能够协调新技术的开发运用和原有技术设备的改造利用，使用户能更加有效地利用他们已有的资源和技术，从而更加高效地完成企业的生产和销售及客户服务。

电子商务的集成性还在于事务处理的整体性和统一性，它能规范事务处理的工作流程，将人工操作和电子信息处理集成为一个不可分割的整体。这样，不仅能提高人员和设备的利用效率，也提高了系统运行的可靠性。

（四）可扩展性

要使电子商务能够正常运作，必须确保电子商务系统的可扩展性。网络上的用户数以千万计而且增长速度非常快。网络用户数量之大、增长速度之快要求电子商务系统能够有与其相适应的可扩展性，以便在网络用户数增加及出现传输高峰时，系统仍然能够正常运行。如果电子商务系统做不到随着用户数量的变化而进行方便、及时的扩展，那么客户访问速度就将急剧下降，严重时，甚至会导致整个系统的瘫痪，从而影响企业的业务收入，损害企业的形象和信誉。因此，电子商务网络必须能够适应用户数及业务量的增长状况，具有可扩展性。

（五）安全性

在电子商务中，安全性是必须考虑和解决的重要问题。对于客户而言，无论网上的物品怎样具有吸引力，如果他对交易安全性缺乏信心，就不敢贸然在网上进行交易。企业和企业间的交易更是如此。信息系统中的欺骗、窃听、病毒和黑客的非法入侵都是电子商务的大敌。因此，电子商务网络应该能够提供一种端到端的安全解决方案，包括加密机制、签名机制、分布式安全管理、存取控制、防火墙、安全万维网服务器、防病毒保护等。为了帮助企业创建和实现这些方案，国际上多家公司联合开展了安全电子交易的技术标准和方案，并提出 SSL（Secure Socket Layer，即“安全套接层”）和 SET（Secure Electronic Transaction，即“安全电子交易”）等标准协议。这些标准协议的推出，将有助于企业建立一种安全的电子商务环境。

（六）协调性

商务活动是一种协调运作的过程，它需要雇员和客户、生产方与供货方、销售方与商务伙伴之间的相互协调。为了提高网络的商务运作效率，一些组织先后提出了有关信息交互的协议，电子商务可以在这些协议的基础上进行。传统的电子商务解决方案（如电子邮件等）虽然可以加强公司员工内部相互之间的通信和交流，但它只有协调员工合作的一小部分功能。利用商务网络，如外联网将企业的供货方、购货方及有关协作部门连接至企业的商务管理系统，并使之协调运作，可以使企业缩短产品的开发、生产周期，使产品尽快进入市场，从而避免了纸张文件传递带来的工作量大、出错率高、开销多等弱点，提高了效率和效益。

任务拓展

查阅阿里巴巴、京东、淘宝、支付宝、顺丰、苏宁、李宁等不同类型电商企业的相关资料，加深对电子商务企业不同特性的认知。

任务反馈

各小组讨论所查阅不同类型电商企业的共性和个性是什么。

拓展阅读

《从阿里巴巴上市看未来中国电商变局》	在解读电子商务内涵及外延的基础上分析中国电子商务的发展历程、现状特点，并就当前中国电子商务所面临的问题及挑战进行归纳。	扫描二维码，阅读全文
《新自下而上进程：电子商务作用下的乡村城镇化》	电子商务作用下的乡村城镇化体现为跃迁的就业非农化、全面的生活现代化以及集约的空间城镇化特征。	 扫描二维码，阅读全文

任务三　电子商务的组成与应用

任务导入

中国铁路客户服务中心（www.12306.cn/index）是铁路服务客户的重要窗口，此网站集成全路客货运输信息，为社会和铁路客户提供客货运输业务和公共信息查询服务。客户通过登录本网站，可以查询旅客列车时刻表、票价、列车正晚点、车票余票、售票代售点、货物运价、车辆技术参数以及有关客货运规章。铁路货运大客户可以通过该网站办理业务。

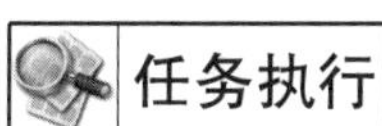

任务执行

查阅相关资料，了解我国电子商务企业的主要构成部分及应用领域。

知识讲解

一、电子商务的基本框架结构

电子商务的基本框架结构是指实现电子商务从技术层到一般服务层所应具备的完整的运作基础，是商务活动环境中所涉及的各个领域以及实现电子商务应具备的技术保证。电子商务的基本框架主要包括四个层次和电子商务应用的两个支柱，如图 1－1 所示。

1. 网络基础设施与信息高速公路

网络基础设施与信息高速公路是实现电子商务最底层的硬件基础设施，是实现电

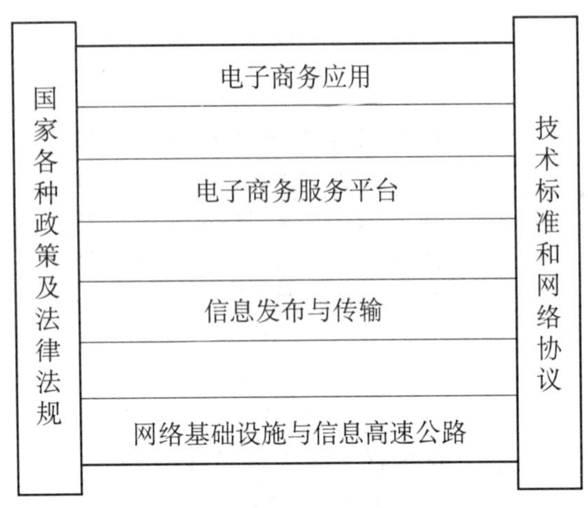

图 1-1　电子商务的基本框架结构

子商务的基本保证。我国的信息高速公路基本已经覆盖全国，建设空间信息基础设施并在此基础上深度开发与整合、应用各种信息资源，有利于电子商务的进一步发展。

2. 信息发布与传输

在互联网上，主要通过信息发布与传输来发展电子商务，信息发布与传输解决如何在网络上传输信息和传输何种信息的问题。企业从事电子商务主要就是通过信息的发布和传输进行的，在互联网上发布用 HTML 语言制作的网页，将文本、数据、声音、图像和视频等多媒体信息发送到需要的企业或消费者手中。

3. 电子商务服务平台与应用

电子商务服务平台，是企业为合作伙伴、客户等提供的，用以访问企业内部各种资源的统一平台。通过这一平台，企业的合作伙伴（如原材料供应商）可以获取企业当前的原材料库存情况以及近期的生产计划，从而优化自身的资源调配和生产调度；而企业的客户可以通过这一平台，了解企业各档次、各种类产品的详细资料，并随时获得企业提供的咨询服务等。

电子商务服务平台还可以实现网上的各种服务功能，如网上广告、网上零售、商品目录服务、电子支付、客户服务、电子认证、商业信息安全传送等。在基础通信设施、多媒体信息发布、信息传输以及各种相关服务的基础上，人们就可以进行各种实际应用，如供应链管理、企业资源计划、客户关系管理等各种实际的信息系统，以及在此基础上开展的企业知识管理、情报竞争活动等。而企业的供应商、经销商、合作伙伴以及消费者、政府部门等参与电子互动的主体也是在这个层面上与企业产生各种互动。

4. 国家各种政策及法律规范

电子商务是一种全新的商业交易模式，在网络虚拟市场中实现交易。原有的适用于书面合同贸易方式的法律，并不适用于电子方式的网上交易。进行商务活动必须遵守国家的法律、法规和相应的政策，同时还要有道德和伦理规范的自我约束和管理，只有二者相互融合，才能使商务活动安全、有序地进行。为此，国家制定了《中华人民共和国电子签名法》《电子认证服务管理办法》等文件来保证电子商务网上交易的安全。

5. 技术标准和网络协议

技术标准定义了用户接口、传输协议、信息发布标准等技术细节，它是信息发布、传递的基础，也是网络信息一致性的保证。网络协议是计算机网络通信的技术标准，对于企业来说，要进行相互交易，必须按照双方预先共同约定好的方式进行，这些共同的约定和规程就是网络协议。

二、电子商务在企业中的应用

电子商务可提供网上交易和管理等全过程的服务，可以进行广告宣传、咨询洽谈、商品订购、电子交易、电子支付、电子账户、情报搜集与意见征询、客户管理与企业管理等多项功能服务。

1. 广告宣传

相比较传统企业，电子商务企业可以在互联网上发布广告宣传，传播各类商品信息。

2. 咨询洽谈

电子商务可通过网络服务来了解市场的商品信息，进行咨询和洽谈。网上的咨询和洽谈不受地域的限制，实现了多种方便的异地交谈形式。

3. 商品订购

在电子商务网站上，商品的订购通常都是在产品介绍的页面上提供十分友好的订购提示信息和订购交互格式框，方便顾客在线订购。网上订购可减少中间环节所产生的费用，更好地为消费者服务。

4. 电子交易

运用电子商务，企业可以进行多种形式的电子交易，如网络贸易、电子采购、网络招投标、拍卖、电子报关等，可以使企业有多重选择，节省企业的资金。

5. 电子支付

电子支付是电子商务过程中的一个重要环节，客户和商家之间可采用信用卡、电子现金、电子支票等进行支付。支付过程中要注重电子商务安全措施，防止发生意外。

6. 电子账户

目前，各银行、信用卡公司及保险公司等金融单位都可以提供网上金融服务，如数字凭证、数字签名、加密等手段的应用保证了电子账户操作的安全性，极大地方便了消费者。

7. 情报搜集与意见征询

企业可以通过互联网进行市场调查、搜集价格信息，同时收集用户对产品与销售服务的反馈意见，使企业适当调整自己的生产规模，以规避风险。

8. 客户管理与企业管理

通过用户注册，网站可以获取顾客的个人信息，进而跟踪顾客的购物记录，了解顾客的需求，更好地为顾客服务。同时，企业还可以进行企业内部的信息化管理，使信息充分共享，提高企业内部的运行效率。

三、企业应用电子商务的作用

1. 电子商务能提高企业商务活动的效率

企业通过网络展示自己产品的质量、性能、价格、售前售后服务及付款条件等，客户认可后发出订单，企业生产部门根据网络传递的订购信息及时安排或调整生产规模和产品品种，从而实现小批量、多品种、零库存、即时制造和交货的理想模式，以适应现代社会消费潮流。电子商务的实施不但可以大大提高交易速度，加快订单处理和货款结算支付，而且可以减少人为的疏忽，计算机程序能发现业务人员输入的错误信息而提出警告或自动予以纠正，避免可能发生的损失和浪费。

2. 电子商务能提供及时的服务，提高竞争力

电子商务能及时沟通客户和供货方，无论双方是否跨地区、跨国界，空间的障碍已经消失，电子商务系统网络站点使得客户和供货方均能了解对方的最新信息，而且电子数据交换（EDI）更加强了企业间的合作。电子商务可以提供每年365天、每天24小时的服务，使企业能够更及时、准确、充分地掌握市场需求信息，按时、按质地提供给客户所需要的商品或服务，全面增强市场竞争力。同时，电子商务还可以提供交互式的销售渠道，使商家能够及时得到市场反馈，改进自身的工作。

3. 电子商务可节省企业成本，增加企业利润

电子商务可降低交易成本，节省潜在开支，如电子邮件节省了通信邮费，电子数据交换则大大节省了管理和人员方面的开销。此外，电子商务还可以优化企业供应链，降低供应成本。传统商务活动是由多个中间环节组成的供应链完成的，这些中间环节必然要耗费大量的物质资源，而电子商务可以缩短供应链的长度，减少中间环节与周转时间，节省物质资源的损耗。以商业企业为例，优化企业供应链，实行直销，可以减少库存和营业面积，降低周转与管理成本。

查找相关资料，收集两家开展电子商务失败的企业案例。

分析和研究这两个企业开展电子商务应用失败的原因，并总结其经验和教训。

拓展阅读

《四大知名企业电子商务案例分析》

相关案例的分析有益于理解电子商务的相关理论和基本知识点，了解电子商务行业的最新发展动态和前沿趋势。

扫描二维码，阅读全文

《从 370 多亿跌到不足 30 亿，他只用了 3 年》

从最高市值 56.5 亿美元跌到市值 3.4 亿美元的聚美优品，背后有决策的失误、行业的无奈、网红效应的衰退等诸多因素。

扫描二维码，阅读全文

任务四　电子商务交易模式

任务导入

上海易果电子商务公司创立于 2005 年，是中国最早的生鲜电商企业之一，致力于为注重生活品质的中国城市家庭提供来自全球的优质食材和一站式的购物服务。易果作为中国最早的生鲜运营平台，在生鲜供应链及物流方面拥有领先优势。2016 年，易果先后获得超过 5 亿美元的 C 轮及 C＋轮融资。公司经营的"易果生鲜，全球精选"电商网站旗下经营水果、蔬菜、水产、肉类、禽蛋、食品饮料、甜点、酒类、礼品礼券 9 大品类共 3 200 种产品，以"常温、冰鲜、冻鲜、活鲜"4 种形式，全程冷链运输，全年无休鲜活配送，包括常温产品在内的配送服务覆盖达 367 个城市。

任务执行

查阅相关资料，认知易果生鲜电商交易的双方主体是怎么构成的。

知识讲解

一、电子商务交易模式的类型——按交易对象分类

电子商务的应用范围极其广泛，因此电子商务交易模式的分类方法很多，其中最基本的是按照电子商务的交易对象来分类。

1. 企业与企业之间的电子商务（Business to Business，B2B）

B2B 是指企业与企业之间通过专用网络或 Internet，进行数据信息的交换、传递，开展交易活动的商业模式。它将企业内部网和企业的产品及服务，通过 B2B 网站或移动客户端与客户紧密结合起来，通过网络的快速反应，为客户提供更好的服务，从而促进企业的业务发展。

2. 企业与消费者之间的电子商务（Business to Consumer，B2C）

B2C 是企业对消费者的电子商务模式，是直接面向消费者销售产品和服务的商业零售模式。企业通过互联网为消费者提供一个新型的购物环境——网上商店，消费者通过网络在网上购物、在网上支付。这种模式由于节省了客户和企业的时间和空间，

大大提高了交易效率。对于工作忙碌的上班族，尤其可以为其节省宝贵的时间。

3. 消费者与消费者之间的电子商务（Consumer to Consumer，C2C）

C2C是消费者与消费者之间的电子商务，通俗地讲，就是个人与个人之间通过网络进行交易的电子商务类型，广为熟知的淘宝网就是C2C电子商务网站。C2C电子商务的特点是消费者与消费者讨价还价进行交易，实践中较多的是进行网上个人拍卖。如易趣网是中国第一个真正的个人物品竞标站。易趣网提供一个虚拟的交易场所，就像一个大市场，每个人都可以在市场上开出自己的“网上商店”，不用事先交付保证金，凭借独有的信用度评价系统，借助所有用户的监督力量来营造一个相对安全的交易环境，使买卖双方能找到可以信任的交易伙伴。

4. 企业与政府之间的电子商务（Business to Government，B2G）

B2G电子商务活动可以覆盖企业与政府组织间的各种事务。例如在美国，政府将采购清单等发布到互联网上，通过网上竞价方式进行招标，企业可以用电子化方式来完成对政府采购的响应。我国的金关工程通过商业机构对行政机构的电子商务，如发放进出口许可证、办理出口退税、电子报关等，建立了我国以外贸为龙头的电子商务框架，促进了我国各类电子商务活动的开展。虽然目前这类电子商务的应用还比较少，但政府身体力行，带头利用电子商务技术将使这类电子商务的业务迅速增长。

金关工程

国家金关工程是一项重要的国家信息化重点工程，也是国家为提高对外经济贸易及相关领域的现代化管理水平和宏观调控能力，适应21世纪世界经济和国际贸易发展需要而建设的国家电子商务工程。

5. 消费者与政府之间的电子商务（Consumer to Government，C2G）

C2G电子商务应用目前尚未真正形成。但是，在少数发达国家，如澳大利亚，政府的税务机构已经通过指定私营税务或财务会计事务所，用电子方式来为个人报税。这类活动虽然还没有达到真正的报税电子化，但它已经具备了消费者与政府机构电子商务的特征。随着企业与消费者之间及企业与政府之间电子商务的发展，政府也许会把电子商务扩展到福利费发放等方面。

6. 线上与线下相结合的电子商务（Online to Offline，O2O）

O2O电子商务是指将线下的商务机会与网络相结合，使网络成为线下交易的前台。例如，商家通过免费开网店将商家信息、商品信息等展现给消费者，消费者在线上进行筛选服务，并支付，线下进行消费验证和消费体验。商家通过网店将信息传播得更快、更远、更广，可以瞬间聚集强大的消费能力。该模式的主要特点是商家和消费者通过O2O电子商务满足了双方的需要。

7. 企业内部的电子商务

企业内部的电子商务活动通常在Intranet上进行，Intranet又称为建立在企业防火墙内部的 Internet。企业通过防火墙等安全措施将企业 Intranet 与 Internet 隔离，从而将企业内联网作为一种安全、有效的商务工具，用来自动处理商务操作及工作流程，实现企业内部数据库信息的共享，并为企业内部通信提供快捷通道。企业内联网的商务应用，可以增强企业商务活动的敏捷性，使企业能够对市场变化做出更加灵敏的反应，为客户提供更加全面、优质和高效的服务。

除上述 7 种类型，电子商务交易模式还包括：

B2M（Business to Marketing），企业与其产品销售者或与其工作者之间的电子商务。

U2B（University to Business），学校与企业之间的电子商务。

M2B（Manufacturers to Business），生产商与经销商之间的电子商务。

二、电子商务交易模式的类型——其他分类方法

除按照交易对象分类外，还可以按如下方式分类：

(1) 按照商业活动的运作方式，电子商务可分为完全电子商务和非完全电子商务。

(2) 按照开展电子交易的范围，电子商务可分为本地电子商务、远程国内电子商务和全球电子商务。

(3) 按照电子商务活动的内容，电子商务可分为间接电子商务和直接电子商务。

(4) 按照使用网络的类型，电子商务可分为基于 Internet 的电子商务、基于 Intranet 的电子商务、基于 Extranet 的电子商务和基于其他网络的电子商务。

(5) 按照交易发生的动因，电子商务可分为采购驱动型电子商务、内容驱动型电子商务和销售驱动型电子商务。

任务拓展

浏览比较阿里巴巴、环球资源网和慧聪网，同时比较当当网与亚马逊中国，分析这些网站之间有什么不同，并利用手机下载闲鱼 App，注册账号，进行一次二手货交易。

任务反馈

充分了解 B2B、B2C、O2O、C2C 等电子商务交易模式的流程。

拓展阅读

《生鲜电商：4 大商业模式、7 大运营模式》

生鲜产品的购买频次高，市场前景大，生鲜电商企业具有广阔的利润空间。其商业模式及运营模式主要可分为若干大类。

扫描二维码，阅读全文

《农村电商十大成功模式案例解析》

新时代背景下，农村电商飞速发展成为必然，本文主要以案例的形式展现农村电商成功的模式及经验。

扫描二维码，阅读全文

任务五　电子商务与传统商务的比较

任务导入

人类自从有了分工后就开始进行商业活动，从以物易物的交换到产生了以货币为媒介的商业形式，每次技术的革命都会给交易活动的方式和规则带来变革，但交易的基本原理并没有变化。商业活动就是至少有两方参与的有价物品或服务的协商交换过程，它包括买方和卖方为完成交易所进行的各种活动。

一般来说，在一个具体的商贸交易过程中，实际操作步骤和处理的过程如果按照组织内部的管理活动可分为以下三个部分：

物流：是指商品的流动过程。

资金流：是指交易过程中资金在双方单位（包括银行）中的流动过程。

事务流：是指商贸交易过程中的所有单据和实务操作过程。

任务执行

电子商务与传统商务在物流、资金流、事务流方面有何相似和不同之处？

知识讲解

一、传统商务运作过程

传统商贸交易过程中的实务操作由交易前的准备、贸易磋商、合同签订与执行、支付与清算等环节组成。

1. 交易前的准备

对于商贸交易过程来说，交易前的准备就是供需双方如何宣传或者获取有效商品信息的过程。商品供应方的营销策略是通过报纸、电视、户外媒体等各种广告形式宣传自己的商品信息。对于商品的需求者——企业和消费者来说，要尽可能得到自己所需要的商品信息，来充实自己的进货渠道。因此，交易前的准备实际上就是一个商品信息的发布、咨询和匹配过程。

2. 贸易磋商

在商品的供需双方都了解了有关商品的供需信息后，就开始进入具体的贸易磋商过程，贸易磋商实际上是贸易双方进行口头磋商或纸面贸易单证的传递过程。纸面贸易单证包括询价单、价格磋商、订购合同、发货单、运输单、发票、收货单等，各种纸面贸易单证反映了商品交易双方的价格意向、营销策略管理要素及详细的商品供需信息。在传统商贸活动的贸易磋商过程中使用的工具有电话、传真或邮寄等，因为传真件不足以作为法庭仲裁依据，故各种正式贸易单证的传递主要通过邮寄方式进行。

3. 合同签订与执行

在传统商务活动中，贸易磋商过程经常是通过口头协议来完成的，但在磋商过程完成后，交易双方必须以书面形式签订具有法律效应的商贸合同，来确定磋商的结果并监督执行，在产生纠纷时依据合同由相关机构进行仲裁。

4. 支付与清算

传统商贸业务中的支付一般有支票和现金两种方式。支票方式多用于企业的商贸过程，用支票方式支付涉及双方单位及其开户银行；现金方式常用于企业对个体消费者的商品零售过程。

二、电子商务运作过程

在电子商务环境下，商务实务的运作过程虽然也有交易前的准备、贸易的磋商、合同的签订与执行、资金的支付等环节，但是交易具体使用的运作方法是完全不同的。

1. 交易前的准备

在电子商务营销模式中，交易的供需信息都是通过交易双方的网址和网络主页完成的，双方信息的沟通具有快速和高效率的特点。

2. 贸易的磋商

电子商务中的贸易磋商就是将纸面单证在网络和系统的支持下变成了电子化的记录、文件和报文在网络上传递的过程，并且由专门的数据交换协议保证了网络信息传递的正确、安全和快速等特点。

3. 合同的签订与执行

电子商务环境下的网络协议和电子商务应用系统保证了交易双方所有贸易磋商文件的正确性和可靠性，并且在第三方授权的情况下，这些文件具有法律效应，在执行过程中产生纠纷时，可以作为仲裁依据。

4. 资金的支付

电子商务中交易的资金支付采用信用卡、电子支票、电子现金和电子钱包等形式，以网上支付的方式进行。

三、传统商务与电子商务的比较

传统商务与电子商务的流程比较见表 1－1，传统商务与电子商务的其他比较见表 1－2。

表 1－1　传统商务与电子商务流程比较

商务形式 商务环节	传统商务	电子商务
获得商品信息	四大传统媒体	企业的 Web 页面
购物申请	递交手写或打印的报告	发送电子邮件

续前表

商务形式 商务环节	传统商务	电子商务
产生订单	打印	电子邮件或 Web 页面
发送订单	递交、邮寄或传真	EDI
库存检查	打印库存清单	在线数据库
提交生产计划	打印生产计划书	电子邮件或 Web 页面
开具发票	手工或打印	电子票据、打印或手工
发送提货单及发票	递交或邮寄	电子邮件或邮寄
支付	汇票、支票和现金	EDI、电子支付
选择企业形象	门面、装潢、高楼	Web 页面和服务允诺

表 1-2　　传统商务与电子商务其他比较

商务形式 其他方面	传统商务	电子商务
交易对象	局部地区	全世界
交易时间	特定的营业时间	任何时候
营销活动	销售方的单方营销	一对一、一对多、多对一
顾客方便程度	受时空限制，还要看店主的态度	顾客按自己的方式无拘无束地购物
顾客需求	要用长时间掌握顾客的需求	能迅速捕捉顾客的需求，及时应对
销售地点	需要店面	虚拟空间

四、传统企业面临电子商务引起的变革

学习电子商务除了要分析产生的商务活动流程及操作方式的区别外，更重要的是要研究由于电子商务的出现而引起的商务规则和理念的变革。只有这样，我们才能以正确的方式从事电子商务。

1. 信息技术的变革

信息技术、网络的发展促进了经济一体化的发展，目前电子商务已成为世界上最流行、最可靠的电子商务媒介。传统企业投身电子商务首先必须考虑全面采用互联网技术。

2. 商务流程的变革

当今在电子商务中广泛采用了网络技术，使得电子商务与传统商务之间在实现方式等方面存在许多区别。企业的商务流程变革，源于企业必须提高整体效率去应对市场和客户。

3. 企业结构的变革

企业结构，特别是大集团企业结构，为了适应电子商务和经济全球化，必须重新调整。

4. 企业文化的变革

传统企业走向电子商务，意味着自己的商务半径在短时间内迅速扩大，迫使企业的经理人转而采用全球性的思维方式。

5. 竞争与合作的变革

电子商务在更大的范围内实现资源和优势的整合，力图建立更合理的经济生态环境。在这种环境下合作重于单纯的竞争，这导致电子商务时代企业之间关系的变化。

五、电子商务与传统商务的关系

前面分析了传统商务与电子商务之间的区别，以及电子商务引起传统企业的一系列变革。但千万不要产生一种误解，认为传统商务与电子商务是完全不同的、对立的两件事，或者认为电子商务将会取代传统商务。实际上，应该把电子商务看成是传统商务的扩展和延伸。

当前需要的是创建一种能满足社会所有成员需要的商务模式，而这种模式肯定还要不断发展变化。电子商务发展的过程正好说明无数传统企业开展电子商务正是社会发展的必然产物。

任务拓展

查阅相关资料，思考：电子商务＋旅游做得比较典型的企业有哪些？与传统旅游企业相比，这些旅游电商企业有哪些优势？

任务反馈

思考电子商务发展的大背景下，传统企业是否会消亡。

拓展阅读

《电商新零售时代背后的技术支撑》	电子商务开始进入新零售时代，不断使用新技术来丰富营销场景，更好地抓住用户的需求。	 扫描二维码，阅读全文
《电子商务与传统物流的区别》	物流是电子商务中的重要一环，电子商务物流与传统物流在特点、客户、仓储方式、拣货方式、出库复核、包装等方面存在许多区别。	 扫描二维码，阅读全文

项目测评

【知识/技能评价】

1. 电子商务的发展分为哪几个阶段？全球及我国电子商务发展现状是什么？

2. 电子商务狭义和广义的概念分别是什么？有哪些特征？

3. 电子商务的组成框架是怎样的？其在哪些领域有应用？

4. 电子商务的交易模式有哪些？每种交易模式举 1～2 个典型案例。

5. 电子商务与传统商务之间的区别和联系有哪些？

项目实训

【实训背景】

京东商城是国内最大的综合网络零售商，自 2004 年正式成立以来，一直保持着高速成长，连续 6 年增长率超过 200％。京东商城拥有超过 200 万的注册用户，1 200 家供应商，提供家电、数码通信、计算机、家居百货、服装服饰、母婴、图书和食品等多品类的商品和服务，并且一直秉持快速、安全的配送方式，让消费者能够及时收到购买的物品。另外，京东商城还为第三方卖家提供了在线销售平台，通过缴纳一定数量的加盟费即可在该平台出售商品。

京东商城提供了丰富的在线销售商品，包括家用电器、手机/运营商/数码、计算机办公、家居/家具/家装/厨具、男装/女装/童装/内衣、个护化妆/清洁用品/宠物、鞋靴/箱包/珠宝/奢侈品、运动/户外/钟表、汽车/汽车用品、母婴/玩具乐器、食品/酒类/生鲜/特产、医药保健、图书/音像/电子书、机票/酒店/旅游/生活、理财/众筹/白条/保险等多类商品；通过灵活多样的商品展示空间，消费者可以不受时间和地域的限制在平台上浏览和购买商品。基于自身打造的庞大的物流体系，京东商城提供了 211 限时达、次日达、夜间配和 3 小时极速达、包裹可视化跟踪系统、快速退换货以及家电上门安装等服务，保障用户享受到快速、全面、贴心的物流配送服务和完整的购物体验。

京东商城的盈利模式主要有以下几种。一是直接销售收入。直接销售收入是指商品采购价与销售价之间的差价。京东商城有超过几十万种的在线销售的产品品种，其产品价格比线下零售店更低，范围一般保持在 10％与 20％之间。京东商城的商品库存周转率一般为 12 天，比国美商城、苏宁易购等平台与供货商现货现结的费用率低 7％，毛利率维持在 5％左右，能够为上游的供货商、终端客户提供更多价值，以实现京东商城的“低盈利大规模”的商业模式。二是虚拟店铺出租费。京东商城为第三方卖家提供了在线销售平台，这些商家要入驻京东，就需要缴纳一定的店铺租用费。三是资金沉淀收入。资金沉淀收入是指买家在京东商城上购买商品并支付货款后，这部分货款由第三方支付平台暂存，如财付通、快钱等，当买家确认收货后，商家才会收到这部分货款。这个时间差所产生的资金沉淀可以供京东商城用来进行其他的投资从而盈利。四是广告费。网络广告是电子商务的主要盈利模式之一，京东商城也不例外。为了获得更多的商品展示机会，京东商城为商家提供了面向全网的精准流量定价展示广告模式，主要包括全网广告展位、首页单品展位、京东快车、周末要大牌和商务舱 5 种模式，以帮助商家快速提高品牌知名度和销量，实现高效、精准的全网营销。五是 PLUS 会员费。会员费也是京东盈利来源之一。

【实训目的】

通过实训，加深对电子商务概念和内涵的理解，以京东商城销售产品种类及盈利模式作为典型案例，使学生能够认识到电子商务与传统商务相比自身的特色与优势。

【实训任务】

1. 列举电子商务商业模式的类型，每种类型列举至少三个典型的代表，并分析这些网站的特点，以及网站的服务内容、目标客户和盈利模式，最后再注册网站账号，亲身感受网站的运营模式。

2. 了解电子商务平台的基本规则与操作方法。

3. 对比分析传统商务及电子商务模式的优缺点。

【实训反馈】

以四人为一个小组，每组选择至少三个商业模式的网站进行分析，主要包括其业务模式和盈利的基本情况。

参考文献

[1] 吕廷杰，陈霞，胡桃．电子商务教程［M］. 2版．北京：电子工业出版社，2011.

[2] 邓顺国．电子商务运营管理［M］. 北京：科学出版社，2011.

[3] 薛彦登，赵静．电子商务基础［M］. 北京：中国劳动社会保障出版社，2016.

[4] 贺湘辉．电子商务基础［M］. 北京：中国劳动社会保障出版社，2017.

[5] 张润彤，朱晓敏．电子商务概论［M］. 3版．北京：中国人民大学出版社，2018.

[6] 白东蕊．电子商务基础［M］. 2版．北京：人民邮电出版社，2018.

[7] 陈德人．电子商务概论与案例分析：微课版［M］. 北京：人民邮电出版社，2017.

项目二　旅游电子商务概述

项目概述

电子商务是在互联网和信息技术相互结合的背景下应运而生的一种在网络空间开展的互动式商务活动，而旅游电子商务是电子商务在旅游业中的应用。电子商务的发展改变了旅游业传统的交易模式，给旅游业带来了新的发展契机。本项目首先阐述了旅游电子商务的基本概念。其次，对旅游电子商务的交易模式进行了分类。随后，回顾了我国在线旅游的发展历程。最后，以旅行社电子商务、酒店电子商务、旅游目的地电子商务为例来探讨电子商务在旅游业中的具体应用。

项目目标

知识目标：理解旅游电子商务的定义、功能和特点；理解旅游电子商务的不同交易模式；了解我国在线旅游的发展历程；理解电子商务在旅行社、酒店、旅游目的地等不同旅游行业中的应用。

技能目标：能够从人群定位、业务模式、核心资源、盈利方式等多个方面，分析携程旅行网、飞猪旅行网、驴妈妈旅游网、小猪短租等不同类型在线旅游平台的商业模式；能够从合作品类、入驻要求、收费标准、商家规则等角度分析旅行社、酒店、旅游目的地与飞猪旅行的合作方式。

素质目标：加强学生对旅游电子商务的理解，并激发其学习旅游电子商务的兴趣；培养学生积极主动的工作态度和抗压能力；提高学生分析问题的能力。

任务一　旅游电子商务的基本概念

任务导入

旅游电子商务是电子商务在旅游业中的发展和应用，已经渗透到我们的日常生活之中，如网上预订酒店、预订机票、预订景区门票等。你知道有哪些知名的旅游电子商务网站？

任务二 旅游电子商务的交易模式

任务导入

在之前的学习过程中，我们知道电子商务按照交易的主体可以分为 B2B、B2C、C2C 等几种模式。那么，旅游电子商务按照交易的主体又可以分为哪些模式呢？

任务执行

按照参与交易的旅游主体，可以将旅游电子商务划分为 B2B、B2C、C2B 和 C2C 四种交易模式。以四人为一个小组，分别访问八爪鱼在线旅游网、途牛旅游网、飞猪旅行网、去哪儿网、马蜂窝旅游网、环球旅讯网、Priceline（普利斯林）网、6 人游旅行网、Airbnb（爱彼迎）网，并讨论这些旅游电子商务网站分别属于哪种旅游电子商务交易模式。

知识讲解

一、B2B 旅游电子商务模式

B2B（Business to Business）旅游电子商务模式，是指由第三方经营的旅游电子商务平台，为旅游相关企业或机构进行旅游产品的交易提供服务支持。包括旅行社与旅行社之间、旅行社与酒店之间、旅行社与景区之间、旅行社与渠道商之间、酒店与渠道商之间及旅行社与交通运输部门之间的电子商务交易。

目前，国内比较知名的 B2B 旅游电子商务平台有八爪鱼在线旅游网、欣欣同业网、蜘蛛旅游网等。这些平台利用现代化互联网的网络通信功能，实现供应商和经销商的无缝连接，解决了原本存在的信息不通、交易受阻等问题，不仅能更好地服务游客，还在旅游行业内建设了新的桥梁，极大地促进了旅游行业的繁荣。

八爪鱼在线旅游（www. 888ly. cn）成立于 2011 年，是全国首家专业的旅游 B2B 同业交易平台运营商。总部位于苏州工业园区，在全国拥有数十家分公司，700 余名旅游行业专业人员。八爪鱼在线旅游 B2B 同业旅游产品包括周边短线、国内长线、出境旅游、自由行、机票预订、租车、门票等全线旅游产品超万条。平台目前入驻 2 500＋家供应商，通过八爪鱼在线旅游分销平台，供应商产品能够一键直达分销商，实现高效成交。平台聚集了 38 000＋分销商，通过网站及“小八助理”手机客户端，找到全线旅游产品，实时查询余位，一键下单，方便快捷。八爪鱼在线旅游为旅游同业提供安全、便捷、高效的交易环境，赋能旅行社门店，轻松做旅游。

八爪鱼在线旅游网站首页界面如图 2－1 所示。

二、B2C 旅游电子商务模式

B2C（Business to Customer）旅游电子商务模式，也就是电子旅游零售，是旅游

图 2－1　八爪鱼在线旅游网站首页界面

企业向旅游者提供电子商务服务的形态。B2C 旅游电子商务模式又分为 OTA、OTP、旅游垂直搜索、旅游 UGC、旅游资讯媒体等形式。

（一）OTA 旅游平台

OTA（Online Travel Agency，在线旅游代理商），是早期比较传统的在线旅游形态，使用采销（采购销售）和运营模式，从酒店和航空公司等获取佣金收入。旅游者通过网络向在线旅游服务代理商预订旅游产品，并通过网上支付或者线下付费完成交易。

目前，国内比较知名的 OTA 型平台有携程旅行网、同程旅游网、途牛旅游网、驴妈妈旅游网等。这类网站是将旅行社的业务模式搬到互联网上运营，其核心商业模式与旅行社类似，靠捆绑销售和赚取差价等获得盈利。

携程旅行网（www. ctrip. com）创立于 1999 年，是国内在线旅游业成立较早的公司，目前在中国处于行业领先地位。携程旅行网成功整合了高科技行业和传统旅游行业，从最初的酒店、机票业务切入，逐渐发展壮大成为向超过 1 500 万会员提供集酒店、机票、度假、商旅管理、攻略、全球购等于一体的一站式在线旅游预订平台。目前，携程旅行网与全球 136 个国家和地区（含港、澳、台）的 997 010 家酒店、超过 300 家国际航空公司和绝大多数国内航空公司都建立了合作关系，被誉为互联网和传统旅游无缝接合的典范。携程旅行网在北京、广州、深圳、成都、杭州、南京、厦门、重庆、青岛、武汉、三亚、南通等 95 个境内城市，新加坡、首尔、香港等 22 个境外城市设立分支机构，在中国南通、英国爱丁堡设立服务联络中心。携程旅行网站首页界面如图 2－2 所示。

（二）OTP 旅游平台

OTP（Online Travel Platform，在线旅游服务平台）属于电商企业打造的在线旅游平台模式。此平台模式运用互联网数据和流量思维，通过吸引航空公司、酒店、授权第三方代理等商家入驻，支持航空公司独立运营自己的官方旗舰店，从而形成流量

图 2-2　携程旅行网站首页界面

聚集效应，按照交易量的百分比进行抽成。OTP 典型的代表有飞猪旅行、新美大（大众点评和美团战略合作后的名称）等。

2016 年 10 月，“阿里旅行·去啊”更名为“飞猪旅行”（www.fliggy.com），在用户端定位于年轻人的休闲度假品牌，尤其是境外度假。商家端则是复制淘宝模式，不断增加合作商家，共享用户，依托于阿里生态，通过淘宝的流量、支付宝的信用体系等产品赋能商家，进而形成交通、住宿、度假、门票等旅游产品与服务的一站式分销平台。飞猪旅行网站首页界面如图 2-3 所示。

图 2-3　飞猪旅行网站首页界面

近年来，随着飞猪旅行、新美大等 OTP 平台的异军突起，OTA 企业被迫改变其传统的采销模式，不得已开放平台给航空公司和第三方供应商销售，从而赚取交易手续费。从现阶段来看，传统意义上的 OTA 已不复存在。

（三）旅游垂直搜索平台

旅游垂直搜索平台，专注于旅游这个细分领域信息的深度挖掘，基于大量机票、酒店、旅行线路等旅游产品供应商的数据，使用户可以通过比价搜索的方式选择服务供应商，帮助客户做出消费决策，为用户节省时间和金钱。典型的旅游垂直搜索平台有中国的去哪儿网和美国的 KAYAK。目前，去哪儿网已经纳入携程旅行网旗下，通过网站及移动客户端的全平台覆盖，以自有技术为驱动，随时随地地为旅游服务供应商和旅行者提供多样化的旅游产品与服务。

成立于 2004 年的 KAYAK（www.kayak.com）是美国领先的旅游搜索引擎服务商，主要为在线用户整合不同平台的旅游信息，提供比价搜索服务。截至目前，KAYAK 每年为全球数百万的游客处理 20 亿条以上的旅行搜索信息，帮助其做出旅游决策。对于游客的每一次搜索，KAYAK 都需要搜寻数百家网站的数据库为游客呈现机票、酒店、租车、旅游度假等产品的价格对比信息。KAYAK 网站首页界面如图 2－4 所示。

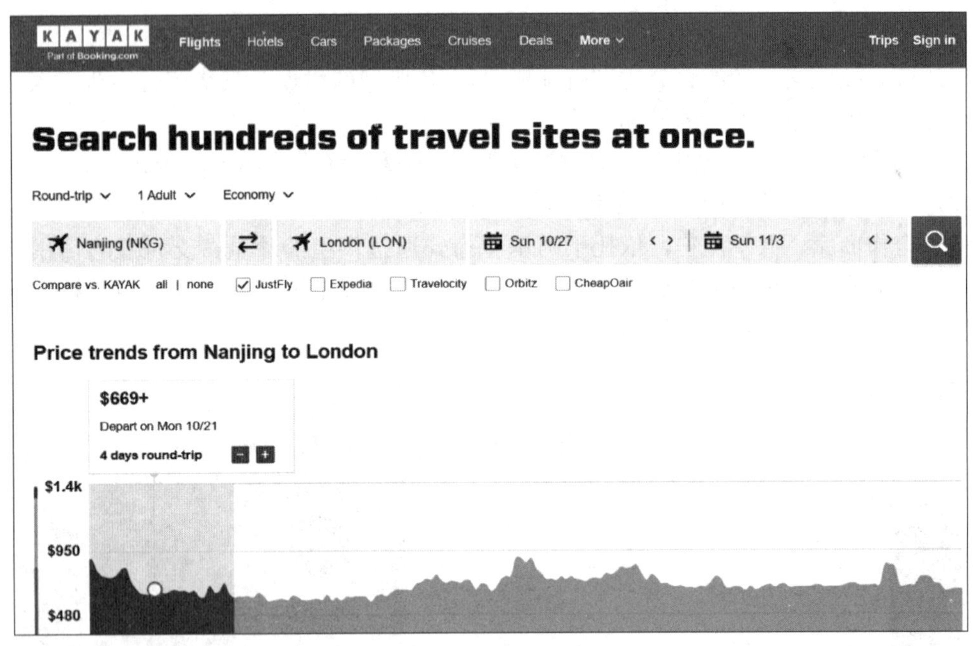

图 2－4　KAYAK 网站首页界面

（四）旅游 UGC 平台

UGC（User Generated Content，用户生成内容）是社会化媒体中的一种信息创作和组织模式。旅游 UGC 是指由用户创作的、以旅游为主题的内容，通常是指在旅游网站上发表的文字、图片、音频、视频等。据艾瑞咨询统计数据显示，2015 年国内在线旅游 UGC 行业用户规模达 3 亿人，较 2014 年同比增长 47.4%，发展迅猛。经过多年发展，以马蜂窝旅游网、穷游网等为首的 UGC 企业占据了主要市场。

马蜂窝旅游网（www.mafengwo.cn）成立于 2006 年，是国内领先的自由行平台倡导者，从 2010 年开始进行公司化运作。马蜂窝旅游网主要是依靠来自上亿会员用户对于景点、餐饮、酒店等点评信息和基于大数据、自由行等形成的独特商业模式。2015 年，马蜂窝旅游网宣布基于个性化旅游攻略搭建自由行交易平台，以“自由行”为中心，为全球用户提供上万个旅游目的地的攻略、点评，以及相应的衍生产品等服务。马蜂窝旅游网站首页界面如图 2-5 所示。

图 2-5 马蜂窝旅游网站首页界面

（五）旅游资讯媒体

旅游资讯媒体是指搜狐旅游、新浪旅游、品橙旅游、环球旅讯等能够为用户提供度假、交通、住宿等旅游资讯和旅游观察评论的企业。

品橙旅游（www. pinchain. com）于 2013 年 1 月上线，是旅游行业垂直门户，定位于“旅游产业链的新视角”，通过准确的新闻资讯、深度的分析点评、扎实的数据分析、精准的战略咨询，成为兼顾国际化和本土化的旅游桥梁，为产、学、研提供新的媒体平台，为中国旅游业界提供及时、同步以及精准的海内外旅游发展资讯和服务。品橙旅游网站首页界面如图 2-6 所示。

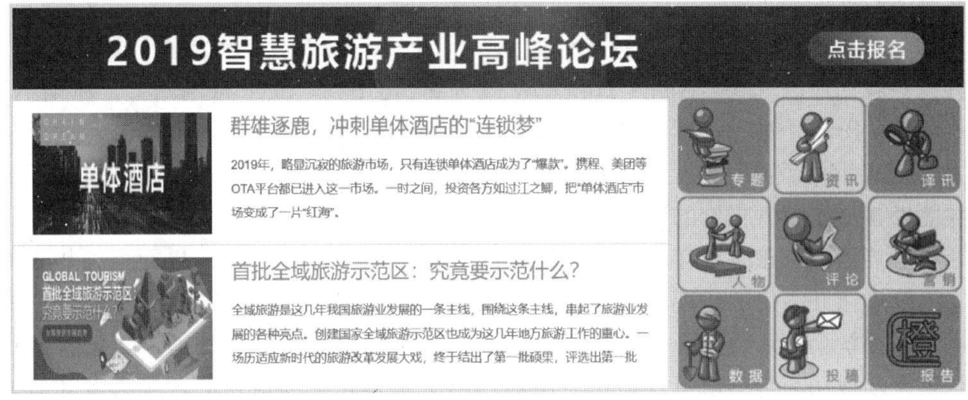

图 2-6 品橙旅游网站首页界面

三、C2B旅游电子商务模式

在传统的B2C旅游模式中，旅游者只能从旅游企业提供的有限的产品中选择，处于相对弱势的地位。而C2B旅游模式则由旅游者提出需求，自行决定或设计旅游产品，然后从众多的报价旅游企业中挑选一家作为服务提供商。旅游者在此过程中处于相对强势的地位。同时，C2B旅游模式也有助于旅游企业准确、及时地了解客户需求，促进旅游产品多元化和个性化的发展。C2B旅游电子商务主要有两种模式：一是反向拍卖，二是定制旅游。

（一）反向拍卖

反向拍卖是竞价拍卖的逆过程。旅游者如果想购买某一旅游产品，首先提出一个价格范围，由旅游企业出价，旅游者从中确定价廉物美的旅游产品后成交。此类型的典型网站为Priceline（普利斯林）网站（www. priceline. com），其首页界面如图2-7所示。

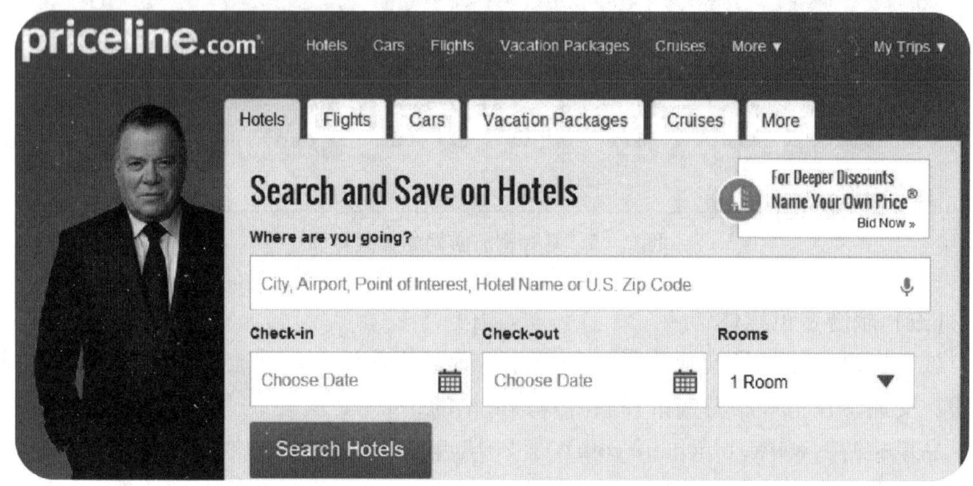

图2-7 Priceline网站首页界面

Priceline是一个连接旅游者和旅行服务供应商的网络中间平台，向全球用户提供在线旅游产品预订和搜索的服务，是目前全球最大的在线旅游预订公司，是世界在线旅游服务行业的领军者。

1998年，美国人杰伊·斯科特·沃克（Jay Scott Walker）创立了Priceline，并将其独树一帜的业务模式“Name Your Own Price”运用到Priceline网站上。所谓Name Your Own Price，被称为客户自主出价，是一种逆向拍卖的模式，即旅游者通过网络向Priceline网站就某种产品提出自己觉得合理的报价，由Priceline负责从自身系统中寻找能够接受旅游者报价的供应商。

以酒店为例，旅游者在Priceline网站的Name Your Own Price界面填写想去的城市、入住和离开酒店的日期，选择酒店大致区域和星级，最后将愿意支付的价格提交给系统，系统会在后台选择可以在此时间段以此价格提供客房服务的酒店，并且很快将该笔交易成功与否的信息反馈给旅游者，但必须是在交易成功后，旅游者才有权利知道入住的是哪家酒店。Name Your Own Price模式下的这些客房都是在传统销售渠道上没有被销售掉的产品，此类产品具有时效性，即无人入住的客房超过夜里零点，它的使用价值就会被浪费掉。对于客房供应商而言，出售空置房间的边际成本仅是洗浴用品以及水电费用，却能使边际收益达到最大化，酒店多出售一个空置房间相当于多赚一份钱，所以以较低的价格出售是可以接受的。对于旅游者来说，Name Your Own Price 模式既节省了他们搜索商品的时间，又使得他们获得了价格上的优惠。

（二）定制旅游

广义的定制旅游，是指市场中所有非标准的旅游产品，即需求导向型产品，用户先提出需求，服务商根据用户需求购买资源形成产品。狭义的定制旅游，是指定制旅游企业或私人旅行顾问针对旅游者的个性化需求和体验感受制定旅游方案并提供相关服务的一种旅游形式。

1. 热门定制旅游网站模式对比

目前定制旅游网站基本上分为两大类，一类是直接对接终端客户的旅游企业，如 6 人游和无二之旅等，这类企业自养旅游定制师，进行网站的自我宣传，尽最大努力宣传品牌知名度和增加客单量，经营压力比较大，要求服务水平高且专业性比较强，成单率的高低直接影响到企业的生存与发展。

另一类是以平台形式存在的服务定制旅游机构和个人的第三方平台，又分为大卖场形式的平台和技术平台。像世界邦属于大卖场形式的平台，一端连接旅游定制师，尽所能邀请更多定制师的加入，从而增加平台的产品服务供给能力；另一端连接旅游者，提高网站的人气和交易量。还有一种是以技术平台形式存在的路书星球，主要是为旅游定制企业和定制师提供产品展示和宣传的技术后台服务。

定制旅游网站及其对比见表 2－1。

表 2－1　　定制旅游网站及其对比

企业	成立时间	客户群体	盈利模式	优势产品
6 人游	2013 年	旅游预订者或旅游者	旅游产品利润	6 人左右小包团
无二之旅	2012 年	旅游预订者或旅游者	旅游产品利润	自由行
世界邦	2012 年	旅游定制师和旅游者	提供出境自助游商品和服务的交易平台	交易平台
路书星球	2016 年	旅游定制企业和定制师	为旅游从业者提供在线产品设计，收取会员费	线路设计服务

2. 定制旅游代表企业：6 人游旅行网

6 人游旅行网（www. 6renyou. com）于 2013 年 6 月 6 日上线，是一家提供中高端定制旅行服务的在线旅游服务商（Online Travel Service），通过旗下网站 6 人游旅行网、微信公众号、App 获得客户和销售机会，由 6 人游定制旅行顾问在系统后台为用户提供满足其需求的全程旅行服务，包括行程线路规划、签证、机票、酒店、当地用车、门票等预订的全程旅游服务保障。6 人游旅行网首页界面如图 2－8 所示。

随着中国中产阶级的崛起，更加个性化的旅游服务需求应运而生，比如：更加私密，只想和朋友家人一起旅行；更加个性，根据出行时间、天数、爱好等灵活定制；

图 2-8　6 人游旅行网首页界面

旅途全程更加安全、有保障，用户的整个旅游过程由专业机构提供保障。6 人游通过互联网的方式积累用户、获取需求、提供在线服务，满足了这一类旅游者的消费需求，形成了面对大众市场的第三种旅行方式，即定制旅游。创始人兼 CEO 贾建强说："精品小包团，属于一种小而美的新型旅游方式，让旅游从业者回归自己本来的领域，让热爱旅行的人感受旅行真正的意义，真正地赋予旅行正能量回归。"

四、C2C 旅游电子商务模式

相对于较为成熟的 B2C 和 B2B 旅游电子商务模式而言，C2C 旅游电子商务尚处于不断成长之中。随着电子商务活动的普及，以及 C2C 模式相对低廉的运作和营销成本，C2C 旅游电子商务已逐渐成为中小型旅游企业进行网络营销和个人创业的利器，蕴含极大的发展潜力。就目前而言，C2C 旅游电子商务主要存在两种模式：一是淘宝网店模式，二是 P2P 旅游模式。

（一）淘宝网店模式

淘宝网店模式是指中小型旅游企业或个人在淘宝网上开设店铺，营销旅游相关产品。目前的交易主要集中在农特产品、家庭旅馆、小型旅行社或个体导游网上揽客、组团等，淘宝网的婺源相关旅游产品预订界面如图 2-9 所示。由于 C2C 模式的营销成本相对低廉，因此不少旅游企业特别是中小型企业也纷纷入驻，事实上，许多中小型旅游企业还同时入驻了飞猪旅行网平台。

（二）P2P 旅游模式

C2C 旅游电子商务的另一种模式是基于"P2P 共享"理念的在线旅游模式。所谓 P2P（Person to Person）旅游模式是指，直接连接游客和当地人，让志趣相投、非常了解当地文化和生活的当地人为游客提供导游、住宿等旅游服务。P2P 旅游平台的核心是帮助游客找到合适的当地人。典型的 P2P 旅游平台有：GetYourGuide、丸子地球、Airbnb 和小猪短租等。

GetYourGuide 的宗旨是为每个人开启全球旅游视野。创办故事起源于曾经一位瑞士联邦理工学院的学生约翰内斯（Johannes）比计划时间提早一天到北京，有闲暇时间

图 2-9　淘宝网的婺源相关旅游产品预订界面

却不知道要去哪里做些什么。直到跟北京当地人 Tao 见面后，Tao 担任起当地导游，Johannes 才真正地充分体验了北京。之后，在 2009 年，Johannes 和他的同学创建了 GetYourGuide 旅游平台。在这个平台上，学生可以向来他们居住城市附近旅游的游客提供导游服务。在这个平台上，任何人都可以举办活动，其他人也能在线预订这些活动。GetYourGuide 网站首页界面如图 2-10 所示。

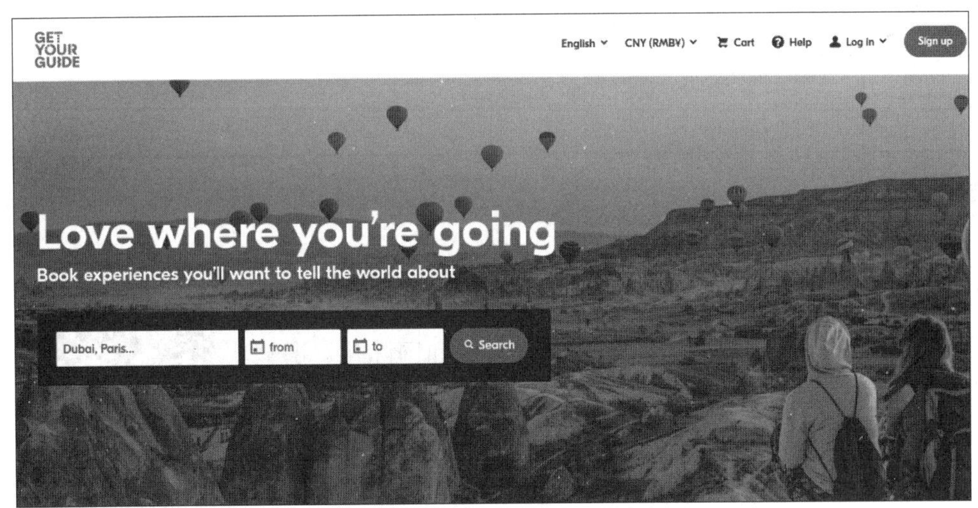

图 2-10　GetYourGuide 网站首页界面

如今，GetYourGuide 平台上会提供有特色的一日主题游产品，和以往跟着导游逛景点不同，活动都是体验类的。例如：在米兰上一节烹饪课，跟着当地主厨体验从采购食材，到制作的全过程；在纽约可以参加中央公园摄影徒步，专业的摄影师会带着游客打卡公园里的最佳取景地，同时还会传授一些摄影技巧等。

任务拓展

通过本次任务的学习，我们了解到按照旅游的主体可以将旅游电子商务的交易模式分为 B2B、B2C、C2B、C2C 四种，以及四种模式下的细分类别和对应的部分旅游电子商务网站。除了教材里给出的这些旅游电子商务网站之外，还有哪些旅游电子商务网站呢？

任务反馈

各小组通过网络搜索、查看旅游相关数据报告等方式，讨论并将表 2－2 的内容填写完整。

表 2－2　旅游电子商务交易模式的分类及对应的旅游电子商务网站

交易模式	细分类别	典型旅游电子商务网站
B2B	无	八爪鱼在线旅游网、欣欣同业网、旅游圈网、蜘蛛旅游网、美亚航旅网、道旅科技网等
B2C	OTA 旅游平台	
	OTP 旅游平台	
	旅游垂直搜索平台	
	旅游 UGC 平台	
	旅游资讯媒体	
C2B	反向拍卖	
	定制旅游	
C2C	淘宝网店模式	
	P2P 旅游模式	

拓展阅读

《携程的下一程》

从一站式平台和国际化、携程旅行线下门店的布局分析携程旅行未来的发展之路。

扫描二维码，阅读全文

《OTA 的净衣派和污衣派之争：途牛做重胜算几何?》

当下 OTA 的局势是：携程旅行、美团等做信息中介，走的是“轻连接”的套路。而途牛旅游网两手沾泥，坚持做直采自营。

扫描二维码，阅读全文

《途家这两年，罗军的野望与初心》

从 B2C“高品质度假公寓预订平台”模式切入，整合目的地优质房产，初步形成场景化的住宿服务平台。

扫描二维码，阅读全文

任务三　我国在线旅游的发展历程

任务导入

在线旅游是在互联网与旅游产业相互融合的背景下产生的，是电子化、信息化的旅游产业。在线旅游是指在互联网环境下，利用融合了先进信息技术手段的旅游产业来实现在线咨询、在线预订及售后服务等内容。2003 年，携程旅行网的上市标志着“在线旅游”已经成为新的服务业态。

任务执行

以四人为一个小组，讨论在线旅游和旅游电子商务这两个概念有什么相同之处和不同之处。

知识讲解

一、在线旅游的定义及其分类

（一）在线旅游的定义

目前国内学界和业界关于在线旅游概念的定义主要有：曹会林认为，在线旅游是以旅游信息库以及电子银行为基础，由旅游过程中涉及的各主体提供，并用网络技术运营旅游产品及其分销系统的旅游经营体系。李雪梅认为，在线旅游是指旅游者通过相关网站购买旅游服务，此外通过旅游产品供应商网站查询获得相关旅游产品信息并通过呼叫中心成功预订机票、酒店等服务也可以算作在线旅游。但是仅仅只有电话预订服务，无法完成网站预订以及在线支付的，并不能算作在线旅游。艾瑞咨询将在线旅游定义为，通过互联网、移动互联网及电话呼叫中心等方式为旅游者提供旅游相关信息、产品和服务的行业。其包括在线机票/火车票预订、在线住宿预订、在线度假预订和其他旅游产品和服务（如商旅、保险、Wi-Fi 等）。

由上述分析可知，在线旅游以企业为依托，以互联网为平台，满足游客全部或部分的旅游需求，包括：出游前的信息查询、行程计划、交通安排、票务预订等；出游中的目的地游玩攻略、语音视频讲解、美食推荐等；出游后的旅游游记分享、旅游点评等服务内容。

（二）我国在线旅游发展现状及市场分类

如图 2－11 所示，2017 年中国旅游业旅游总收入为 5.4 万亿元人民币，相比 2016 年增长达到 15.1%。初步测算，全年全国旅游业对 GDP 的综合贡献为 9.13 万亿元人民币，占 GDP 总量的 11.04%。旅游直接就业人数为 2 825 万人，旅游直接和间接就业总人数为 7 990 万人，占全国就业总人口的 10.28%。由此可见，旅游业作为国民经济支柱产业的地位得以强化和提升。

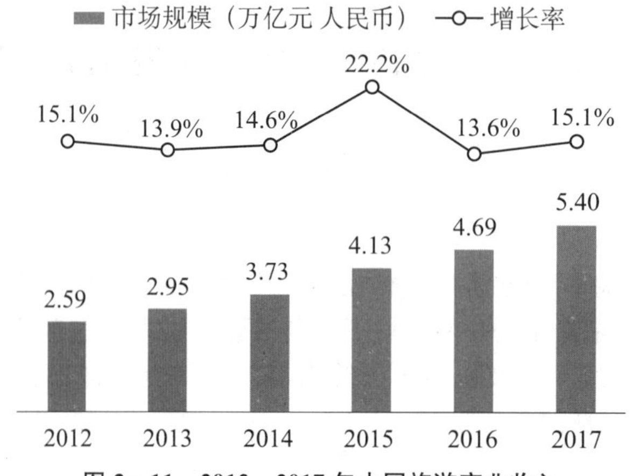

图 2－11　2012—2017 年中国旅游产业收入

数据来源：易观。

而其中，2017 年在线旅游市场交易规模持续增长，达到 8 923.3 亿元人民币，同比增幅达 20.7%，但出现增速放缓趋势。同时，随着旅游预订互联网的持续发展，2017 年在线旅游渗透率达到 16.5%，如图 2－12 所示。（注：《中国在线旅游市场年度综合分析 2018》报告中定义的在线旅游市场是指在线旅游服务提供商通过互联网或呼叫中心，以线上、线下多种支付形式，为用户提供交通、住宿、度假旅游等产品的综合信息检索、咨询与预订服务，从而形成的市场。）

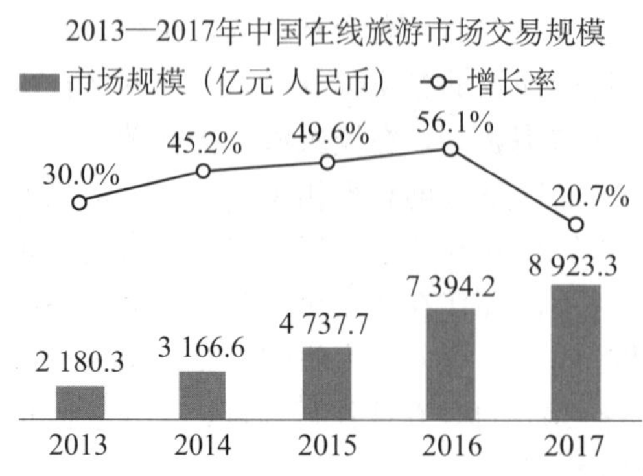

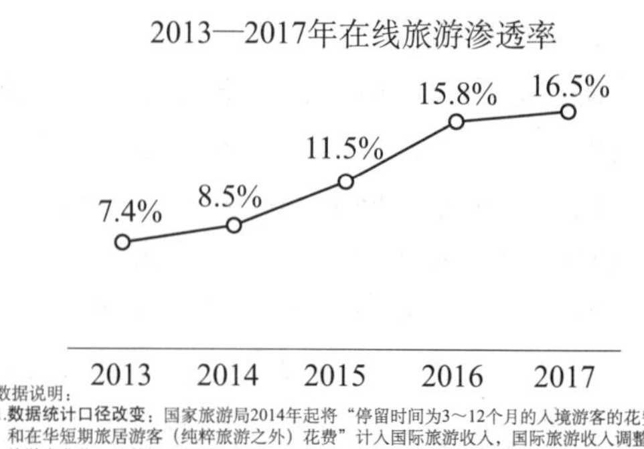

图 2－12　2013—2017 年中国在线旅游市场交易规模及在线旅游渗透率

数据来源：易观。

知识链接

在线旅游渗透率

所谓在线旅游渗透率，是指在线旅游的市场交易规模与旅游业总市场规模的比值。例如：2017 年在线旅游市场交易规模 8 923.3 亿元除以 2017 年中国旅游业旅游总收入 5.4 万亿元，约等于 16.5%。

我国在线旅游市场主要由在线交通、在线住宿和在线度假旅游三大细分市场构成。如图 2-13 所示。

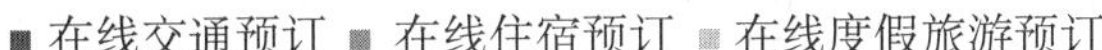

图 2-13　2016—2017 年中国在线旅游细分市场结构

数据来源：易观。

在 2017 年在线旅游交易规模中占比最大的是在线交通市场，交易额达到 6 389.65 亿元，占在线旅游的比重为 71.6%。其中，携程系下携程旅行网和去哪儿网的交通预订交易规模合计达到 3 543.66 亿元，占在线交通预订市场总交易规模的 55.4%，而阿里巴巴旗下的飞猪旅行网占在线交通预订市场总交易规模的 15.3%。如图 2-14 所示。

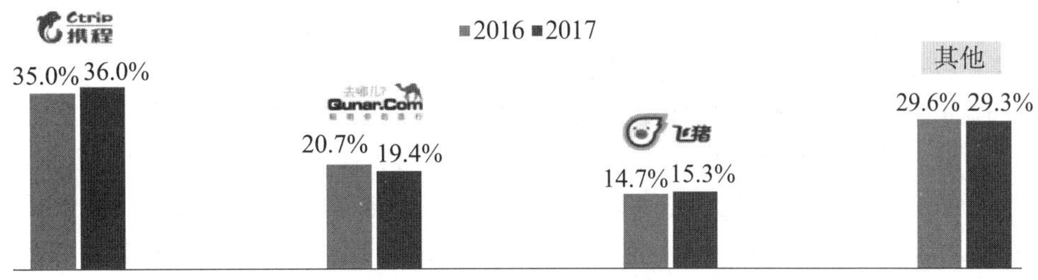

图 2-14　2016—2017 年中国在线交通预订市场企业份额

数据来源：易观。

排在第二位的是在线住宿，2017 年的交易额为 1 586.19 亿元，占在线旅游的比重为 17.8%。在线住宿市场主要由携程旅行网、去哪儿网、美团网三家平台承包，其中携程旅行网交易额排名第一，占据在线住宿预订市场总交易规模的 46.9%。如图 2-15 所示。

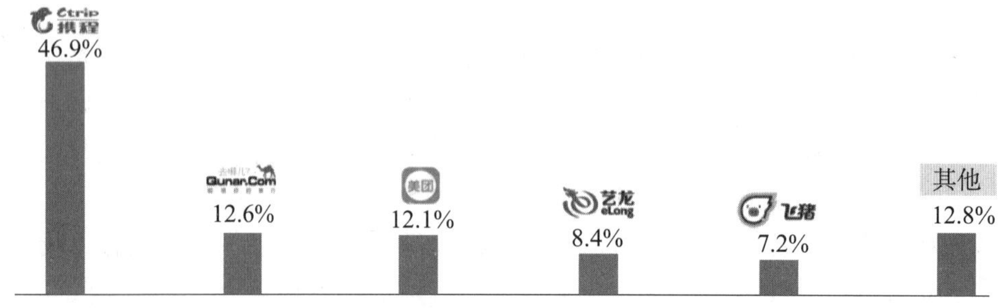

图 2-15　2017 年中国在线住宿预订市场企业份额

数据来源：易观。

排在第三位的是在线度假旅游，2017 年的交易额为 947.47 亿元，占在线旅游的比重为 10.6%。从 OTA 型平台企业来看，途牛旅游网领跑在线度假旅游市场，占比 27%，头部四家企业总份额达到 78.6%；从 OTP 型平台企业来看，飞猪旅行市场份额达到 28.7%，去哪儿网和马蜂窝旅游网的市场份额占比合计 11.7%。如图 2-16 所示。整体来看，较高的市场集中度，让头部企业构筑起深厚的行业壁垒，市场呈现明显的头部聚集效应，其他企业突围越来越艰难。

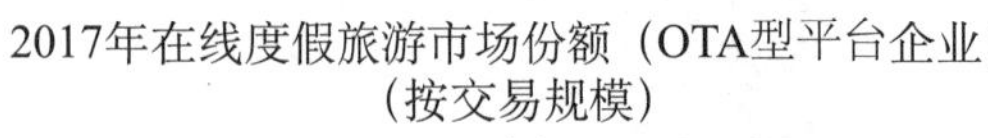

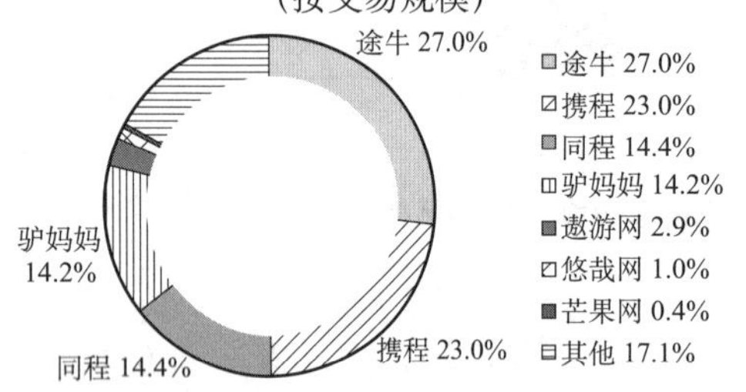

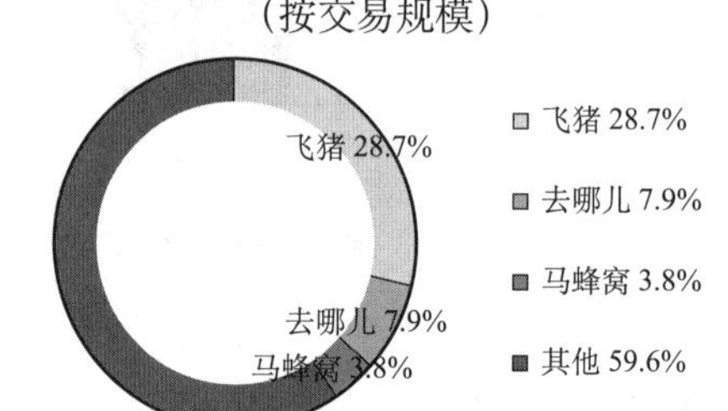

图 2-16　2017 年在线度假 OTA 和 OTP 型平台企业市场份额

数据来源：易观。

二、我国在线旅游的发展历程

1997 年中国国际旅行社总社参与投资的华夏旅游网的上线，标志着我国旅游电子商务的出现。随后，1999 年携程旅行网、艺龙旅行网实现酒店、机票的网上销售功能，旅游电子商务正式进入起步发展时期。经过不断的探索与改进，现在已经处于相当成熟的阶段。从最初的携程旅行网、艺龙旅行网到后来的去哪儿网、途牛旅游网、飞猪旅行网、马蜂窝旅游网、途家网等。纵观在线旅游平台市场的进化过程，我国在线旅游大致可以分为四个时期：起步发展期、成长分化期、多元并存期和整合集成期。

（一）起步发展期（1999—2005年）

2000年以前，在线旅游平台主要提供旅游资讯服务，互联网用户可以在这些平台上查询旅游景点、路线等相关信息。2000年之后，在线旅游平台开始提供在线旅游产品预订服务，主要依靠“互联网+呼叫中心”的形式开展销售预订业务，其中酒店和机票是主营旅游产品。在酒店方面，用户通过服务电话预订酒店客房，到酒店前台付款完成交易；在机票方面，电话预订机票后，平台会提供送票服务，由专门的服务人员送票上门，现金结账。

1999—2005年成立的主要在线旅游平台见表2-3。这个阶段的在线旅游平台以OTA型在线旅游平台为主导。这些在线旅游平台从商业定位的角度来看，又可以分为两类：第一类是以携程旅行网和艺龙旅行网为代表的专注于商务旅行的在线旅游平台，这类平台的目标用户是商务人士，主要为用户提供酒店和机票产品；第二类是以悠哉旅游网、遨游网为代表的专注于休闲旅游的在线旅游平台，这类平台以休闲游产品为切入点，避开与携程旅行网、艺龙旅行网等的直接竞争。因此，这个阶段主要是以第一类在线旅游平台为主，携程旅行网和艺龙旅行网处于行业的领先地位。

表2-3　1999—2005年成立的主要在线旅游平台

名称	简介
艺龙旅行网	艺龙旅行网创立于1999年5月，总部设在北京，是中国领先的在线旅行服务提供商之一，通过网站、24小时预订热线以及手机艺龙旅行网三大平台，为旅游者提供酒店、机票和度假旅游等全方位的旅行产品预订服务。
携程旅行网	携程旅行网创立于1999年10月，总部设在上海，业务涵盖食、住、行、游、购、娱，还涉及攻略、礼品卡等综合性业务。作为综合性的大超市模式，携程旅行网为用户提供全方位的旅游产品和服务，满足用户的个性化、多样化的需求。
同程旅游网	同程旅游网创立于2004年10月，总部设在苏州，是中国专业的休闲旅游预订平台，为用户提供景点门票、出境游、国内游、周边游、邮轮、机票、签证、酒店、火车票等产品预订服务。
悠哉旅游网	悠哉旅游网创立于2005年1月，总部设在上海，旗下拥有上海悠哉国际旅行社有限公司和北京悠哉国际旅行社有限公司两家国际旅行社，是最早从事在线销售旅游线路的网站之一。
遨游网	遨游网创立于2005年5月，总部设在北京，依托中国青年旅行社国内外旅游服务网络和旅游服务资源来为用户提供旅游产品和服务。

（二）成长分化期（2006—2010年）

2006年到2010年在线旅游市场诞生了很多在线旅游平台（见表2-4），这些新增的在线旅游平台大多以细分领域为切入点，避开与携程旅行网、艺龙旅行网等行业巨头之间的直面竞争，呈现细分化发展的态势。

这个阶段的细分领域主要有四类。第一类是休闲度假型在线旅游平台，这类平台的代表为途牛旅游网和驴妈妈旅游网，它们分别从旅游线路、景点门票切入，在细分市场的方向上开辟了一条新的道路。第二类是垂直搜索型在线旅游平台，这类平台的代表为去哪儿网、酷讯旅游网。不同于OTA型在线旅游平台，这类平台主要为在线用户整合不同平台的信息，提供比价搜索服务。随着OTA型在线旅游平台的增多，在线用户面对繁多的信息，选择成为旅游用户的消费痛点，垂直搜索型在线旅游平台在这样的市场形势下逐渐壮大。第三类是社区点评攻略类在线旅游平台，这类平台的代表为马蜂窝旅游网、穷游网等。旅游行业属于信息密集型产业，旅游者习惯在旅游前查看旅游攻略帮助自己制定旅游行程规划，在旅游途中上网查阅酒店和天气等信息，在旅游后分享旅游经验，社区点评攻略类在线旅游平台主要满足用户的这部分需求。第四类是“B2B＋B2C”型在线旅游平台，这类平台的代表为同程旅游网、欣欣旅游网等。同程旅游网成立初期是B2B型在线旅游平台，为旅游企业提供连接服务，随后延伸至B2C业务，也向旅游者提供酒店、机票、门票等服务，并从酒店、航空公司、景点等合作企业处获得佣金。

表2-4　　2006—2010年成立的主要在线旅游平台

名称	简介
酷讯旅游网	酷讯旅游网创立于2006年1月，总部设在北京，是全球最大在线旅游媒体TripAdvisor旗下企业。其凭借国内领先的垂直搜索技术，为旅行者提供国内外机票、酒店、旅游度假和火车票的专业搜索服务。
去哪儿网	去哪儿网创立于2006年3月，总部设在北京，是中国领先的旅游搜索引擎，为旅游者提供机票、酒店、度假产品的实时搜索。
马蜂窝旅游网	马蜂窝旅游网创立于2006年3月，总部设在北京，是中国领先的自由行服务平台。马蜂窝旅游网的景点、餐饮、酒店等点评信息均来自上亿用户的真实分享，每年帮助过亿人次的旅行者制定自由行方案。
芒果网	芒果网创立于2006年3月，总部设在深圳，为游客提供以订房、订票、自由行套票、公司差旅管理为主打产品的旅游在线服务。
途牛旅游网	途牛旅游网创立于2006年10月，总部设在南京，是中国在线休闲旅游的探路者，主打跟团游，包括出境游、国内长线和周边短线在内的跟团及自助、自驾等产品。
穷游网	穷游网创立于2007年11月，总部设在北京，提供原创实用的出境游旅行指南、攻略，旅行社区和问答交流平台，以及智能的旅行规划解决方案。
驴妈妈旅游网	驴妈妈旅游网创立于2008年11月，总部设在上海，是中国景区门票在线预订模式的开创者，提供景区门票、度假酒店、周边游、国内游、出境游、大交通等预订服务。
欣欣旅游网	欣欣旅游网创立于2009年2月，总部设在厦门，通过搭建专业的旅游产品网络营销平台，吸引全国各地超过5万家旅行社加盟合作，帮助旅游者从浩繁的旅游信息中快速找到适合的资讯。

（三）多元并存期（2011—2014 年）

2011 年到 2014 年是在线旅游平台的多元化发展时期。这个时期的外部环境发生了一些改变：第一，从 2012 年起，我国人均 GDP 超过 6 000 美元，旅游业迈入休闲游时代，旅游消费多元化、个性化的特征不断显现；第二，国家政策为在线旅游业的发展营造了良好的宏观环境，《国务院关于加快发展旅游业的意见》中提出“把旅游业培育成国民经济的战略性支柱产业和人民群众更加满意的现代服务业”；第三，随着移动互联网的出现，智能手机的普及改变了人们获取旅游信息的行为方式，比如游客习惯通过定位技术，以位置为中心，查找周边的食住行游购娱等旅游信息。

在这个阶段的在线旅游市场容量和主体仍然在不断增加，但增长的速度有所下降。已有的在线旅游平台持续增加产品种类，增加合作伙伴，业务范围不断扩张，同时进行商业模式的变革。新进入平台也在不断地优化细分领域。此外，阿里巴巴、腾讯、京东等大型电商企业纷纷推出在线旅游平台，进军在线旅游业。在线旅游行业的竞争变得激烈，跨界竞争成为常态。

这个时期的在线旅游平台主要分为四类。第一类是 OTA 型在线旅游平台，代表平台是携程旅行网、艺龙旅行网、途牛旅游网、驴妈妈旅游网等。这类平台在这个阶段的发展主要是增加产品种类和扩充业务范围，携程旅行网、艺龙旅行网不断升级开放平台战略，为用户提供比价服务，途牛旅游网、驴妈妈旅游网在发展细分领域的基础上向其他领域延伸。第二类是垂直搜索在线旅游平台，代表平台是去哪儿网。它最初的模式是为 OTA 型平台和用户搭建连接平台，在这个阶段，去哪儿网推出了 TTS 交易系统，用户购买旅游产品无须跳转到其他 OTA 型平台网站，可以在去哪儿网平台上直接完成交易。第三类是大型电商推出的在线旅游平台，代表平台是飞猪旅行网，它完全复制了淘宝、天猫的商业模式，是一个开放的平台，符合经营要求的旅游企业、航空公司、酒店、OTA、景区等商家均可以向飞猪旅行网申请开店。一经合作，即由商家向用户提供实体服务，飞猪旅行网负责平台的运营管理，提供技术支持等服务。第四类是基于共享经济的在线旅游平台，代表平台是途家网和小猪短租，这两个平台专注于非标准住宿领域，整合线下的公寓、民宿、客栈等个人房屋资源，为用户和个人房东提供交流交易的平台。在这个阶段，共享型在线旅游平台处于起步阶段。

2011—2014 年成立的主要在线旅游平台见表 2 - 5。

表 2 - 5　　2011—2014 年成立的主要在线旅游平台

名称	简介
飞猪旅行网	飞猪旅行网是阿里巴巴集团旗下的综合性旅游服务平台，原名淘宝旅行，于 2010 年 5 月在淘宝网正式推出。2014 年 10 月，阿里巴巴将淘宝旅行作为一个全新的品牌独立运营，并更名为“阿里旅行・去啊”，后又更名为“飞猪旅行”。
途家网	途家网创立于 2011 年 12 月，总部设在北京，是全球公寓民宿预订平台，提供公寓、别墅、民宿、树屋等各式新奇住宿。
小猪短租	小猪短租创立于 2012 年 8 月，总部设在北京，是国内共享住宿代表企业，为用户提供民宿短租服务。截至 2019 年 5 月，小猪短租全平台共有 80 多万间房源，分布在全球 700 多座城市及目的地。

TTS

TTS（Total Solution）模式，是去哪儿网自主研发的交易平台，是为航空公司、酒店、代理商开发的在线旅游产品销售系统解决方案。这个模式要求用户预订产品的交易过程全部在去哪儿网平台上完成，去哪儿网再将生成的订单传给代理商。

（四）整合集成期（2015 年至今）

2015 年是整个旅游行业资源整合重新布局年，主要表现在三个方面。

第一，2015 年融资非常频繁，投资并购再掀高潮。2015 年国内旅游领域吸引投资额超过 600 亿美元，其中携程旅行网、艺龙旅行网、去哪儿网、途牛旅游网四家 OTA 型企业累计获得超过 200 亿元人民币的融资，在线旅游行业格局出现资源和资本趋于向市场领先者聚集。同时，大额的融资并购集中在交通、O2O 领域，滴滴、快的等为获取市场份额与用户，在 2015 年持续上演补贴烧钱大战。资本的大量涌入说明这个行业的发展被看好，同时，由于资本的刺激，可以更好地改善旅游产品的体验感。

第二，移动互联网对在线旅游行业的影响逐步加深，越来越多的人习惯在线预订旅游度假产品，在线旅游度假市场也逐渐形成了新的竞争格局。2016 年 1 月，在线旅游度假企业通过春节大促发动了首场争夺战。1 000 多条境内外旅行线路价格比往年下降 30%左右。从促销名单上看，60%是出境旅游度假产品，中国在线旅游度假市场迎来线下与线上企业融合、移动端渗透率持续提升、旅游度假产品需求呈现碎片化的三大趋势。

第三，共享经济崛起。国家在肯定共享经济的同时，还将共享经济理念融入国家顶层规划。2015 年 10 月，上海市交通委员会向滴滴出行的专车平台颁发了“网络约租车平台经营资格许可”，这是国内第一张专车平台的许可资质，虽然政府审核和牌照制限制了汽车共享的自由发挥，但也看出了政府对共享经济这一新型、特殊的经济形态的认可和让步。与此同时，共享经济也面临着不少挑战，包括交易诚信及安全的约束、政策监管的障碍、模式跨领域复制的难度等。

在这个阶段，在线旅游平台主要分为四类。第一类是 OTA 加垂直搜索型在线旅游平台，代表平台是携程旅行网、去哪儿网、途牛旅游网。携程旅行网和途牛旅游网从 OTA 型在线旅游平台向垂直搜索平台转变，开放平台提供搜索比价服务；去哪儿网则向 OTA 型在线旅游平台转变，不仅提供垂直搜索，还自行采购旅游产品，直接与用户发生在线交易。第二类是传统的 OTA 型在线旅游平台，代表平台为驴妈妈旅游网等。这些平台依旧保持原有的模式，但是在业务范围上进行进一步的扩张。第三类是以飞猪旅行网为代表的在线旅游平台。飞猪旅行网一直保持着与天猫、淘宝相同的商业模式进行运营，不断增加合作商家，共享用户，创造利润。第四类是基于共享经济的在线旅游平台，代表平台是途家网、小猪短租等。这类平台创立的时间较短，但是对整个行业和其他平台产生了很大的影响。一些其他类型的在线旅游平台也相继推出当地人、民宿等业务，以顺应共享经济的浪潮。

任务拓展

旅游消费需求不断呈现多样化、个性化的特征，在线旅游市场的竞争也越发激烈。携程旅行网、飞猪旅行网、驴妈妈旅游网、小猪短租等不同类型的在线旅游平台正在经历商业模式的不断演变，以更好地适应市场需求和竞争格局的变化。分别访问这四个最具代表性的在线旅游平台，并思考它们各自的商业模式是什么。

任务反馈

从人群定位、市场规模、业务模式、核心资源、盈利方式等多个方面，各小组对以上四个在线旅游平台的商业模式进行对比分析。

拓展阅读

《携程美团飞猪们：从歼灭战到持久战》	分析了携程旅行网、美团网、飞猪旅行网等在线旅游平台之间的竞争格局。	 扫描二维码，阅读全文
《短租民宿哪家强？四大主流短租 App 深度测评》	对比分析 Airbnb、途家网、木鸟短租和小猪短租四家主流短租平台的产品、设计及发展方向。	 扫描二维码，阅读全文

任务四　旅游电子商务的行业应用

任务导入

旅游产品在市场经营活动中以信息形态呈现，网络信息技术为旅游业的这种信息形态发展注入了新的力量，使传统的旅游运作方式得以极大的改善。旅游电子商务以其聚合性、有形性、服务性、实惠性、个性化等特点被广泛应用于旅行社、酒店、旅游目的地、航空公司等多个旅游行业之中。

任务执行

以四人为一个小组，查询并讨论有哪些旅行社、酒店、旅游目的地、航空公司比较好地应用旅游电子商务的案例，并分析其应用的特色是什么。

一、旅行社电子商务

（一）旅行社电子商务概述

近年来，旅游业正步入黄金时期。作为旅游业的重要组成部分，传统旅行社如何发展电子商务、实现转型升级，是管理者必须思考的问题。旅行社行业运用以电子商务为基础的现代信息技术，能够有效地降低运营成本、扩大营销效果、提高市场占有率。

1. 旅行社电子商务的定义

旅行社电子商务是指，专业从事旅行中介服务的企业组织建立并实施的一整套基于规范业务流程的，以数字化电子方式进行的旅游信息数据交换和开展旅游商务的活动。具体包括：旅行社应用电子商务改善企业同旅游者、企业同企业、企业内部的关系，从而拓展市场、扩大销售，并实现企业内部业务流程的电子化。

2. 旅行社电子商务的作用

（1）树立旅行社的企业形象。

在现代旅游市场竞争中，良好的企业形象对旅行社的生存起着至关重要的作用。旅行社通过在互联网上建立自己的官方网站，可以将自身的优势充分展现出来，把企业的管理、经营理念和策略向公众进行宣传，及时调整企业的经营策略，为旅游者提供受欢迎的旅游产品和优质的服务。

（2）适应游客新的消费需求。

散客化、个性化等游客消费需求的变化给旅行社的价值链带来了极大的挑战。旅游者在在传统旅行社购买和消费旅游产品的过程中，只能被动地接受旅行社对市场要素组合之后形成的包价或半包价旅游产品。互联网技术的广泛应用使得这一涉及面广泛、需求复杂的个性化、自由行产品得以实现。旅游者可以自行在网上查询自己感兴趣的旅游产品的各类要素信息，旅行社提供必要的组合包装，形成因团而异、因人而异的旅游产品。

（3）降低旅行社的运营成本。

对于旅行社而言，最大限度地降低运营成本是提高企业竞争力的重要策略。通过电子商务，旅行社可以减少市场调研、客户满意度调查、企业办公和人员开支等各种费用，从而极大地节约运营成本。同时，电子商务可以实现旅游者与旅行社的直接对接，省去中间商的层层加价，将更多的优惠转让给旅游者。

（4）改变旅行社的营销方式。

网络营销的宣传触达面广、图文并茂、呈现手段多样化，能够为旅游者及时提供形式多样的旅游产品信息；同时，还能与旅游者建立双向的信息沟通关系，为其提供个性化的旅游服务，有利于提高旅游者的忠诚度，为旅行社实现社会形象和企业利益的双赢局面。

（二）旅行社电子商务平台建设

当旅行社决定要开展电子商务应用后，需要根据自身的条件和实力决定适合的电子商务运营模式，主要有自建电子商务平台和在第三方旅游电子商务平台上开设官方旗舰店。这两种旅行社电子商务运营模式适用于不同规模和战略目标的旅行社。

1. 自建电子商务平台

旅行社自建电子商务平台包括：自建电子商务网站和开发旅行社移动端 App 应用两种类型。

旅行社自建电子商务平台时必须考虑三个问题。第一，是否真的需要自建电子商务平台？旅行社在自建电子商务平台前要从多方面论证是否想吸引全国乃至全球的游客，是否想拓展旅行社的业务渠道，这是因为自建电子商务平台需要耗费大量的人力、物力和推广费用。第二，自建电子商务平台的目的是什么？这取决于旅行社如何定位网站或 App 应用与现有业务之间的关系。有些旅行社的官网只有简单的业务介绍信息，而有些旅行社的官网和 App 应用耗费了大量资金，也没能把潜在客源有效地转化为现实客户。因此，旅行社的整体战略目标和电子商务平台的目标定位是否一致非常重要。第三，有没有能力将旅行社电子商务平台运营好？在尝试自建电子商务平台之前，旅行社一定先审视一下自身的实力、条件和资源，然后再决定适合的电子商务销售渠道。

目前，传统旅行社自建电子商务平台的代表有：中国青年旅行社旗下的遨游网（如图 2－17 所示）、中国国际旅行社旗下的国旅在线和春秋国际旅行社旗下的春秋旅游网等。

图 2－17　遨游网首页界面

遨游网（www. aoyou. com）于 2005 年 5 月上线，是中国青年旅行社旗下的专业度假电子商务网站。中国青年旅行社整合旗下专业旅游服务团队、优质旅游产品设计能力、旅游门店、签证、机票酒店等资源，以遨游网作为线上统一入口和整合平台，在“互联网＋”和旅游消费升级的新时代，致力于带给用户更加便捷、活力、富有创意和个性化的旅行生活方式。遨游网在出境旅游度假、国内旅游度假、海岛旅游度假、签证服务、境外当地玩乐等领域具有丰富的线路资源，尤其是欧美澳非等长线出境游、海岛自由行度假、目的地深度文化旅行等领域具有领先优势。

艾瑞咨询公司发布的《2016 年中国在线旅游度假市场研究报告》显示，2015 年在线旅游度假市场中遨游网位居第五（如图 2－18 所示），仅次于携程旅行网、途牛旅游网、同程旅游网、驴妈妈旅游网等 OTA 型企业，是传统旅行社开展电子商务应用最好的企业。

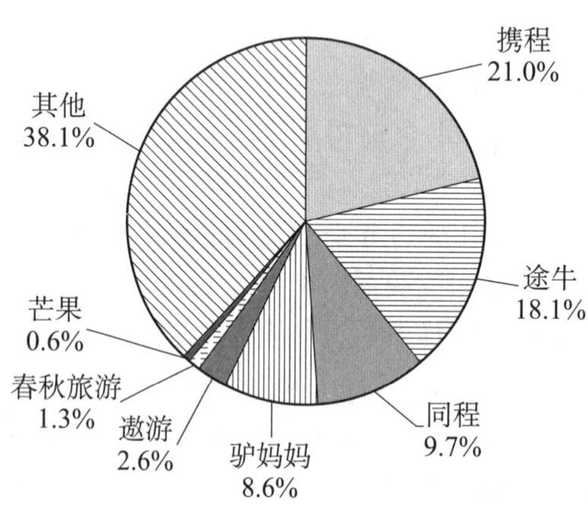

图 2－18　2015 年中国在线旅游度假市场份额（按交易规模，含平台部分）

2. 第三方平台开网店

一些第三方旅游电子商务平台开通了旗舰店、形象店或专卖店的功能，允许旅行社利用其平台开展旅游产品的销售服务。对于实力一般、规模不是很大的中小型旅行社来说，入驻第三方旅游电子商务平台，共享其巨大的客户资源和流量优势，是不错的选择。目前，比较知名的第三方旅游电子商务平台有：飞猪旅行网、同程旅游网和欣欣旅游网等。

飞猪旅行（www. fliggy. com），原为“阿里旅行・去啊”，是淘宝网旗下的综合性旅游出行网络交易服务平台，整合数千家机票代理商、旅行社、航空公司、旅行代理商资源，为旅游者提供酒店客栈、国内国际机票、旅游度假、景点门票等旅游产品的信息搜索、购买、售后服务的一站式服务解决方案，全程采用支付宝担保交易。

对于航空公司和旅行社来说，自建直销渠道成本较高。飞猪旅行通过让航空公司和旅行社入驻平台，省去了其自建网站、做广告、买流量，以及后期更新维护等成本。同时，飞猪旅行还会给商家提供技术服务及数据分析，依据商家的交易量，按照百分比抽成，总体计算下来，航空公司和旅行社所要花费的佣金会低于自建直销渠道所产生的总体成本。

根据飞猪旅行网最新的招商标准，目前在飞猪旅行网平台许可发布范围比较大的属于旅行社（其中出境社范围最广，然后是国内旅行社），其次依次为：旅行咨询服务公司、租车/包车、邮轮、签证办理机构、航空代理、酒店、景区/游乐园门票等。而申请入驻飞猪旅行网有四个流程，分别是：提交入驻材料、商家等待审核、完善店铺信息、店铺上线。如图 2－19 所示。

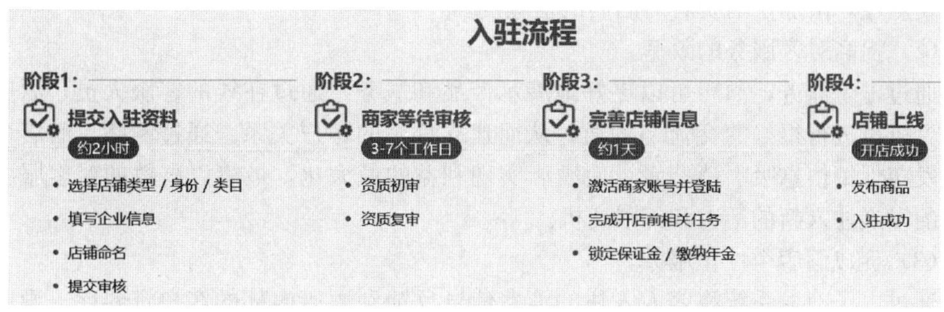

图 2－19　飞猪旅行网招商入驻流程界面

二、酒店电子商务

（一）酒店电子商务概述

由于酒店业与旅游业密切的关联性，酒店电子商务的发展与旅行社电子商务密不可分，而旅行业网络化程度的不断加大，使得国内外酒店集团意识到电子商务的发展潜力，纷纷加强电子商务的应用。事实上，国外酒店集团早在几十年前就开始发展电子商务。如美国喜来登集团的中央预订系统（Central Reservation System，CRS）于1970 年开通，1976 年完成它的 1 000 万次预订。而在互联网应用普及的今天，电子商务对酒店业来说，不仅是一种新颖的营销方式，也是现代化管理的一个重要环节。

CRS

CRS（Central Reservation System），即中央预订系统，起源于 20 世纪 50 年代末，全球主要的航空公司为了实现全球分销，开始开发 CRS 系统，并通过在全球旅行社安装计算机终端来实现全球实时查询机位和售票，经过兼并和收购，形成了四大全球分销系统（Global Distribution System，GDS），即 Amadeus、Galileo、Sabre 和 Worldspan，连接全世界 60 余万个旅行社终端。

1. 酒店电子商务的定义

酒店电子商务是指，利用互联网和智能化手机终端技术，涵盖酒店信息网络宣传与酒店产品在线预订、支付以及酒店业务流程的电子化等工作，实现酒店电子化运营和营销的先进运营模式，以更便捷、更形象的特点向消费者及社会展示酒店业的形象，构建起酒店与消费者沟通的桥梁，降低和节约酒店的运营成本，创造酒店行业经营管理的新模式、新形象。

2. 酒店电子商务的作用

（1）形象化旅游酒店产品。

客房、餐饮和娱乐等酒店产品具有无形性的特点，决定了消费者只能在购买产品后才能到店体验产品和服务。现在通过互联网和 VR 技术，可以远程看见酒店的“虚拟客房”，让消费者事先对酒店的客房、环境及服务进行体验，大大提高了消费者与酒店的交互性，增加了消费者对酒店的信赖度。

（2）提高对客服务的效率。

通过电子商务，酒店可以更好地展示产品和服务。通过在线的客服人员，酒店和消费者可以进行很好的交流与沟通，从而建立良好的客户关系。通过网络，酒店可以快速发布促销信息吸引消费者，使酒店实现利益的最大化，最终以高效的对客服务为酒店的发展注入新的活力和无限商机。

（3）促成酒店个性化服务。

通过电子商务系统将客人入住的消费信息反馈到酒店内部的客户资料库，酒店服务人员可以根据客人的喜好，为其提供有针对性的个性化服务。比如在酒店房间里放置一些小礼物，为客人准备喜欢的小点心、饮品等。这样，一方面让客人更有亲近感，感觉受到了尊重，另一方面能够吸引回头客，提高酒店的入住率。

（4）拓宽酒店的销售市场。

电子商务的应用可以推动酒店业务的新发展，为其拓宽延伸销售市场，并向任何有互联网的地方传递酒店的产品信息。只要对酒店产品有需求，客人就可以快速与酒店联系，这就使得酒店服务实现了空间上的迅速拓展，拓宽了酒店的销售渠道，扩大了其消费群体。

（5）优化和完善采购管理。

将电子商务应用到酒店管理中，可以通过网络对比，查询性价比更高、更适合的货源，并根据市场行情变化发展及时做出准确的预判，在合适的时机进行产品交易，完善酒店的采购管理。同时电子商务应用到酒店账务管理，还可实现系统自动统计和分析，更好地把握酒店的库存管理和资金流，降低人力资源成本，提高采购过程的清晰透明度。

3. 酒店电子商务应用现状

（1）中国酒店电子商务市场产业链图谱。

根据艾瑞咨询发布的《2018 年中国在线出行住宿行业研究报告》，2018 年中国酒店电子商务产业链由上游的锦江之星、华住酒店集团、首旅集团、格林豪泰酒店等酒店集团通过携程旅行网、途牛旅游网、美团网、飞猪旅行网等在线预订平台和酒店自建网上直销渠道来建立与用户之间的连接。

2018 年中国酒店电子商务产业链图谱如图 2－20 所示。

（2）用户预订渠道转变，住宿在线化率进一步提升。

2013—2022 年中国住宿市场在线渗透率如图 2－21 所示，其中，2017 年中国住宿市场在线渗透率达 31.6%。随着中国在线旅游市场的发展以及消费者预订渠道的转变，在线预订的比例将逐渐提高，同时能够进行线上预订的酒店比例也将随之提高，预计到 2022 年这一比例将增长至 44.3%。此外，由于用户预订渠道的转变，线下酒店也在加速互联网建设的速度，并由此带来市场交易维度在线渗透率的进一步提高。

线下实体住宿资源是在线旅游预订平台与实际消费者之间的桥梁，因此，对于住宿资源方来说，在线预订平台为其提供了一个接触用户的新渠道，以补充其已有的用户群体。对于规模较小且用户群体较少的中低端酒店而言，其与享有高声誉的大型高端酒店之间的竞争越来越困难，因此，在线预订能够为其提供更广阔的消费群体。

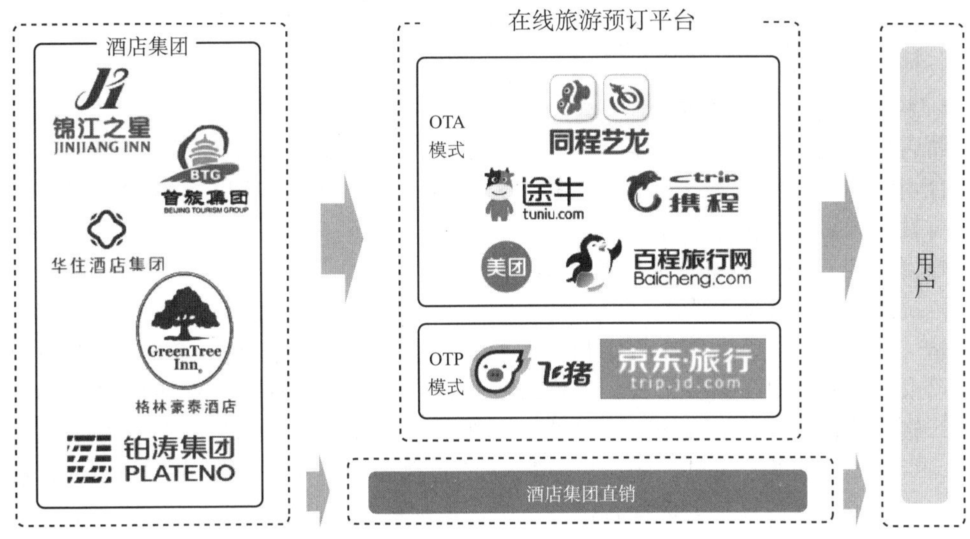

图 2-20　2018 年中国酒店电子商务产业链图谱

图 2-21　2013—2022 年中国住宿市场在线渗透率

数据来源：艾瑞咨询。

（二）酒店电子商务实施步骤

酒店运用电子商务有着极大的空间。鉴于我国当前的信息化水准、互联网基本设备与社会配套环境，酒店电子商务的实施能够让还在经营初期的酒店可以快速地、直观地感受到网络对传统商务模式的颠覆。尤其是中小型酒店应使用循序渐进的模式来做好酒店电子商务的转型升级。酒店电子商务实施分为以下几个步骤。

1. 建设数字酒店，提升整体协作能力

首先，建立酒店业务流程的内部管理信息系统，连接到互联网上，将所有的业务条理化、信息化，提高管理效率，简化流程操作，减少顾客等待时间，确保整个酒店业务的流畅运行，最终建立数字酒店系统，这是实现酒店电子商务的基础。其次，在网站上展现自己的风采，体现出有别于其他酒店的特色，不断优化主页、风格，吸引客户的关注。网站不仅有酒店的基本信息描述，而且有对酒店的交通、房型及价格、餐饮、娱乐、服务设施的详细描述，保证顾客可以根据自己的喜好选择适合自己的酒店。最后，酒店从信息平台获取顾客的兴趣与偏好数据，针对顾客的个性化需求和自身特色重新整合酒店产品，全面提升顾客服务，最大限度地满足顾客的个性化需求。

2. 提升用户体验，高效连接各项业务

充分运用酒店电子商务平台，将酒店客房、餐饮、娱乐及相关配套设施成功互联网化。顾客在酒店停留期间，连接起更多的商家、品牌，构建新型酒店 O2O 服务模式，如餐饮预订、酒店客房内酒品消费，通过微信扫描，付款成交；酒店大堂商品区内有各种创意礼品和当地特产，可以足不出户挑选丰富多样的旅游产品。

3. 培养酒店电子商务复合型人才

酒店培养出一批懂得酒店运营和电子商务技术，并具备金融、财务、管理、营销等综合知识的复合型人才。酒店通过提供到高校进修、在职培训、远程教育等多种形式的再教育，提升员工综合能力。

4. 推进电子商务营销渠道的多元化

传统酒店以线下销售为主，而互联网时代的酒店走 O2O 模式，包括官方网站、手机网站、微信公众号、微信小程序和移动端 App 等，使得销售渠道多元化。同时，酒店还可以发展其他电子商务模式，如加入 OTA 分销渠道，与携程旅行网、同程旅游网等在线旅游平台合作；加强与电商销售渠道的合作，如飞猪旅行网、美团网、大众点评网、京东旅行网等。另外，酒店可以积极发展酒店会员制，运用互联网时代的社交媒体，让粉丝主动分享个人体验，树立口碑，增加用户关联度。

三、旅游目的地电子商务

（一）旅游目的地电子商务概述

旅游目的地是涵盖食、住、行、游、购、娱旅游要素，能够吸引游客在此短暂停留、参观游览的目的地。从概念上看，旅游目的地可以是一个国家、一个省、一个地级市、一个区县，一个景区、一个度假区，甚至是一个乡村旅游点。

在互联网应用普及的今天，作为上游供应商的旅游目的地，应当抓住当前的发展契机，把电子商务应用到当地旅游经济建设中，对当地分散的旅游资源进行有效的整合，建立系统的数据库，实现信息化管理，优化旅游供应链，推动当地旅游业信息化、产业化、品牌化的发展。

1. 旅游目的地电子商务的内涵

旅游目的地电子商务是指，旅游目的地为了顺应当前时代在线旅游市场的发展而自发形成的全新经营模式。众所周知，在传统旅游产业链中，旅游目的地的经营模式更多是一种单向的同行渠道，工作内容仅仅是单一的散客与旅行社团队游客的接待。而近年来，随着在线旅游市场的迅猛发展，旅行社在旅游市场中所占比例被大量吞噬，旅游目的地的直客比例则大幅上升。这主要得益于第三方电子商务企业的网络与营销构建，以及得益于旅游目的地自身电子商务经营模式构建与营销策略的创新。这样的趋势，对传统旅游目的地的经营模式产生了重大影响。

2. 旅游目的地电子商务体系构建

（1）构建信息发布体系。

信息发布系统是旅游目的地电子商务网络构建的最基本要素。它的作用和功能是整合旅游目的地的信息资源，实施全面的目的地信息管理，提供旅游资源信息库、旅游产品信息库、旅游促销信息库、旅游企业信息库等多项内容。信息发布系统信息全面，知识权威，同时根据目的地的资源变化及时更新。

（2）构建网络支撑体系。

网络支撑系统是旅游目的地电子商务网络构建不可缺少的技术要素，包括一系列与电子交易有关的软件和设备，如个性化定制的用户界面、丰富的功能接口等。它们的作用在于支持旅游目的地产品的交易系统，并支持多渠道的管理，为目的地旅游信息的有效互动、匹配、信息推广和产品分销提供操作平台。

（3）构建服务功能体系。

服务管理系统是旅游目的地电子商务网络实现客户关系管理的关键要素。它包括对旅游者和对企业的两个服务系统。服务旅游者的管理系统使旅游者获得有效的定制化信息，从而促进目的地产品的销售；服务企业的管理系统为企业提供展示的平台和有效的资源开发信息，从而吸引企业的广泛参与。

（4）构建形象展示体系。

形象展示系统是旅游目的地电子商务营销的重要系统。它的作用与功能在于利用网络手段，打造旅游目的地整体形象，并通过网络的虚拟化展示功能向外界全面宣传与推广，使电子商务网络在完成旅游产品交易的同时，实现目的地整体营销，使目的地城市的旅游业发展走向全国。

（二）旅游目的地电子商务平台建设

1. 地方旅游政务网站

地方旅游政务网站是由各地方政府部门主导建设，在整合当地旅游资源的基础上对旅游信息进行综合展示和介绍，比如江苏旅游网、好客山东网、四川旅游资讯网等地方旅游政务网已成为旅游目的地营销系统中重要的载体和表现形式。

江苏旅游网（www.jstour.com）是由江苏省文化和旅游厅主办的官方旅游资讯网站，为广大游客提供旅游公共信息服务。作为江苏省内权威性资讯信息类网站，江苏旅游网担任着江苏旅游资讯推广发布、宣传的角色，是江苏旅游资源的重要宣传平台，更是食、住、行、游、购、娱的指南型网站。江苏旅游网首页界面如图 2-22 所示。

图 2-22　江苏旅游网首页界面

2. 旅游景区电子商务

旅游景区电子商务系统是以景区为中心整合旅游资源，实现景区门票、旅游线路、旅游特产、演艺门票等旅游产品在线预订功能，为游客提供全方位、高质量的个性化旅游预订服务。旅游景区电子商务系统注重电子商务流程和线下实际业务的对接，实现在线订单和景区门禁系统等数据的对接。

乌镇旅游官方网站（www. wuzhen. com. cn）是乌镇5A级景区官方预订平台，向旅游者提供传统乌镇文化介绍、景区门票、乌镇民宿、休闲娱乐、精选美食、伴手礼、自由行特惠产品、会议、各种文化活动及旅游攻略等服务。乌镇旅游官方网站首页界面如图2-23所示。

图2-23 乌镇旅游官方网站首页界面

3. 乡村旅游电子商务

乡村旅游电子商务是互联网和乡村旅游之间的桥梁和载体，基于互联网与乡村旅游资源的结合，帮助乡村旅游从业者通过平台将产品推广出去。乡村旅游电子商务是乡村旅游得以与市场经济保持同步发展的重要渠道，为乡村旅游发展提供更大的空间和更多的机会。通过鼓励更多人参与新形式的创业，在市场的调控作用下，实现乡村旅游电子商务的完善与升级，有利于旅游经济发展，增加游客的消费，进而实现乡村旅游升级和农民收入增加，促进农村的综合发展。

同步案例

《以电商驱动美丽乡村“互联网+”的永宁实践》

南京市浦口区永宁街道以现代农业为主导，以丰富的旅游资源为基础，以本土农村电商企业为驱动，已形成集农特产品、生态旅游观光、休闲娱乐、互联网运营于一体的永宁乡村旅游电商模式。

扫描二维码，阅读全文

任务拓展

旅行社、酒店、旅游目的地可以通过官方网站、微信公众号、小程序、App 等多种方式搭建自己的直销渠道，也可以依靠携程旅行网、飞猪旅行网等在线旅游服务平台强大的供应链体系、线上线下流量优势构建分销渠道。以飞猪旅行网为例，查询资料并思考旅行社、酒店、旅游目的地如何与其进行合作。

任务反馈

各小组从飞猪旅行网的合作品类、入驻要求、收费标准、商家规则等角度查询其与旅行社、酒店、旅游目的地的合作细则，并整理成文档。

拓展阅读

《台湾旅行社如何启动第二次转型?》

以台湾旅行社为例，分析在互联网时代，传统旅行社该如何转型升级。

扫描二维码，阅读全文

《爱玩懂吃“很会住”，华住会加码你的智慧生活方式》

华住会，上海汉庭酒店集团旗下的在线酒店预订服务品牌，为会员提供住宿、出行、购物等服务。

扫描二维码，阅读全文

《苏州旅游总入口，打开“全景苏州”的全新方式》

“苏州旅游总入口”是全国首个旅游目的地服务总入口工程，集信息查询、线上导览、在线预订、信息推送于一体。

扫描二维码，阅读全文

项目测评

【知识/技能评价】

1. 什么是旅游电子商务？旅游电子商务与在线旅游之间是什么关系？
2. 按照旅游主体的分类方式，旅游电子商务的交易模式有哪些？
3. 解释 OTA、OTP、旅游 UGC、旅游 P2P 的含义。

4. 简述我国在线旅游发展的四个历程。

5. 简述旅行社电子商务、酒店电子商务、旅游目的地电子商务的概念。

项目实训

【实训背景】

近年来，我国旅游市场持续保持较高的增长速度，旅游成为更多老百姓的日常生活方式。在总量增长的同时，个性化和碎片化的需求凸显，越来越多的人不再满足于传统的跟团游，而选择自行安排更具个性化、更具品质化的自由行。

云南省素有“动物王国”“植物王国”“有色金属王国”的美誉。在这块神奇的土地上，聚居着众多古老的民族，多彩的少数民族风情、美丽的原始森林景观、神秘的古老宗教文化都令无数游客充满向往之情。本次实训是以云南为旅游目的地，请同学们运用已学的旅游电子商务技能制定自由行计划。

【实训目的】

通过实训，加深对旅游电子商务的理解，通过制定云南自由行的旅游计划，使学生能够灵活运用各种旅游电子商务平台，切身体会旅游电子商务所带来的便利性、实惠性，进而激发他们学习旅游电子商务的兴趣。

【实训任务】

1. 访问马蜂窝旅游网，下载云南旅游攻略，了解云南的概况、各主要旅游城市、旅游特色资源、最佳旅游时间、交通等信息，并通过浏览其他游客的自由行攻略游记，结合自己的出游时间，形成一个初步的旅游线路计划。

2. 查询对比携程旅行网、去哪儿网、飞猪旅行网等综合在线旅游服务平台和天巡网、非凡旅行网等专业机票预订平台，以及各大航空公司官方直销平台（如官网、微信公众号+小程序、App）等机票价格。

3. 结合线路计划，选择各个落脚点的住宿设施，通过携程旅行网、去哪儿网、飞猪旅行网可以预订酒店，也可以通过途家网、Airbnb、小猪短租等非标住宿平台预订个性化的民宿产品。

4. 通过小红书、马蜂窝旅游网、美团网以及各地方旅游政务网（网站或公众号）、各景区官方网站等安排每天的行程，能够凸显出不一样的旅游体验，如游览网红打卡地、体验当地特色民俗文化、品尝当地特色美食等。

【实训反馈】

以四人为一个小组，制定切实可行的云南自由行方案，行程包括食、住、行、游、购、娱等多个方面，并形成 PPT 上台汇报。

参考文献

[1] 杨春宇．中国旅游业电子商务发展前景初探 [J]. 贵州师范大学学报（自然科学版），2002 (1).

[2] 刘四青．旅游移动电子商务发展对策研究 [J]. 企业经济，2005 (7).
[3] 刘笑诵．中国旅游电子商务的对策研究 [J]. 经济师，2005 (1).
[4] 杨路明，巫宁．现代旅游电子商务教程 [M]. 北京：电子工业出版社，2004.
[5] 曹会林．中外在线旅游盈利模式比较分析 [J]. 中国水运（学术版），2006 (5).
[6] 李雪梅．旅游网站的运营模式研究 [D]. 北京：北京邮电大学，2007.
[7] 邓杨民．在线旅游定制平台的分析与研究 [D]. 北京：北京交通大学，2018.
[8] 陈伟．在线旅游服务企业商业模式研究 [D]. 黑龙江：哈尔滨商业大学，2018.
[9] 李艳鹏．中国旅游电子商务发展现状与对策研究 [J]. 现代商贸工业，2019 (5).
[10] 刘振华．"互联网＋"时代下酒店电子商务的转型之路 [J]. 经济研究导刊，2017 (4).
[11] 孙爱民．基于"互联网＋"的旅游目的地电子商务与营销策略探析 [J]. 市场周刊，2018 (12).
[12] 易观．中国在线旅游市场年度综合分析 2018 [R/OL]. (2018-10-26). http://www.199it.com/archives/787984.html.
[13] 艾瑞咨询．中国在线旅游行业研究报告 [R/OL]. (2019-01-03). http://www.199it.com/archives/815584.html.

模块二
旅游电子商务网络技术

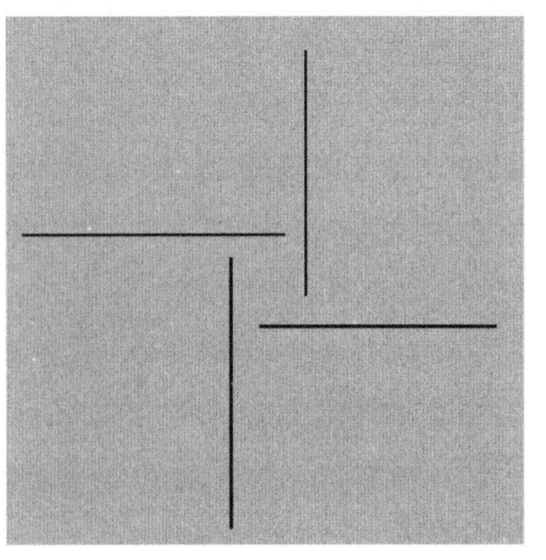

项目三　旅游电子商务网站建设

项目概述

旅游电子商务网站是旅游企业开展商务活动的基础平台，是旅游电子商务系统的重要组成部分。旅游电子商务网站的建设是一个比较复杂的过程，包括需求分析调查、总体结构设计、系统开发、域名和网站空间选择等多方面内容。本项目首先阐述了旅游电子商务网站的概念和建设目的；其次，对旅游电子商务网站需求、定位、可行性等进行了分析；最后，归纳总结了旅游电子商务网站的设计原则、设计元素和设计布局类型。

项目目标

知识目标：理解旅游电子商务网站的概念；理解旅游电子商务网站的建设目的和功能；理解旅游电子商务网站的设计原则；理解旅游电子商务网站的设计元素；理解旅游电子商务网站的设计布局类型。

技能目标：能够对旅游电子商务网站进行需求分析；能够对旅游电子商务网站进行定位分析；能够对旅游电子商务网站进行可行性分析；能够掌握旅游电子商务网站域名和空间选择的技巧。

素质目标：加强学生对旅游电子商务网站的理解，并激发其学习旅游电子商务网站建设的兴趣；培养学生积极主动的工作态度和抗压能力；提高学生分析问题的能力。

任务一　旅游电子商务网站概述

任务导入

移动互联网时代，绝大多数的消费者都通过移动终端（手机）进行浏览、社交、购物、完成支付等。2018 年“双 11”期间，淘宝、天猫 2 135 亿元交易额中 90%以上是在手机端完成的。移动互联网时代，也是互联网流量分发时代，风口已经转向。在 PC（Personal Computer，个人电脑）互联网时代，流量入口主要是百度搜索引擎，但在移动互联网时代，流量入口不仅有百度，还有各种App、微信公众号、微信小程序、今日头条以及携程旅行网、马蜂窝旅游网等各大在线旅游服务平台。

以四人为一个小组，分组讨论：

1. 你现在主要是通过百度获取旅游网站信息，然后完成旅游产品预订的吗？还是通过各大旅游App、旅游微信公众号及微信小程序完成旅游产品的购买？

2. 在移动互联网如此普及的今天，旅游企业有没有必要建设旅游电子商务网站？为什么？

一、旅游电子商务网站的概念

网站是互联网的表现平台，制作这个平台的过程就是网站建设。旅游电子商务网站是旅游电子商务最重要的部分，是旅游企业和用户以及旅游企业间进行沟通的窗口。旅游电子商务网站是一系列网站、数据库、编程技术的融合，它是旅游企业展示企业形象、实施经营战略的平台。

具体来看，旅游电子商务网站就是利用先进的计算机网络及通信技术和电子商务的基础环境，整合旅游企业的内部和外部的资源，扩大旅游信息的传播和推广，实现旅游产品的在线发布和销售，为旅游者与旅游企业之间提供一个信息共享、增进交流与交互的网络化平台。

二、旅游电子商务网站建设需考虑的问题

在建设旅游电子商务网站前，旅游企业必须考虑并明确网站建设的目的、网站的功能定位、网站的规划、域名和空间的选择等。

（一）旅游电子商务网站的建设目的和功能

一般来讲，旅游企业建设旅游电子商务网站的目的包括品牌宣传、销售转化和用户服务等，即通过旅游电子商务网站的运营达到对自身品牌形象宣传、产品有效销售、为客户提供有价值的旅游信息等目的。

旅游电子商务网站的建立对企业的推广及旅游业的发展都具有重要的意义，主要表现在以下几个方面：

1. 树立企业品牌形象

有网站的旅游企业不一定正规，但正规的旅游企业一定是有官方旅游电子商务网站的。旅游企业通过旅游电子商务网站宣传企业的文化理念，介绍企业的产品和服务，提供行业最新的旅游信息等，让客户对旅游企业有更全面的了解，从而增强旅游企业的知名度和竞争力，最大限度地展示企业的品牌形象，提升行业的影响力。

2. 开拓网络销售渠道

旅游电子商务网站不仅可以宣传企业的品牌形象，还能帮助企业开拓新的网络销售渠道。旅游电子商务网站可以缩短旅游企业推出新产品和打开新市场的周期，满足

客户对旅游产品的需求，减少对 OTA 等旅游产品服务提供商的依赖，削减佣金开支，达到增加企业盈利收入的目的。

3. 提升企业管理效率

旅游电子商务网站除了品牌形象宣传、产品销售功能之外，还可以整合供应商、批发商、分销商、零售商等上下游资源，打通旅游的全产业链。综合性的旅游电子商务网站能够实现一整套的集供应链、电商、物流、会员管理、大数据、支付等于一体的信息管理系统，极大地提高了旅游企业的管理和运营效率。

4. 增强客户服务能力

一方面，旅游企业通过旅游电子商务网站建立统一的客户资料管理系统，增强客户资料的安全性、稳定性、及时性，维护客户的利益；另一方面，旅游企业通过数据挖掘、大数据分析等方法获得用户的消费习惯，不断优化旅游产品和服务，加强用户的消费体验，拉近企业与客户之间的距离，增强与客户之间的关系。

（二）旅游电子商务网站建设的一般性问题

旅游电子商务网站建设过程中的网站策划、网站域名注册、网站空间选择等一般性问题需要事先考虑清楚。

1. 旅游网站策划

旅游电子商务网站的建设过程，就是旅游企业的营销过程，这就需要事先进行专业的策划。首先要调查和了解互联网的使用群体和潜在使用者，然后进行人群的细分。可以按旅游消费行为进行细分，如旅游度假市场、观光旅游市场、会议与商务旅游市场等，还可以按旅游者心理需求、地理环境、人口特点等进行细分。细分市场后，综合多方因素选择目标市场，并提供针对性的服务。同时，还要对市场主要竞争者进行分析，结合自身条件、市场优劣势等完成旅游电子商务网站的策划工作，具体包括目标群体分析、市场分析、可行性分析、竞争对手分析、网站主要功能搭建和内容完善等。

2. 网站域名注册

选择一个与企业名称或形象相吻合的域名是企业建设旅游电子网站的前提。域名具有唯一性，一旦注册成功，其他任何机构都无法注册相同的域名。因此，域名是企业重要的网络商标，在网络营销中能够起到企业标识的作用。好的域名首先应具有简洁性，避免过长的字符导致记忆成本的增加。此外，域名还应考虑到互联网的国际性，兼顾国际用户的使用习惯。一个好的域名是关乎企业网络品牌形象能否树立的首要条件。

知识链接

域名

互联网上每台计算机都有唯一的 IP 地址用于实现彼此之间的通信，但 IP 地址是一个数字地址，非常难以记忆。因此，在互联网上设定一个有意义且容易记忆的名字来代替不易记忆的 IP 地址，这个名字就是域名，也就是我们通常访问网页所看到的网址。

阿里云旗下品牌万网（wanwang. aliyun. com），是中国域名注册服务的先行者，中国领先的互联网应用服务提供商。万网致力于为企业客户提供完整的互联网应用服务，如域名服务、主机服务、企业邮箱、网站建设等。万网网站域名界面如图 3－1 所示。

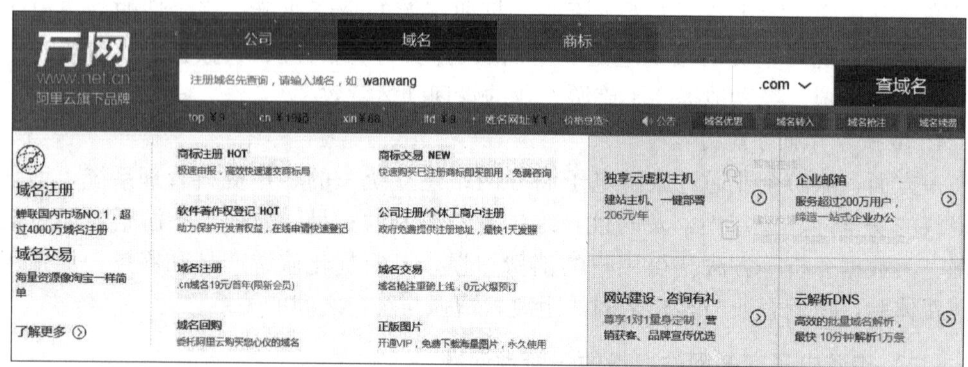

图 3－1　万网网站域名界面

3. 网站空间选择

旅游电子商务网站建设需要有互联网上的存储空间，即选择合适的服务器。网站空间的大小由旅游企业的规模、网站的功能等决定。一般来说，实力雄厚的大型旅游企业，出于自身庞大的数据库和安全性的考虑，首选独立架构服务器；中型旅游企业可选择服务器托管服务，以节省管理、维护服务器的成本；小型旅游企业可与他人共同分享虚拟主机，也就是网站空间的租赁。

通过万网可以实现中小型旅游企业的网站空间服务，根据旅游企业的规模选择不同性能配置的应用服务器或云虚拟主机。万网网站主机服务界面如图 3－2 所示。

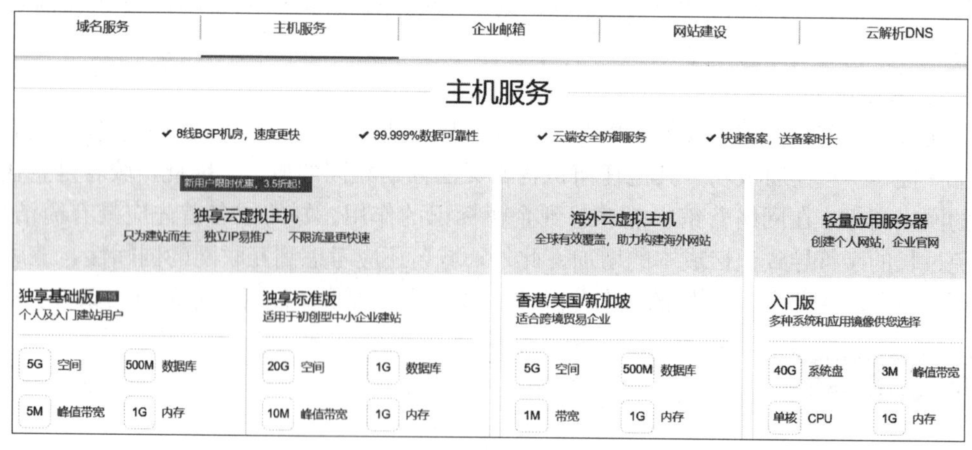

图 3－2　万网网站主机服务界面

任务拓展

访问万网（wanwang. aliyun. com），切身体会万网所能够提供的域名查询、注册服务及独享系列主机、共享系列主机、弹性 Web 服务器托管等服务。

任务反馈

通过对万网网站的访问，各小组讨论并填写完成表 3－1 和表 3－2 中的内容。

表 3－1　　不同域名后缀的含义

域名后缀	含义	域名后缀	含义
.com		.org	
.cn		.gov	
.net		.edu	
.biz		.hk	

表 3－2　　万网主机服务

产品系列	独享系列主机	共享系列主机	弹性 Web 服务器托管
适用人群			
特性			
稳定性			
操作系统			
参考价格			

拓展阅读

《一大波假期来袭，这些好用的旅游网站许多人竟然不知道》

8 个超隐蔽、超好用的旅游网站，保证你学到一般人不会的实用技能。

扫描二维码，阅读全文

《那些年网络域名惹的“祸”》

域名，虽然只是由短短几个字母组成，但很多时候它所带来的影响力却是出乎意料的。

扫描二维码，阅读全文

《没有购买域名和服务器，怎么搭建网站?》

向大家分享不花钱，不买域名和空间服务器，一样可以搭建网站的方法。

扫描二维码，阅读全文

任务二　旅游电子商务网站规划

不进行旅游电子商务网站的规划而盲目建设，势必会造成人力、财力的浪费，更会给网站使用者留下不好的印象，进而影响用户对企业产品和服务的选择。

以四人为一个小组，假设某旅行社要建设旅游电子商务网站，讨论该旅行社在开工建设网站前都需要做哪些规划。

一、旅游电子商务网站的需求分析

旅游电子商务网站的需求分析可以分为网站系统调查、网站功能分析、网站建设商讨三个阶段。

（一）网站系统调查阶段

由专业的网站开发人员完成电子商务网站系统的调查工作，主要调查旅游企业的概况、旅游网站建设目标、旅游网站风格定位、企业人员的素质技能、现有旅游管理信息系统的软硬件使用情况、旅游网站开发具备的条件和存在的问题等。

（二）网站功能分析阶段

结合旅游企业的特点和系统调查的结果，确定旅游电子商务网站的功能。首先确定旅游电子商务网站的类型，如基本型旅游电子商务网站、专业型旅游电子商务网站等。确定网站的类型后，再分析具体网站应具备的功能。以基本型旅游电子商务网站为例，它需要具备旅游企业宣传、旅游产品介绍、在线旅游产品预订、网络客户服务、用户注册登录、合作伙伴之间链接等功能。分析出网站主要功能模块后，再将功能逐步细化，形成最终的网站功能清单。

（三）网站建设商讨阶段

将前两个阶段得到的结果写成文档交由主要负责人或专家进行审核、商讨。需求分析是旅游电子商务网站规划的第一步，也是最重要的一步。在做需求分析时，一定要深入、细致，反复商讨以明确旅游电子商务建设的真实需求，以免后期建设完成后与需求不符，导致重新返工。在需求分析完成后，整理形成最终的需求分析报告，指导旅游电子商务网站的设计和开发工作。

二、旅游电子商务网站的定位分析

网站定位是确定旅游企业和产品在目标客户心目中形成差异化认知和品牌形象定位的核心环节。网站定位分析主要包括以下三个方面的内容：

（一）确定目标受众群体

网络用户众多，不可能都成为旅游企业的消费者，旅游电子商务网站也不可能满足所有在线旅游者的需求。旅游电子商务网站的使用者主要有个人旅游者、旅行社、酒店、旅游景区等。各种使用者对旅游网站都有着不同的期望，他们希望浏览什么样的网站，希望网站能够提供哪些信息等都是在这个阶段要明确的。因此，旅游企业需要结合自身的特点和产品业务，精准锁定目标客源群体，深入了解目标受众群体的需求，规划并设计符合目标群体的旅游电子商务网站，为其提供所需的旅游产品或服务。

（二）调查分析竞争对手

在进行企业定位时还需掌握竞争对手的相关情况，这是进行旅游电子商务规划不可或缺的部分。竞争对手的旅游产品、经营方式和营销策略都会对企业的经营管理、旅游产品和服务产生直接的影响。

1. 找到网上的直接及潜在的竞争对手

互联网因其准入门槛的放宽，淡化了行业竞争之间的界限，导致很多旅游企业可以经营多种类型的旅游产品。因此，如何寻找直接及潜在的竞争对手十分关键。寻找的方法主要有三种：第一，直接以熟悉的竞争对手的企业名称或主营产品作为域名进行寻找；第二，利用搜索引擎从分类或关键词入手进行查找；第三，利用旅游行业协会网站的链接进行查找。

2. 了解竞争对手旅游电商网站的战略

通过进入竞争对手的网站浏览网站信息，查阅竞争对手的资料，并通过行业网站了解竞争对手的相关信息，将收集的信息进行整理分析，确定其旅游电子商务网站的定位、主要开展的网上业务和活动策略的制定等。

3. 了解竞争对手网站设计的整体架构

通过查看竞争对手的网上主营业务、网站的设计风格、网站更新的频率、用户数量统计等信息，确定竞争对手旅游电子商务网站的运行状况，并以此为借鉴，规划设计自己的旅游电子商务网站。

（三）网站的可行性分析

在实现网站的设计之前，还需要对规划的网站进行可行性分析。可行性分析是指在当前组织的内外部条件下，信息系统的开发工作是否已经具备必备的资源和条件。网站实施的可行性分析包括技术可行性分析、经济可行性分析和管理可行性分析三大部分。

1. 技术可行性分析

旅游电子商务网站技术可行性分析是指网站的建设与运行阶段所涉及的硬件、软件及相关技术等方面的分析。随着网络技术的发展，支撑电子商务应用的技术日益增多，包括万维网技术、动态网页技术、数据库技术、数据仓库和数据挖掘技术等。

（1）万维网技术。

万维网技术（World Wide Web，WWW）是超媒体文档传输体系，主要应用在互联网上，通过超文本传输协议（Hypertext Transfer Protocol，HTTP）进行信息的发布、浏览、查询和处理工作。万维网技术的存在实现了无差异的文档传输，方便了网络中的信息交互和电子化交易。现在的大多数网站都是采用万维网技术进行文档的传输和管理，分为Web客户端和Web服务器程序，通过Web客户端（常用浏览器）访问及浏览 Web 服务器上的页面。

（2）动态网页技术。

动态网页技术是指能够通过后台与用户交互，完成用户的查询、提交等动作，具有明显的交互性、自动更新性，以及因时因人而变的灵活性。在旅游电子商务网站中，动态网页技术是必不可少的。旅游产品的宣传、促销、网上预订等功能都离不开动态网页的制作。常用的动态开发语言有 PHP、ASP、Python、JSP 等。

PHP、ASP、Python 和 JSP

PHP（Hypertext Preprocessor）是一种通用的开源脚本语言，是当今最热门的网站程序开发语言，它具有成本低、速度快、可移植性好、内置丰富的函数库等优点，被越来越多的企业应用于网站开发中。

ASP（Active Server Pages）是 Microsoft 公司开发的服务器端脚本环境，可用来创建动态交互式网页并建立强大的 Web 应用程序。ASP 简单、易于维护，是中小型页面应用程序的首选。

Python 是一种跨平台的计算机程序设计语言，是一种面向对象的动态类型语言，最初被设计用于编写自动化脚本，随着版本的不断更新和语言新功能的添加，越来越多地被用于独立的、大型项目的开发。

JSP（Java Server Pages）是由 Sun Microsystems 公司主导创建的一种动态网页技术标准。用 JSP 开发的 Web 应用是跨平台的，既能在微软操作系统下运行，也能在 Linux 等其他操作系统下运行。

2013 年 6 月，Alexa 统计了全球排名前 50 网站的开发语言状况（如图 3－3 所示），其中 40%的网站是用 PHP 语言开发的，16%的网站是用 ASP 语言开发的，10%的网站是用 Python 语言开发的。

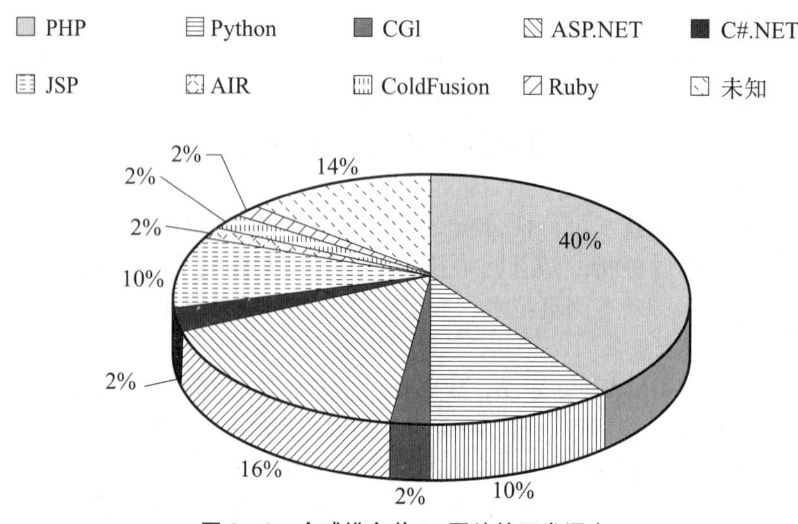

图 3－3　全球排名前 50 网站的开发语言

（3）数据库技术。

数据库技术是现代信息科学与技术的重要组成部分，是计算机数据处理与信息管理系统的核心。数据库技术实现了计算机信息处理过程中大量数据有效地组织和存储，在数据库系统中减少数据存储冗余、实现数据共享、保障数据安全以及高效地检索数据和处理数据。

（4）数据仓库和数据挖掘技术。

在旅游电子商务活动中，数据仓库和数据挖掘技术主要用于各种大量繁杂数据信息的存储与分析，可以提高数据处理的效率，降低企业的信息成本，以及协助旅游企业发现旅游交易中存在的问题，为旅游企业进行战略决策提供依据。

2. 经济可行性分析

经济可行性分析是指对旅游电子商务网站开发的资金投入和网站将会获得的效益进行评估分析。建设旅游电子商务网站的方式包括：全部由自己出资独立建设、租用硬件提供商的服务器建设、由服务商托管建设和运营等。不同的建设方式，价格差异较大，效果也会明显不同。旅游企业应根据自身的实际情况、拟达到的目标等综合考虑网站的投资及回报率问题。

以旅游企业出资建设自己的旅游电子商务网站为例进行分析，企业对网站的投资主要包括硬件设备和软件系统的购买成本、开发成本、培训成本、网站投入使用后的管理成本、维护成本、网站技术和设备的升级成本等几个部分。企业网站建成后，可以提高信息处理的速度，降低管理成本，加大企业之间的合作，提高对客户的服务水平。从实现的目标来看，对所获得的收益不能直接用货币衡量。因此，旅游企业在投资和收益方面要进行正确的分析和评估。

3. 管理可行性分析

旅游电子商务网站创建需要技术人员，投入使用后需要网站的维护和管理人员，网站的内容更新需要信息录入人员。网站创建人员由专门企业的技术人员担任，日常管理和维护人员也需要专门聘用，但是网站内容的更新则需要旅游企业信息部门的人员来处理。网站的使用者主要是企业员工，如果员工的素质不足以从事日常工作的话，再好的旅游电子商务网站也只是一个装饰，根本起不到应有的作用。另外，旅游电子商务网站的运营推广，让更多的消费者了解并使用它，也是一个需要耗费大量人力、物力、财力的工程，需要公司营销部门和全员进行营销推广。

因此，在进行旅游网站规划时要对企业的人力资源进行调查，并使企业管理模式与网络管理相适应，这样才能发挥网站的真正效用。网站规模不同，需要的组成人员也不同，大的网站可能有几十人的管理团队，小的网站可能只有一个管理人员。

任务拓展

分别访问携程旅行网（www.ctrip.com）、马蜂窝旅游网（www.mafengwo.cn）、途牛旅游网（www.tuniu.com）和中青旅遨游网（www.aoyou.com）这四个网站，切身体会旅游电子商务网站所能提供的业务和功能模块。

任务反馈

各小组从企业概况、域名、网站建设目的、目标群体、网站主营业务、网站风格定位等方面对以上四个旅游电子商务进行对比分析。

拓展阅读

《马蜂窝旅游网站产品分析报告》	从核心产品功能、产品特色、产品商业模式、用户需求、竞品、产品功能体验等方面对马蜂窝旅游网站进行分析。	 扫描二维码，阅读全文
《携程旅行 vs 去哪儿旅行竞品分析报告》	从产品策略、目标用户、产品结构（首页、网页风格设计、核心功能模块设计）等方面对携程旅行网和去哪儿网进行对比分析。	 扫描二维码，阅读全文
《飞猪旅行网站产品分析报告》	从目标用户需求、产品功能结构、内容社区功能、产品操作流程等方面对飞猪旅行网进行分析。	 扫描二维码，阅读全文

任务三　旅游电子商务网站设计

任务导入

旅游网站是旅游企业电子商务应用的重要组成部分，是旅游企业提供产品及服务的信息窗口，也是开展电子商务的基础设施和信息活动平台。旅游企业应该着力将其电子商务网站打造成企业对外宣传和进行信息交流共享的网络门户，构建企业与企业、企业与用户之间联系的新渠道。

任务执行

以四人为一个小组，分别访问去哪儿网（www.qunar.com）、途家网（www.

图 3-9　携程旅行网 GIF 动画广告

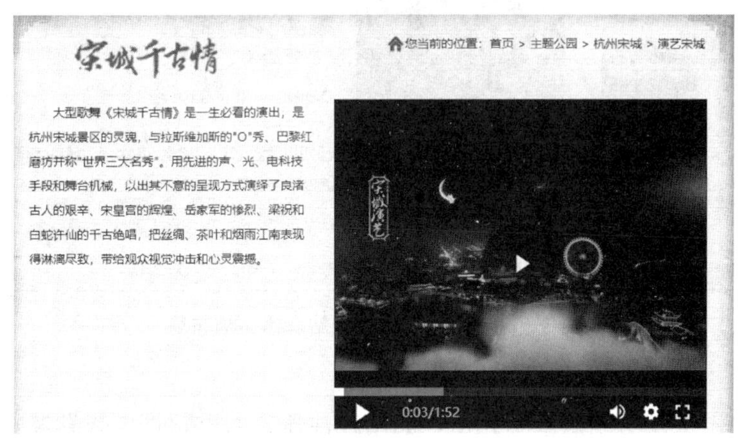

图 3-10　《宋城千古情》宣传视频

7. 超链接

超链接是一种允许同其他页面或站点进行链接的元素。“超”是指这个目标可以是另一个页面，也可以是相同页面中的不同位置，具体链接的形式可以是文字或图片等。长隆度假区网站超链接页面如图 3-11 所示。

图 3-11　长隆度假区网站超链接页面

8. 表格

使用表格可以控制网页中信息的结构布局，精确定位网页元素，使网页元素更整齐美观。控制网页中信息布局的方式有：第一，使用行和列的形式来布局文本、图片及其他列表化的数据；第二，使用表格来精确控制各种网页元素在网页中的位置。马蜂窝旅游网站表格结构布局如图 3－12 所示。

图 3－12　马蜂窝旅游网站表格结构布局

9. 表单

表单是提供交互功能的基本元素，如用户注册、网上预订、问卷调查、信息搜索查询等。网站网页中的表单通常用来接收用户输入的信息，然后将这些信息发送到目标端进行处理。途家网表单注册界面如图 3－13 所示。

图 3－13　途家网表单注册界面

二、旅游电商网站页面布局与功能设计

（一）旅游电商网站设计布局类型

网页设计的布局可以分为“同”“匡”“回”“川”等几种类型。此外，左右对称

型、自由格式型等也是常见的网页设计布局类型。

1. “同”字型网页设计布局

从整体布局上看，该网页的样式像一个大的“同”字，如图 3－14 所示。“同”字型网页设计布局的特点是：页面的顶部为主导航栏，页面的左右两侧分别列出促销酒店信息和酒店广告推广图片等链接。

图 3－14 “同”字型网页设计布局

2. “匡”字型网页设计布局

“匡”字型网页设计布局与“同”字型网页设计布局有些类似，其实就是将“同”字型网页设计布局逆时针旋转 90 度，或者将“同”字型网页设计布局中右侧的内容删除后得到的一种页面布局形式。如图 3－15 所示。

图 3－15 “匡”字型网页设计布局

3. “回”字型网页设计布局

“回”字型网页设计布局就是以“同”或“匡”字型网页设计布局为基础，在其页面的底部或右侧添加一个内容版块，使之形成封闭的区域，如图 3－16 所示。这样设计的目的是充分利用有限的空间，最大限度地增加页面中的信息量。

图 3-16 “回”字型网页设计布局

4. “川”字型网页设计布局

“川”字型网页设计布局将整个页面分成三列，主页的内容分布在这三列中，如图 3-17 所示。它的特点是整个页面显得比较简洁、清新、有条理。

图 3-17 “川”字型网页设计布局

5. 左右对称型网页设计布局

左右对称型网页设计布局采用等分屏幕的办法，是一种较为简单的网页结构布局。这种结构布局较灵活、简洁，多用于动态链接，一般用框架来构建，如图 3-18 所示。其不足之处是网页中可展示的信息量不多，不适合于大型旅游网站。

6. 自由格式型网页设计布局

自由格式型网页设计布局的风格较为随意，完成后网页如同一张精美的图片或极具创意的广告，多用于时尚类的旅游网站，如图 3-19 所示。它的特点是风格鲜明、独具特色，但存在信息量不多、图片加载速度慢的缺点。

图 3-18　左右对称型网页设计布局

图 3-19　自由格式型网页设计布局

（二）旅游网站首页界面设计

网站首页是整个网站内容的总目录索引。如果首页仅仅是目录索引的罗列，就无法体现首页的重要地位。网站首页给用户的印象往往能够代表用户对整个网站效果的整体印象。优秀的网站首页能够吸引用户的注意力，使网站的人气大幅提升，并激发用户继续浏览其他页面的兴趣。

1. 首页的功能设计

网站首页的功能设计是指规划在首页上要体现的内容和功能，如网站 Logo、主导航栏、二级菜单栏、搜索栏、广告条、新闻、友情链接等。究竟选择哪些功能模块，提供哪些信息内容，需要根据旅游企业具体的业务来综合考虑。

2. 首页的版面设计

在首页功能模块确定后，就要开始设计首页的版面内容，如同搭积木一样，每个功能视作一块积木，发挥设计人员的创造力和想象力搭建起一座漂亮的房子。版面设计的主要方法是：先将网站首页的构思图通过纸质草图的样式画出来，再绘制效果图；然后选择 Frontpage、Weebly 或 Dreamweaver 网页制作工具，按照草图和效果图的设计要求逐步完成网站首页的设计。

Frongtpage、Weebly 和 Dreamweaver

Frontpage 是微软公司出品的一款网页制作入门级软件，使用方便简单，会用 Word 就能做网页。

Weebly 来自美国的一家免费自助建站服务商，人气很旺，功能丰富，其在线所见即所得的操作，可以使用户很容易地创建属于自己的网站。

Dreamweaver，简称 DW，最初由美国 Macromedia 公司开发，2005 年被 Adobe 公司收购。DW 是集网页制作和网站管理于一体的所见即所得网页代码编辑器。利用 HTML、CSS、JavaScript 等设计语言，设计师和程序员可以随时随地进行网站建设。

3. 技术细节的处理

在技术细节的处理上，需要注意以下几方面的内容。

第一，绘制草案。新建的页面就像一张白纸，没有任何表格、框架及约定俗成的规范。设计者尽可能地发挥自己的想象力，将脑海中的景象描绘在页面上，进行创意构思。此时，不需要讲究页面内容的细腻程度和细节功能。首页草案应尽量多地绘制几张以备选用，待最终选定某个草案作为定稿时，再继续以此脚本进行再创作。

第二，粗略布局。在草案形成的基础上，开始斟酌各项功能及内容的呈现位置，使其在页面上布局更合理。粗略布局时，必须遵循重点突出、协调平衡的原则，如将网站的 Logo、主菜单栏等最重要的模块放在首页最突出的位置，然后再考虑其他模块和内容的摆放位置。

第三，最终定案。将粗略布局精细化、具体化，并经美工绘制成效果图。在版面布局过程中，需要遵循色彩搭配、用户使用体验等设计原则，使网站的设计效果达到最为理想的状态。

任务拓展

通过本次任务的学习，我们加深了对旅游电子商务网站设计的理解，包括旅游电子商务网站的设计原则、设计元素、设计布局类型和首页界面设计。

任务反馈

各小组再次访问之前的十个旅游电子商务网站，比较它们的设计风格，分析它们分别属于哪种网站设计布局类型。

拓展阅读

《途牛网站新设计探索解析》

从网站设计理念、产品策略重构、交互系统设计、科学管理助力设计创新等方面对途牛旅游网站的新设计进行探索分析。

扫描二维码，阅读全文

《Airbnb 网站产品分析》

从企业简介、目标受众、网站界面、竞争对手等方面对 Airbnb 网站进行产品分析。

扫描二维码，阅读全文

项目测评

【知识/技能评价】

1. 旅游电子商务网站的概念是什么？
2. 旅游电子商务网站具有哪些功能？
3. 选择网站域名和空间时应注意什么问题？
4. 旅游电子商务网站建设时的可行性分析包括哪几个部分？
5. 旅游电子商务网站的设计原则是什么？
6. 旅游电子商务网站包括哪些设计元素？并举例说明不同设计元素的作用。
7. 旅游电子商务网站的设计布局类型有哪些？

项目实训

【实训背景】

互联网的快速发展给线上预订酒店服务提供了便利，但是对只依赖传统的线下酒店预订服务的酒店行业来说却是巨大的冲击与挑战。酒店企业为快速跟上时代发展步伐、不被淘汰，纷纷通过搭建酒店网站平台来快速接轨互联网市场。

南京金陵饭店隶属于成立于 1993 年的南京金陵饭店集团有限公司，是中国领先的酒店连锁经营的专业机构管理下的一家五星级饭店。酒店和集团公司伴随着中国酒店业市场化进程而共同成长，拥有 30 年高星级酒店经营的管理经验，在酒店连锁经营的市场竞争中独树一帜，快速发展，业绩斐然，打造出深受国际同业尊重和赞誉的管理风格与“金陵”品牌。目前，“金陵”连锁品牌经营着 108 家高星级酒店和 12 家金一村连锁旅店，遍及全国多个城市与地区，其中就包括南京金陵饭店。

【实训目的】

通过实训，加深对旅游电子商务网站的理解。选择金陵饭店官方网站，体验其网站功能，对比酒店行业竞争对手的官方网站，对金陵饭店官方网站的首页设计提出改进方案，进而激发他们学习旅游电子商务网站建设的兴趣。

【实训任务】

1. 访问南京金陵饭店官方网站，体验其网站所提供的业务功能、网站设计风格等。

2. 对比分析希尔顿酒店、亚朵酒店、柏悦酒店、万豪酒店、洲际酒店、香格里拉酒店等国内外知名酒店官方网站的主营业务、设计元素、设计布局类型和设计风格。

3. 从品牌形象宣传、酒店产品销售、客户信息服务等方面重新对南京金陵饭店官方网站的运营目的进行分析，进而思考其主页的内容构成。

4. 从酒店风格设计要有特点、功能要完善且易用、内容信息要全面等几个方面对南京金陵饭店官方网站的首页提出改进方案。

【实训反馈】

以四人为一个小组，制定南京金陵饭店官方网站重新规划与设计的分析报告，包括网站建设目标、受众群体、竞争对手等的分析以及从网站风格独特、网站功能完善、网站信息丰富等方面设计网站首页的效果图（可以手工绘制草图或用 Photoshop 设计），并形成 PPT 上台汇报。

参考文献

[1] 周春林，王新宇，周其楼，等．旅游电子商务教程［M］. 北京：旅游教育出版社，2013.

[2] 汪美．“互联网+”背景下旅游规划网站的设计与开发［J］. 电脑知识与技术：学术版，2019（4）.

[3] 黄远水，吴佩谕．基于用户体验的四大典型旅游网站营销模式比较研究［J］. 黄冈师范学院学报，2019（4）.

[4] 王永芳，张秀英．旅游电商网站评价体系构建及实例分析［J］. 商业经济，2019（6）.

[5] 王静，谢朝武．宣传型旅游网站的信息功能对游客满意度的影响——以接受度为中介、界面风格为调节［J］. 河南科技大学学报（社会科学版），2019（4）.

项目四　旅游电子商务支付与安全

项目概述

目前，Web技术的广泛应用，不仅加强了用户间的通信和信息交换，还开辟了一种新的商业交易模式，即在互联网上进行线上商业交易，实现了商业交易的电子处理并使商业交易进入了电子商务时代。在电子商务活动中，作为重要环节的电子支付方式越发显示出其重要性。虽然电子商务亦可通过传统的支付方式进行，但是在线支付、电子现金、信用卡等电子支付方式有着更大的优越性，相比于传统的支付方式更加快捷、方便，在一定程度上满足了旅游电子商务用户对支付的需求，然而阻碍电子商务广泛应用的关键问题就是安全问题。从整体上看，电子商务安全包括计算机网络安全和商务交易安全两大部分。计算机网络安全是利用网络管理控制技术和措施，保证在一个网络环境里信息数据的机密性、完整性及可使用性受到保护。对网络安全技术的研究，始于20世纪70年代中后期，由于近年来较严重的计算机犯罪和其他网络安全问题频繁涌现，因此电子商务安全技术的保障显得尤为重要。

项目目标

知识目标：掌握电子货币的概念和形式，掌握电子支付的概念；了解网上银行的模式和网上银行的特点，了解电子商务面临的主要安全威胁；理解电子商务对安全的基本要求，理解电子商务常用的数据加密技术；掌握电子商务的认证体系。

技能目标：能够通过理论和实验，掌握数字证书的申请、下载安装、查看、导出导入的操作技能，并熟练掌握个人数字证书在安全电子邮件中的使用等。

素质目标：提升学生对旅游电子商务支付与安全工作的理解和职业热爱；培养学生的网络安全风险意识；培养学生积极主动的工作态度、分析问题和解决问题的能力。

任务一 电子商务支付的概念及分类

任务导入

中国互联网络信息中心第43次《中国互联网络发展状况统计报告》显示，截至2018年12月，我国网络支付用户规模达6亿，网民使用比例为72.5%，手机网络支付用户规模达5.83亿，占手机网民的71.4%。电子商务领域首部综合性法律——《中华人民共和国电子商务法》正式出台，大数据、区块链等新技术深入应用，电子商务支付更加安全可靠，运营效率显著提升。

任务执行

以四人为一个小组，查阅中国互联网络信息中心最新的《中国互联网络发展状况统计报告》中关于安全支付的数据及分析，分组讨论：

1. 中国电子商务安全支付的发展现状如何？
2. 什么是电子支付？电子支付的特点和分类是什么？

知识讲解

一、电子支付的概念与特点

在电子商务中，支付过程是整个商贸活动中非常重要的一个环节，同时也是电子商务中对准确性、安全性要求最高的业务过程。目前，中国的电子支付在国际资本市场前所未有的聚焦和关注中显现出飞速迅猛的发展势头。机票预订、景点酒店预订、景区门票购买、交通出行等相关的业务支付都可以通过网络完成。电子支付的广泛应用，已经成为引起中国电子商务爆炸性发展和全面普及的关键转折。

1. 电子支付的概念

电子支付（Electronic Payment）指的是消费者、商家和金融机构之间使用电子手段把支付信息通过信息网络安全地传送到银行或相应的处理机构，以实现货币支付或资金流转的支付系统，即把新型支付手段（包括电子现金（E-cash）、信用卡（Credit Card）、借记卡（Debit Card）、智能卡等）的支付信息通过网络安全传送到银行或相应的处理机构，实现电子货币支付与资金流通。

2. 电子支付的特点

与传统的支付方式相比，电子支付具有以下特点：

（1）采用数字化的方式进行款项支付。电子支付是通过数字流转来完成信息传输，其各种支付方式都是通过数字化的方式进行款项支付；而传统的支付方式则是通过现金的流转、票据的转让及银行的汇兑等物理实体来完成款项支付。

（2）基于开放的系统平台。电子支付的工作环境基于一个开放的系统平台（即互联网），而传统的支付方式则是在较为封闭的系统中运作。

（3）使用最先进的通信手段。电子支付使用的是最先进的通信手段，如 Internet、Extranet，而传统的支付方式使用的则是传统的通信媒介。

（4）对软、硬件设施的要求很高。电子支付对软、硬件设施的要求很高，一般要求有联网的微机、相关的软件及其他一些配套设施，而传统的支付方式则没有这么高的要求。

（5）方便、快捷、高效、经济。电子支付具有方便、快捷、高效、经济的优势。用户只要拥有一台上网的智能终端（PC 机、智能手机等），便可足不出户，在短时间内完成整个支付过程。支付费用仅相当于传统支付方式的几十分之一，甚至几百分之一。

电子支付与传统的支付方式的比较见表 4-1。

表 4-1　电子支付与传统的支付方式的比较

电子支付	传统的支付方式
采用数字化的方式进行款项支付	通过物理实体的流转来完成款项支付
工作环境基于开放的系统平台	在较为封闭的系统中运作
使用最先进的通信手段	使用传统通信媒介
对软、硬件设施的要求很高	对软、硬件设施没有很高的要求
方便、快捷、高效、经济	耗时长、费用高

二、电子支付系统的分类

目前的电子支付系统可以分为四类：大额支付系统、联机小额支付系统、脱机小额支付系统和电子货币支付系统。

1. 大额支付系统

大额支付系统是一个国家支付体系的核心应用系统，它通常由中央银行运行，采用实时全额支付系统（Real Time Gross Settlement，RTGS）模式。该系统主要处理银行间大额资金转账，通常支付的发起方和接收方都是商业银行或在中央银行开设账户的金融机构。也有由私营部门运行的大额支付系统。这类系统对支付交易虽然可做实时处理，但要在日终进行净额资金清算。大额支付系统处理的支付业务量很少，但资金额却很大。

2. 联机小额支付系统

联机小额支付系统是指 POS 机系统和 ATM 系统，其支付工具为银行卡（信用卡、借记卡或 ATM 卡等）。它的主要特点是金额小、业务量大，交易资金采用净额结算。

3. 脱机小额支付系统

脱机小额支付系统也被称为批量电子支付系统，它主要是指自动清算所（Automatic Clearing House，ACH），主要处理预先授权的定期借记（如公共设施缴费）或定期贷记（如发放工资）。支付数据以磁介质或数据通信方式提交清算所。

4. 电子货币支付系统

伴随着银行应用计算机网络技术的不断深入，银行已经能够利用计算机网络将

“现金流动”“票据流动”进一步转变成计算机中的“数据流动”。资金在银行计算机网络系统中以人类肉眼看不见的方式进行转账和划拨，是银行业推出的一种现代化支付方式。这种以电子数据形式存储在计算机中（或各种卡中）并能通过计算机网络使用的资金被人们越来越广泛地应用于电子交易中，这就是电子货币。

目前，常用的电子货币有以下几种：（1）储值和信用卡型，如储蓄卡（Deposit Card）和信用卡（Credit Card）；（2）智能卡型，如 IC 卡（IC Card）；（3）电子支票型，电子支票（Electronic Check）指启动支付过程后，计算机屏幕上出现的支票图像，出票人用电子方式做成支票并进行电子签名而出票；（4）数字现金型，指依靠 Internet 支持在网络上发行、购买、支付的数字现金（Digital Cash）。

电子货币

1. 电子货币的概念

电子货币是以金融电子化网络为基础，以电子计算机技术和通信技术为手段，以电子数据（二进制数据）形式存储在银行的计算机系统中，并通过计算机网络系统以电子信息传递形式实现流通和支付功能的货币。

2. 电子货币的表现形式

电子货币的表现形式可以分为三大类：电子货币类，包括电子现金、电子钱包等；电子信用卡类，包括智能卡、借记卡、电话卡等；电子支票类，包括电子支票、电子汇款、电子划款等。

任务拓展

阅读比较中国互联网络信息中心最新的《中国互联网络发展状况统计报告》中关于安全支付的数据及分析，了解中国电子商务发展的现状，并撰写 500 字的报告一份。

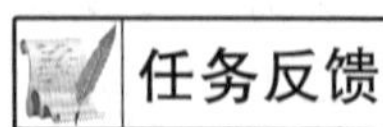

各小组讨论并总结目前电子商务安全支付的现状和技术要求。

《中国互联网络发展状况统计报告》

中国互联网络信息中心（CNNIC）发布第 44 次《中国互联网络发展状况统计报告》。

扫描二维码，阅读全文

《中国电子支付产业发展趋势》

根据电子支付使用终端的不同，可分为互联网支付、电话支付、手机支付、数字电视支付、POS 机刷卡支付等。

扫描二维码，阅读全文

任务二　网上银行与第三方支付

任务导入

随着移动支付的快速发展，各行各业纷纷接入第三方支付平台。于 2017 年 12 月底首次发布的云闪付在一年的时间里，快速积累了 1 亿用户数量，仅次于微信和支付宝。在成立不到 2 年的时间内，云闪付迅速成为国内第三大移动支付巨头。目前，网上银行和第三方支付平台在我们的日常生活中发挥着越来越重要的作用。

任务执行

以四人为一个小组，查阅最新的资料（艾瑞咨询发布的《中国第三方支付季度数据发布》），分别了解最新的第三方支付交易规模和第三方支付平台市场份额（分为移动和互联网），并分组讨论目前市场上主要的第三方支付平台的运营模式。

知识讲解

一、什么是网上银行

无论是传统的交易，还是新兴的电子商务，资金的支付都是完成交易的重要环节，所不同的是，电子商务强调支付过程和支付手段的电子化。能否有效地实现支付手段的电子化和网络化是网上交易成败的关键，直接关系到电子商务的发展前景。网上银行创造的电子货币以及独具优势的网上支付功能，为电子商务中电子支付的实现提供了强有力的支持。作为电子支付和结算的最终执行者，网上银行起着联结买卖双方的纽带作用。电子商务给网上银行带来了巨大的业务发展空间，随着电子商务的发展，网上银行的发展亦是必然趋势。

（一）网上银行的概念

网上银行又称网络银行、在线银行，是指银行利用网络技术，通过网络向客户提供开户、销户、查询、对账、行内转账、跨行转账、信贷、网上证券、投资理财等传统服务项目，使客户可以足不出户就能够安全便捷地管理活期和定期存款、支票、信用卡及个人投资等。

电子银行

电子银行是银行通过面向社会公众开放的通信通道或开放型公众网络，以及为特定自助服务设施或客户建立的专用网络等方式，以电子化手段向客户提供的自助式金融服务，主要包括网上银行、电话银行、手机银行及自助银行等。

（二）网上银行的模式

网上银行目前有两种模式：传统银行业务的网络化和全新的全部网络化的银行。

1. 传统银行业务的网络化

现在除了已经网络化的存款、汇款、付款等业务外，外币买卖、信用卡业务、企业融资、房屋汽车贷款、购买保险和理财咨询服务也都逐步地在进入网上银行的服务范围。世界上许多著名的商业银行如花旗银行、大通曼哈顿银行、汇丰银行以及我国的各大银行如中国工商银行、中国银行、招商银行、中国建设银行等，都进行了银行业务的网络化改造工作，各大商业银行都在国际互联网上建立了自己的站点。

2. 全新的全部网络化的银行（虚拟的网络银行）

此类银行没有银行大厅和营业网点。美国安全第一网络银行是全球第一家完全通过国际互联网经营的独立银行。客户通过国际互联网进入该行的站点，屏幕上即刻显示出一幅银行大厅的画面。画面上设有“账户设置”（Account Setup）、“客户服务”（Customer Service）以及“个人财务”（Personal Finance）三个主要服务柜台，此外还有供客户查询的“咨询”（Information）和“行长”（President）等柜台。安全第一网络银行为客户提供多种银行服务，如开户、存款、支付账单及各项转账服务，还有外币买卖、长期存款和信用卡服务，客户还可以在网络上申请房屋汽车贷款、购买保险、通过经纪人员买卖各项金融产品。银行每天会产生一次交易汇总表供客户查询及核对。如需提取现金，客户只要到附近的提款机利用金融卡操作即可。安全第一网络银行自开始营运以来，发展迅速，每月客户数量以 650 人的速度快速增长，然而该行的银行业务人员仅有 15 人。安全第一网络银行的股票上市当天便翻了一番，由每股 20 美元飙升到 41 美元。

（三）网上银行的特点与优势

1. 网上银行的特点

（1）没有分支机构。网上银行依托无边无界的互联网，不用设任何分支机构，其触角就可以伸向世界的每一个角落。

（2）低廉的成本和高额的回报。网上银行也需支付一定的费用在网上进行广告宣传推广，但网上银行在费用回报方面却拥有巨大的优势。

（3）“3A”服务。网上银行的功能和优势远远超出传统银行业务，它不需要固定的营业场所，是一种能在任何时间（Anytime）、任何地方（Anywhere）、以任何方式（Anyhow）提供服务的银行，因此可以称之为“3A”银行。

(4) 方便快捷。7×24 小时的网上服务，超越时空限制，轻松省时。人性化的操作，只要轻点按键，账户情况一目了然。同城异地汇款，覆盖全国，资金到位极为迅速。

(5) 优质服务。详细的操作说明，全天候电话服务支持，用户在操作网上银行业务时毫无后顾之忧。

2. 网上银行的优势

与传统银行相比，网上银行具有许多优势：

(1) 大大降低了银行经营成本，有效提高了银行盈利能力。开办网上银行业务，主要利用公共网络资源，无须设置物理的分支机构或营业网点，减少了人员费用，提高了银行后台系统的效率。

(2) 无时空限制，有利于扩大客户群体。网上银行业务打破了传统银行业务的地域、时间限制，具有“3A”特点，即能在任何时间、任何地方、以任何方式为客户提供金融服务，这既有利于吸引和保留优质客户，又能主动扩大客户群，开辟新的利润来源。

(3) 有利于服务创新，向客户提供多种类、个性化服务。通过银行营业网点销售保险、证券和基金等金融产品，往往受到很大限制，主要是因为一般的营业网点难以为客户提供详细的、低成本的信息咨询服务。利用互联网和银行支付系统，容易满足客户咨询、购买和交易多种金融产品的需求，客户除办理银行业务外，还可以很方便地进行网上买卖股票、债券等，网上银行能够为客户提供更加合适的个性化金融服务。

二、第三方支付

第三方支付是指具有相应资格的非银行独立金融机构，依托于互联网并搭建于银行、商家、买家之间的金融结算和周转的“中间平台”，非面对面地为商家和银行之间提供安全、快捷、高效的资金结算服务。第三方支付机构承担着保障交易安全性的责任，并且简化了交易流程，让其不受时间、空间的限制。第三方支付起源于早期在线交易，现已发展为交易渠道，在各类交易环境中提供方便快捷的支付结算的服务工具。

从 1998 年招商银行率先推出网上银行业务之后，人们便开始接触到网上缴费、网上交易和移动银行业务。这个阶段，银行的电子支付系统无疑是主导力量，但银行自身没有足够的动力也没有足够的精力去扩展不同行业的中小型商家参与电子支付。于是非银行类的企业开始进入支付领域，它们通常被称为第三方电子支付公司。艾瑞咨询数据显示，在 2019 年第一季度，中国第三方移动支付的交易规模达到 55.4 万亿元。第三方支付市场依然保持较高的市场集中率，支付宝的市场份额为 53.8%，较第二名的财付通（39.9%）高出近 14 个百分点。壹钱包、京东支付、联动优势、快钱支付、易宝支付、银联商务、苏宁支付则分列市场份额第 3～9 位。值得注意的是，支付宝的市场份额超过了第 2 名至第 9 名的总和。

2010 年 6 月，中国人民银行正式对外公布《非金融机构支付服务管理办法》（简称《办法》），对国内第三方支付行业实施正式的监管。根据相关规定，非金融机构提供支付服务需要按规定取得“支付业务许可证”，2011 年 9 月 1 日是第三方支付机构获得许可证的最后期限，逾期未获得许可证的企业将不得继续从事支付业务。中国人民银行于 2011 年 5 月 26 日对外公布了首批 27 家获得“支付业务许可证”的企业名单，它们可以从事互联网支付、移动电话支付、银行卡收单、预付卡发行与受理、货币汇兑等诸多支付业务。其中，既有支付宝（中国）网络技术有限公司、财付通支付科技有限公司、快钱公司、汇付天下有限公司等民营第三方支付企业，也有银联商务有限公司、广州银联网络支付有限公司、北京银联商务有限公司等国字头企业。现在我国的第三方支付平台产业发展迅速、多强争霸，不同公司研发的平台也各有侧重，互有利弊。可见，以后随着网络金融，电子商务在国内的快速发展，第三方支付行业也会发展得越来越快，产业兼并、重组也会愈演愈烈。

第三方支付具有以下五个特点：

（1）安全性。第三方支付受到国家政府各项利好政策的支持，2010 年以后，国家有关部门明确指出要大力发展互联通信产业。在移动互联网产业发展的影响下，线上支付需求不断增加并促进了第三方支付发展，第三方支付的安全性是用户使用的关键点。

（2）公正性。公正性是第三方支付产生的基础，由于第三方支付平台的结算服务的存在，最大限度地降低了拒付和商业欺诈行为风险，为买卖双方提供可以依赖的交易平台，避免信息的不对称，营造良好的商业交易氛围。同时，作为中间人的支付交易平台，可以利用平台发生的交易数据，为交易过程中产生的交易纠纷提供真实的证据，为维护买卖双方的合法权益提供参考。

（3）便利性。通过支付平台，销售者和供应商集中接入银行资源，形成统一的支付渠道，避免用户往返于银行界面，为用户提供了便利条件。第三方支付可以为用户提供实时交易查询和交易分析等增值服务，促进了商家电子商务的交易操作的快捷，提高了结算的效率。

（4）开放性。第三方支付平台可以和国内外大多数银行合作，支持国内银行和国际信用卡在线支付，具有覆盖范围广的服务特性。当前第三方支付飞速发展，走多元化的发展道路，从初期的简单电脑终端支付，到手机支付、二维码支付、智能终端支付等，渠道和形式不断地变化。第三方支付的开放性表明未来会有更多种类更加方便快捷的支付方式出现，丰富我们的支付渠道。

（5）成本低。通过第三方支付平台，商家和银行间接地建立合作关系，可以降低企业的运营成本；直接利用第三方支付平台提供的服务的银行，其网络开发的成本大大降低。

三、中国旅游电子商务主要网上支付模式

根据在线传输数据的种类，网上支付模式可分为三类：

1. 使用“值得信任的第三方”

客户和商家的信息比如银行账号、信用卡号都被信任的第三方托管和维护。当要实施一个交易的时候，网络上只传送订单信息和支付确认、清除信息，而没有任何敏感信息。实际上这样的支付系统没有任何实际的金融交易是在线实施的。在这种系统中，网络上的传送信息甚至可以不加密，因为真正的金融交易是离线实施的。但是不加密信息，同样可以看成一个系统的缺陷，而且客户和商家必须到第三方注册才可以交易。

2. 传统银行转账结算的扩充

在利用信用卡和支票交易中，敏感信息被交换。例如，从商家购买产品时，客户可以通过电话告知信用卡号以及接收确认信息；银行同时也接收同样的信息，并且相应地校对用户和商家的账号。这样的信息如果在线传送，就必须经过加密处理。著名的 CyberCash 和 VISA/MasterCard 的 SET（Secure Electronic Transaction，译为“安全电子交易”）就是基于数字信用卡（Digital Credit Card）的典型支付系统。B2C 在线交易中这种支付系统成为主流，因为现在大部分人更习惯于传统的交易方式。通过合适的加密和认证处理，这种交易形式应该比传统的电话交易更安全可靠，因为电话交易缺少必要的认证和信息加密处理。

3. 各种数字现金和电子货币

这种支付形式传送的是真正的“价值”和“金钱”本身。前面两种交易中，信息丢失一般是指信用卡号码的泄露，而这种交易中的信息丢失，不仅仅是信用卡号码等用户信息的泄露，往往也是财产的真正丢失。

电子商务网上支付模式中，使用“值得信任的第三方”比较常见和普及，因为第三方支付平台是在商家与消费者之间建立了一个公共可信任的中介，它满足了电子商务中商家和消费者对信誉和安全的要求，它的出现和发展说明该方式满足市场发展的必然需求。现以该模式为样本，简要分析其原理。

第三方支付一般的运行模式为：买方选购商品后，使用第三方平台提供的账户进行货款支付，第三方在收到代为保管的货款后，通知卖家货款到账，要求商家发货；买方收到货物、检验商品并确认后，通知第三方付款；第三方将其款项转划至卖家账户上。这一交易完成过程的实质是一种提供结算信用担保的中介服务方式，具体交易流程如下：

（1）消费者在电子商务网站选购商品，买卖双方在网上达成交易意向。

（2）消费者选择第三方支付平台作为交易中介，用借记卡或信用卡将货款划到第三方账户，设定发货期限。

（3）第三方支付平台通知商家消费者的货款到账，要求商家在规定时间内发货。

（4）商家收到消费者已付款的通知后按订单发货，并在网站上做相应记录，消费者可在网站上查看所购买商品的状态；如果商家没有发货，则第三方支付平台通知消费者交易失败，并询问是将货款划回其账户还是暂存在支付平台。

（5）消费者收到货物并确认满意后通知第三方支付平台。消费者如果对商品不满意，或认为与商家承诺有出入，可通知第三方支付平台拒付货款并将货物退回商家。

（6）如果消费者满意，第三方支付平台就将货款划入商家账户，交易完成；如果消费者对货物不满，则第三方支付平台确认商家收到退货后，将该商品货款划回消费者账户或暂存在第三方账户中。

任务拓展

目前，第三方支付平台竞争激烈，各企业需要有长远的竞争策略，才能持续拥有适合企业长期发展的原动力。请各组思考：

1. 目前国内外典型第三方支付企业的盈利能力、运营模式、主要竞争策略是什么？

2. 国内主要第三方支付企业的优势和劣势如何？

任务反馈

通过对第三方支付平台竞争策略、盈利模式的深入分析和研究，总结出第三方支付市场竞争的现状与企业发展中存在的问题，并能够给出提高竞争力的建议。

《中国第三方支付行业年度专题分析 2019》	报告重点研究互联网支付、移动支付、银行卡收单、聚合支付、跨境支付等。分析了行业规模、政策趋势判断、用户画像研究等。	 扫描二维码，阅读全文
《最严监管潮，第三方支付何去何从》	随着第三方支付行业野蛮生长的结束，行业正向合规化、严监管发展。	 扫描二维码，阅读全文

任务三　数字货币与区块链

任务导入

随着新兴技术的不断发展，数字货币悄然而至。其中，作为数字货币底层技术的区块链技术以其独特的去中心化、不可篡改和可追溯特性与电子商务具有天然的融合应用优势。应用区块链技术，使得所有电子商务交易记录、评价都更真实可靠，更有利于商家树立品牌。

任务执行

以四人为一个小组，查阅资料（《2018 区块链+电商行业报告》），梳理一下目前国内外主要电商平台（阿里巴巴、京东、苏宁易购、乐天、寺库、NeoPlace、Provenance）利用区块链技术的典型案例。分组讨论：

1. 传统的电商平台如何应用区块链技术增强竞争力和增加品牌感？

2. 区块链电商平台如何利用去中心化构建安全的环境，为买卖双方提供区块链服务？

知识讲解

一、数字货币

(一) 数字货币的含义

数字货币（Digital Currency）是一种电子形式的替代货币。数字货币最主要的特征就是对货币进行了数字化的处理，而这一数字化处理则是依托密码学和计算机技术，经过数字化加密等一系列复杂的程序处理后才能完成。数字货币的起源最早可以追溯到20世纪90年代，电子黄金即为其最早的表现形式之一。广义的数字货币包括法定货币的电子化（即电子货币或电子现金）、互联网公司发行的虚拟货币（如Q币等）、非法定加密数字货币和各国正在积极研究的法定加密数字货币；而狭义的数字货币则专指以区块链为技术支撑，基于互联网进行流转的电子货币或交换媒介，实现交易的即时性和无国界的所有权转让，典型代表有比特币、莱特币、元宝币等。数字货币的核心特征主要体现在以下三个方面：

（1）由于来自某些开放的算法，数字货币没有发行主体，因此没有任何人或机构能控制它的发行。

（2）由于算法解的数量确定，因此数字货币的总量固定，这从根本上消除了虚拟货币滥发导致通货膨胀的可能。

（3）由于交易过程需要网络中的各个节点的认可，因此数字货币的交易过程足够安全。

(二) 数字货币的相关概念

1. 虚拟货币

虚拟货币也称网络虚拟货币、非真实货币，是以一定的发行机构为发行主体，以通用信息技术为支撑，以互联网为主要流通与支付平台的一种货币价值的数字表现形式。广义的虚拟货币包括电子货币和数字货币；狭义的虚拟货币仅指由互联网企业发行（即非央行和其他信用机构），并仅在该企业经营范围内使用的虚拟货币，包括网络游戏公司发行的游戏币、门户网站的积分或网络社区的专用币（如Q币等）。虚拟货币最大的特点就是不能双向流通，消费者可以基于对某一互联网虚拟货币发行企业的信任，使用现实中的货币进行兑换，并用于购买网络服务，却不能用该企业的虚拟货币兑换回法定货币。这样的模式也决定了虚拟货币无法拥有货币的全部功能，只能作为特定价值的交换载体。

2. 电子货币

电子货币，本质上是指法定货币的电子化，是一种表示现金的加密序列数，其并非一种独立的货币。电子货币作为广义虚拟货币的一种，同样以计算机技术和通信技术为手段，没有实际的物理形态，是可以通过电子通信的方式实现流通与支付的手段，为持有者的金融信用。电子货币的载体随着互联网的发展逐渐多样化，从最初由银行发行的银行卡（包括信用卡、储蓄卡等），到储值卡（购物卡、公交卡等），再到第三方支付平台（微信支付、支付宝等）。电子货币的流转是资金信息以电子数据流形式的传递，本质上传递的是法定货币的价值。

因此，数字货币作为广义虚拟货币的一种，具有虚拟性和流通性，是一定价值的数字表现形式。但区别于狭义的虚拟货币和电子货币，数字货币由于其去中心化的特性，没有发行主体，根据密码学原理依靠人为进行特定的算法程序生成，任何参与区块链网络内的节点都可以参与其中，具有匿名性。目前，社会各界所关注与探讨的数字货币，无论是关于比特币、首次代币发行（Initial Coin Offering，ICO），还是各国央行探索的数字货币，其核心都是指向狭义的数字货币，即加密货币。这种货币利用其本身的技术特点实现了不可追踪、不可冻结、不可未经许可而占有的功能。狭义的数字货币包括非法定数字货币和法定数字货币。法定数字货币是有中心化的，是由各国央行担保、授权发行的加密数字货币，虽不同于电子货币这种法定货币电子化的直接表现形式，但同样是具有法定货币效力的主权货币。

（三）数字货币交易现状

截至 2018 年 11 月底，全球数字货币市场共有币种 2 071 种，总市值约为 1 187 亿美元，基本涵盖全球主要国家和地区。绝大多数数字货币的体量都很小，目前的数字货币市场仍以比特币（Bitcoin）为主，但以太币（Ethereum）、莱特币（Litecoin）等也占据了一定的市场份额。截至 2018 年 11 月，全球数字货币市场单日总交易额约为 800 亿元人民币，仅为 2018 年年初巅峰期的 1/6。全球数字货币市场在经历了疯狂涨势之后，逐步降温冷却，趋于平缓。

数字货币的币值通常波动剧烈。比特币等数字货币是参与者通过特定的程序“挖矿”而得，但随着“挖矿”的人越来越多，比特币的获取变得更为困难，价格随即不断攀升。由于比特币缺乏实用性，越来越多的投资者加入进来只是为了投机和炒作，从而导致比特币价格的剧烈波动，其支付功能的可靠性被大大减弱。此外，数字货币交易平台的运营状况也堪忧。数字货币交易平台是为人们提供数字货币买卖交易的平台，通过维护服务以赚取手续费用。数字货币的高交易量吸引着越来越多的投资者加入进来。目前，全球有 10 000 余家数字货币交易平台，但近九成的利润集中在排名前 20 的数字货币交易平台手中，剩下一成的利润由其余万余家交易平台获得。然而因为数字货币本身币值的波动较大，而且大部分集中在投机买卖，所以许多中小型交易平台都由于收益过少、运营维护成本过高而被迫倒闭。此外，由于缺乏监管约束，许多平台被质疑存在自营操盘的内幕问题。数字货币由于其底层技术的高安全性、去中心化的特点而获得大众对其自身技术和架构的信心，然而非技术的安全问题却成为数字货币向前发展的阻碍。

数字货币是依托于现有的电子货币和虚拟货币体系发展而来的，并非空中楼阁。比特币等现阶段主流数字货币的参与者的主要目的是通过对数字货币价值的抬升来赚取差价。由于监管和立法的缺失，广大投资者在数字货币交易市场承担着巨大的风险。而发行的数字货币由于其匿名性和高流通性的特点更是容易被非法活动利用，为金融诈骗和洗钱犯罪、非法集资等提供了新的平台。此时只有有效的监管介入才能更好地维护消费者的合法权益，打击违法犯罪，惩治乱象，控制风险，维护国家金融秩序和民众财富安全。

二、区块链

区块链（Blockchain）作为比特币等加密数字货币的底层技术，其本质是一个以去中心化为主要特征的分布式共享数据库，每个参与者均可检查公开账簿，但任何一个参与者都不能单独对其进行控制。该数据库由一种使用密码学方法产生的数据区块有序链接而成，区块中包含有一定时间内产生的无法被篡改的数据记录信息。

由于区块链网络中没有中介机构，公共账簿的数据存在于每一个节点之上，而每一个节点又通过区块链技术连接起来，且该数据库和整个系统在公开透明的状态下运行，因此区块链具有去中心化、无须信任积累及集体维护保证可靠性等显著特征。

区块链并不等同于比特币，其只是数字货币的技术基础，每一种数字货币都有自己独立的区块链，即意味着其拥有自己独立的公共账簿和运行协议。比特币是区块链应用技术第一个有影响力的应用，但比特币不是区块链应用的全部，也不可将两个概念混为一谈。区块链是由分布式数据存储、点对点传输、共识机制、加密算法、智能合约等技术组合而构成的技术体系。这些技术以新的方式组合在一起，可以完成防篡改的数据存储、可追溯的数据查看、可信任的点对点传输，可解决长久以来的信任构建难题。

（一）区块链基本理论概述

2008 年 11 月 1 日，一位化名为中本聪（Satoshi Nakamoto）的计算机程序员，在 metzdowd. com 网站的密码学邮件列表中发表了一篇学术文章——*Bitcoin*：*A Peer-to-Peer Electronic Cash System*（《比特币白皮书：一种点对点的电子现金系统》）。中本聪在这篇文章中详细描述了如何创建一套无须基于交易双方信任的去中心化的电子现金交易系统。这一技术的本质是避开权威第三方的认证使得交易方之间直接建立真实可信的交易合作关系，其交易的实现是通过点对点（Point to Point，P2P）数据传输技术、非对称加密技术、分布式存储等技术提供支持。2009 年 1 月，中本聪在位于芬兰赫尔基辛的一个小型服务器上，亲手创建了区块链上的第一个区块，并因此得到了第一笔 50 枚比特币的奖励，“创世区块”就此诞生。作为区块链上的序号为 0 的第一个比特币的区块，它拥有唯一的 ID 识别号。在这之后产生的每一个区块都有两个 ID 识别号，一个是该区块本身的识别号，另一个是其前序区块的识别号。之后的区块通过序号形成前后关系，与最初的创世区块相连形成了链，标志着中本聪设想的比特币区块链就此诞生。人类通过互联网的 TCP/IP 协议使得信息在全球范围内得以高速便捷的传播。然而，金钱，作为一种特殊的信息却远不能达到同等水平的交易与传播。造成这一状况的主要原因是传统的金融体系不可避免地依赖“第三方”机构（即传统银行），这些传统的中心化金融结构是很难让金钱像其他信息那样免费高速地流动。针对这一问题，中本聪创造性地提出建立这样一个全新的网络应用体系，并将这一设想推动成为现实。通过区块链进行交易去除了第三方中介机构的参与，以集体协作和系统公开透明保证可信度，交易双方省去建立信任关系的繁杂手续与时间，实现了价值的高速流动。

2019 年 1 月，国家互联网信息办公室发布《区块链信息服务管理规定》，进一步规范区块链信息服务活动，促进区块链技术及相关服务的健康有序发展。

2018 年下半年，首张区块链电子发票在深圳问世，成为我国首个“区块链＋发票”的落地应用；北京互联网法院推出“天平链”平台，用于存储案件证据，保证数据的真实性和隐私性；蚂蚁金服、京东相继使用区块链推出生鲜食品从生产到超市的溯源服务平台，以提升食品供应链透明度、保护消费者权益；中国银行通过区块链跨境支付系统，成功完成河北雄安与韩国首尔两地间客户的美元国际汇款；济南高新区上线试运行智能政务协同系统，利用区块链技术实现电子政务外网与各部门业务专网的互联互通、在线协同，提高政府工作效率。

（二）区块链的基本原理

1. 区块链的工作方式

区块链的工作方式为：每当全网任一节点的交易方创建一笔新的交易时，就会对全网进行广播；这笔交易会通过 P2P 网络传播，每个节点运用特定算法进行确认，从而去获得新建区块的权利，并争取得到比特币的奖励，这一过程也被称为“挖矿”；运算最快、算力最强的节点会将该时间范围内被确认的交易记录归集形成数据区块，也就意味着该节点找到了一个具有足够难度的工作量证明；找到之后它就会向全网进行广播；当一个节点新生成区块时，向全网广播该区块记录的所有盖时间戳的交易，并接受所有节点对其有效性进行核对；只有经其他节点确认，该区块中所包含的所有数据记录确实有效且之前并未出现过，其余节点才会认可该区块的有效性；经规定次数（如比特币需六次确认）确认后，交易会被确认（不可追溯、不可逆转）；其余所有节点认可接纳该区块，而表示接纳的方式是将该数据块附在已有的区块链链条末尾，从而延长该链条；至此交易达成。

2. 区块链的主要特点

（1）去中心化。

去中心化（Decentralized）是相对于“中心化”而言的新型网络内容生产过程，指整个网络不依赖于中心化的管理机构或硬件，不需要第三方中介机构信任证书，全网节点之间的权利和义务都是均等的。当前传统数据库都是私密的，且其中心化程度很高，对其中心节点攻击会导致整个数据库的瘫痪。而区块链网络则无需有此隐忧，整个系统因为去中心化的特点而依靠所有节点共同维护，任一节点的损坏都不会影响整个网络的运行。

（2）可靠数据库。

区块链是基于点对点传输和共识机制形成的数据库。首先，区块链系统的数据库信息对全网节点都是透明的，数据更新也是全网同步的。开放的程序、共同认可的协议和高参与度共同保证了透明度，并以此提高了区块链的安全性。其次，区块链的内在系统运行要求其具有信息不可篡改的特征，一个新的区块一旦经过验证被添加进链条内，就无法篡改，相关记录永久储存。时间戳保存了全网已执行过的交易数据，并可以提供查找和核对历史交易信息的功能。任何人想要在区块链上伪造交易，都不仅仅需要伪造当前区块的信息，还需要伪造整个链条之上所有区块的交易记录，并且需要在新的区块被添加进入链条之前完成上述所有操作，否则伪造记录会即刻被区块链网络自动舍弃。区块链正是以此机制保证数据的稳定性和安全性。另外，一个区块链系统中，参与的节点越多，计算能力就会越强，该系统中信息的可靠性就会越高。

（3）去信任化。

去信任（Trustless）是指在区块链的交易中，参与方无须互相信任即可完成各节点之间的数据交换。区块链技术的应用直接减少甚至完全消除了交易过程中第三方中介存在的必要，使得原本没有合作机会的陌生人之间可以以匿名的形式安全交易。区块链通过技术的手段来建立信任，运用共识机制与加密算法提供支持，依靠整个系统运作的透明性和公开性进行集体维护，把对某一个人或某一机构的信任变成对一个体系的信任，保证任何篡改和干预都无法破坏数据和记录。整个网络的信任不依赖于某一中心或某个节点，而是完全基于通用协议和共识机制，具有安全性和可靠性。

（三）区块链应用现状

区块链的技术发展虽从比特币起步但却早已超越了这一范畴。由美国区块链科学研究所创始人梅兰妮·斯万（Melanie Swan）所著的《区块链——新经济蓝图及导读》一书概括了区块链技术现有的应用领域以及三个层次的发展走向，分别是以数字货币为代表的区块链 1.0、以智能合约为代表的区块链 2.0 以及超越金融等传统领域，延伸至内涵更为丰富的法律、医疗、政府服务等领域进行深度推广和运用的区块链 3.0。

1. 区块链 1.0：在数字货币交易领域的应用

数字货币被视为一种电子支付手段，它根据预先建立的协议在没有任何外部管理的情况下对交易进行核算。所有使用数字货币的交易都具有透明度，该透明度不仅对于监管机构，对系统中的所有参与者也是如此。数字货币操作的协议就基于区块链技术。当初中本聪提出构建区块链设想的动机就是改变传统金融体系中对中心化管理机构、第三方中介机构的依赖。因此，区块链 1.0 首先是通过数字货币的交易和流动形成的全新的数字支付系统，其去中心化、去信任化的货币交易模式保证了交易安全，其公开性和自治性的特征同时有效地降低了交易成本。这一应用的推广不仅颠覆了传统金融体系的运行模式，也使得全球货币统一成为可能。使用数字货币不必依赖各国货币的国家信用，大大加快了价值在数据世界的流转，实现了所有资源的去中心化式的交易。虽然数字货币目前仍然是区块链技术最成功的应用，但其也面临各种亟待解决的难题，包括全球范围内的监控混乱、价格起伏较大、过度浪费资源等。

2. 区块链 2.0：超数字货币领域的应用

区块链 2.0 是区块链在除数字货币之外，金融领域的其他类型应用。区块链 1.0 就是区块链世界的 TCP/IP 协议，它只是最底层的运用，数字货币交易的蒸蒸日上推动了区块链在金融行业更多业务之上的应用。其中最有代表性的就是智能合约。智能合约的内容从数字货币的交易延伸到其他各种协议。智能合约由代码进行定义，由代码执行，不需要担心违约的情况。这不仅是对金融行业的革新，更会深度影响社会中的其他社会性契约。目前，可编程金融已经在包括股票、私募股权等领域有初步的应用，华尔街银行想要通过打造区块链行业标准，提高银行结算支付的效率，降低跨境支付的成本。

3. 区块链 3.0：超数字货币、金融市场以外领域的应用

区块链 3.0 是指超越货币、金融市场领域之外的具体应用，涵盖日常生活和工作范围所能涉及的各个领域。区块链 3.0 本质上是利用了区块链去信任化之后，无须提供信息证明的特点，广泛运用于社会治理等领域，省去了借助第三方中介或管理机构的信用这一环节，直接实现以数据为载体的信息流动，促进整个社会各领域的资源有效配置和价值交换。常见的应用领域包括：数字资产证明、在线图片版权保护、在线公证服务等。除了底层的数字货币领域，在法律、科学、医疗、政府服务等领域，区

块链都可以利用其自身的技术优势，使分布式的思想渗透于各行各业，优化社会资源的流转效率，增加人类社会的福祉。

随着区块链技术的不断发展，该技术对电商业务的影响越来越大，涉及多维度、多环节、全方位。请各组思考一下：区块链+电子商务在未来的应用过程中面临的挑战和发展趋势是什么？

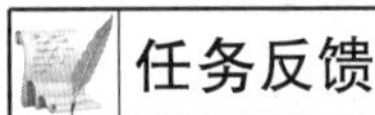

各小组讨论：区块链技术与电商的应用融合现在还处于技术应用的初级阶段，优势和不足也比较突出，去中心化的运作机制如何在交易中凸显服务优势？请通过数据和案例支撑自己的观点。

《一分钟了解比特币和区块链》	中心化账本和分布式账本的区别，比特币和挖矿的关系。	 扫描二维码，阅读全文
《比特币是如何被一群“囚犯”创造出来的》	比特币的故事和狗币的上涨充分反映了如今加密数字货币的投资现状：一人得道，鸡犬升天。	 扫描二维码，阅读全文

任务四　旅游电子商务安全与技术

任务导入

伴随着大数据、人工智能、云计算等新技术和互联网经济的迅猛发展，电子商务飞速发展并逐渐成为人们进行商务往来和日常消费的重要方式。然而，电子商务交易过程中的安全问题却不容小觑，频发的网络安全、用户信息泄露等事件引起了社会的普遍关注和广泛担忧。2018 年 8 月，《中华人民共和国电子商务法》正式颁布，成为我国电子商务领域第一部综合性法律。

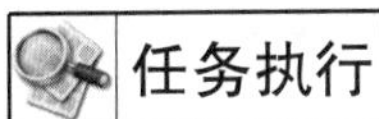

以四人为一个小组，查阅资料，梳理目前电子商务存在的安全问题，并讨论以下问题：

1. 保障电子商务安全的主要技术和管理方法有哪些?

2. 电子商务安全的发展现状和未来发展格局如何?

一、电子商务安全发展历史与趋势

（一）电子商务安全发展历史

电子商务安全的发展是建立在信息安全发展过程中的，某种意义上说，从人类开始信息交流，就涉及信息的安全问题。随着信息安全的发展，电子商务的发展也经历了从无到有、从弱到强的过程。

1. 通信保密阶段（20 世纪 40—70 年代）

通信保密阶段主要以密码学研究为主，重在数据安全层面。这一阶段的主要安全威胁是搭线窃听、密码学分析，主要保护措施是通过加密解决通信保密问题，保证数据的机密性与完整性。

2. 计算机系统安全阶段（20 世纪 70—80 年代）

计算机系统安全阶段开始针对信息系统的安全进行研究，重在研究物理安全层与运行安全层，兼顾数据安全层。这一阶段的主要安全威胁扩展到非法访问、恶意代码、脆弱口令等，主要保护措施是安全操作系统设计技术，确保计算机系统中硬件、软件及正在处理、存储、传输信息的机密性、完整性和可控性。

3. 网络信息系统安全阶段（20 世纪 90 年代以后）

网络信息系统安全阶段开始针对信息安全体系进行研究，重在运行安全与数据安全层，兼顾内容安全层。这一阶段的主要安全威胁发展到网络入侵、病毒破坏、信息对抗的攻击等，主要保护措施包括防火墙、防病毒软件、漏洞扫描、入侵检测、公钥基础设施（Public Key Infrastructure，PKI）和虚拟专用网络（Virtual Private Network，VPN）等，通过这些措施重点保护需要保护的信息，确保信息在存储、处理、传输过程中完好且信息系统不被破坏，确保通过针对合法用户的服务和限制非授权用户的权限，以及必要的防御攻击的措施，强调信息的机密性、完整性、可控性、可用性。

（二）电子商务安全发展趋势

电子商务的发展趋势必将是移动电子商务。截至 2018 年底，我国的手机用户已经超过 15 亿，属全球之最。之前面对金融危机，电子商务没有受挫，而是迎来了更大的发展，加之移动 5G 技术的应用以及国家政策的支持，移动电子商务会成为继传统互联网电子商务后又一令人关注的领域，其发展潜力无限。而移动电子商务也必然成为 5G

时代的重要商务应用，其前景必将大放异彩。由于区块链、大数据、人工智能、云计算等新技术的广泛应用，电子商务的发展犹如插上了一双腾飞发展的新翅膀，但同时也给电子商务安全提出了新的挑战。

二、电子商务安全威胁

电子商务的盛行是当今“网络经济”时代最显著的特征之一，它是在 Internet 开放的网络环境下，基于浏览器和服务器方式，实现消费者网上交易和在线电子支付的一种新型商业运营模式。不难发现，电子商务活动主要是在开放的网络环境下传输信息，因而在网络交易过程中就会容易存在一些安全隐患和威胁，而其中一些信息一旦被盗用、篡改，将会使个人、企业以及国家蒙受不可估量的损失。

（一）计算机网络问题十分严峻

据统计，目前我国 95%的与互联网相连的网络管理中心都遭到过黑客的攻击或侵入，受害涉及的覆盖面越来越大、程度越来越深。国际互联网保安公司 Symantec（赛门铁克）的报告指出，中国已经成为全球黑客的重要来源地，有 6.9%的攻击国际互联网活动都是从中国发出的。另外从国家计算机病毒应急处理中心日常监测结果来看，计算机病毒呈现出异常活跃的态势。

1996 年有一项数据显示，世界上平均每 20 秒就有一起黑客事件发生，无论是政府机构、军事部门，还是各大银行、大公司，只要与互联网接轨，就难逃黑客的“黑手”。

2001 年，我国有 73%的计算机曾感染病毒，到了 2002 年上升到近 84%，2003 年上半年又增加到 85%。而微软的官方统计数据称 2002 年网络安全问题给全球经济直接造成了 130 亿美元的损失。

随着信息网络的发展，病毒已不再是黑暗中隐藏的“黑手”，而是已露出凶相的“狼群”。据不完全统计，在 2002 年，全球的计算机病毒已有 6 万种，目前还以每年近 2 万种的速度在激增。

2003 年 8 月，冲击波蠕虫病毒在视窗暴露安全漏洞短短 26 天之后喷涌而出，8 天内导致全球电脑用户损失高达 20 亿美元之多，无论是企业系统或家庭电脑用户无一幸免。

据调查显示，2005 年我国互联网用户人数已达到约 1.3 亿，电子商务市场整体增长迅猛，2005 年网上成交额达 5 531 亿元，比 2004 年增长 158%，而随着网上交易的兴起，更多的不法之徒也瞄准了这块新出炉的大蛋糕，把黑手伸向了一度纯洁的互联网。骗子是自古就有的，互联网的诞生更是让这些骗子发现了新的行骗途径。关于互联网有句笑话：“在网上，你不知道跟你聊天的是一个人还是一只狗”，更何况对方是一个能说会道的骗子？网络诈骗行骗方法简单，成本极低，只要有一台可以上网的电脑，就可以很容易地散发欺骗信息。另外，由于网络的渗透性很强，没有社会和空间的限制，因此，从理论上讲，网络诈骗的受害人是所有上网的人。

网络攻击日益区域化。绝大多数网络攻击都是以牟利为目的，主要通过制作、传播网络病毒，盗窃网络银行账号和游戏装备等方式来获取不法利益。据统计，2009 年全国超过 70%的计算机信息系统都遭到了黑客攻击，被植入了木马。

2010 年 1—4 月，公安部网络安全保卫局组织侦办的案件中，被入侵并控制的重要信息系统就涉及金融、教育、卫生、环保等多个领域。

低犯罪成本、高隐蔽性、高渗透性决定了网络诈骗比传统诈骗更能吸引不法分子，于是众多的不法分子涌向了网络，在搜索引擎 Google 上搜索关键字“网络诈骗”“网络骗子”“网上诈骗”“网上骗子”，得到了超过 1 000 万条搜索结果，令人触目惊心。目前国内几乎所有的交易论坛、二手交易信息平台上都充斥着诈骗信息，各大知名网站也不例外。

芬兰赫尔辛基理工大学（现名：阿尔托大学理工学院）的教授汉努·卡里（Hannu Kari）认为，如果病毒和垃圾邮件迅猛增加等不利情况得不到有效遏制，那么不能排除互联网因不堪重负而最短在两年内崩溃的可能性。

互联网的设计目标是方便和可靠，而不是安全。而通过全球网络化，鲜花和野草良莠不齐地同时出现了。网络空间不需要护照，警察们被限于国界之内，罪犯们却可以逍遥自在地四处漫游。敌人不在遥远的大洋彼岸，而就在防火墙之后。心怀不轨的人可以掩盖真实身份和地址，冒充他人，一路骗进高楼大厦，盗走电子时代的数字财富：金钱、个人信息和知识产权。

美国前总统奥巴马曾表示，2009 年因网络犯罪造成的损失接近 1 万亿美元，尽管这一数字存在争议，但这确实是一个比毒品交易的金额还要庞大的秘密世界。2008 年，在为客户进行的调查中，仅美国一家电信公司威瑞森通信公司（Verizon）就报告丢失 2.85 亿条个人信息记录，包括信用卡和银行账号等细节。

众所周知，安全才是网络的生存之本。没有安全保障的信息资产，就无法实现自身的价值。作为信息的载体，网络亦然。网络安全问题的危害性显而易见，而造成网络安全问题的原因各不相同。

(二) 电子商务安全案例列举

下面我们通过几个安全案例进一步认识电子商务安全问题的重要性。

1. 国外案例

1996 年 8 月 17 日，美国司法部的网络服务器遭到黑客入侵，并将其主页由“美国司法部”改为“美国不公正部”，将司法部部长的照片换成了阿道夫·希特勒，将司法部徽章换成了纳粹党徽，并加上一幅色情女郎的图片作为所谓司法部部长的助手，此外还留下了很多攻击美国司法政策的文字。

1996 年 9 月 18 日，黑客又光顾美国中央情报局的网络服务器，将其主页由“中央情报局”改为“中央愚蠢局”。

1996 年 12 月 29 日，黑客侵入美国空军的全球网网址并将其主页肆意改动，其中有关空军介绍、新闻发布等内容被替换成一段简短的黄色录像，且声称美国政府所说的一切都是谎言。这迫使美国国防部一度关闭了其他 80 多个军方网址。

2000 年 2 月 7 日至 9 日，Yahoo、ebay、Amazon 等著名网站被黑客攻击，直接和间接地导致损失总计约 10 亿美元。

2004 年 10 月 19 日，一个电脑黑客非法侵入了位于美国旧金山的加州大学伯克利分校的计算机系统，访问了约 140 万人的个人资料和社会保障号码。

2013 年 6 月，爆出震惊全球的“棱镜门”事件，由英国《卫报》和美国《华盛顿邮报》报道，美国国家安全局（National Security Agency，NSA）和联邦调查局（Federal Bureau of Investigation，FBI）于 2007 年启动了一个代号为“棱镜”的秘密监听项目，直接进入美国网际网络公司的中心服务器里挖掘数据情报，包括微软、雅虎、谷歌、苹果等在内的 9 家国际网络公司巨头皆参与其中。

2018 年 6 月 13 日凌晨，AcFun 弹幕视频网（简称“A 站”）发布公告称遭受黑客攻击，造成了近千万条用户数据泄露，其中包括用户 ID、用户昵称、加密存储的密码等信息。

2018 年，Facebook 接连曝出三次大规模数据泄露。3 月，5 000 万用户个人资料在未经用户同意的情况下被泄露；9 月，Facebook 再次爆出，因安全系统漏洞而遭受黑客攻击，导致 3 000 万用户信息泄露；12 月 14 日，Facebook 称，因软件 API 漏洞可能再次导致 6 800 万用户的私人照片泄露。

2019 年 5 月 3 日，GitHub 上多个仓库的代码和提交记录被黑客删除并被替换成一个名为“warning”的文件。

2. 国内案例

2004 年 10 月 17 日 18 时，著名杀毒软件厂商北京江民新科技术有限公司的网站（www.jiangmin.com）主页被黑，首页上只留下一句话，署名人为“河马史诗”。

2004 年 2 月 2 日 16 时，金山游戏《剑侠情缘网络版》官方网站被黑客修改。黑客在页面上自述攻击目的是希望得到游戏中的 5 000 万虚拟货币。

2006 年 11 月开始，熊猫烧香病毒现身网络，并迅速蔓延，病毒上线一个月来已有超过 50 万台计算机受该病毒感染，受害企业用户更是达到上千家。随着熊猫烧香的始作俑者李俊被捕入狱，由病毒引发的中国地下黑色产业首次曝光。

中央电视台 2007 年 4 月 5 日报道：2007 年 3 月 10 日，上海市民蔡先生向上海市公安局卢湾分局报案，称其在中国建设银行开户的两张信用卡内的 16.6 万多元人民币被盗。遭盗前，蔡先生曾多次上网进行电子网络购物。上海警方经过缜密侦查，发现黑客利用淘宝网购物发送照片之际，侵入蔡先生的电脑，并安装木马程序，将他的银行账号、密码和认证证书等信息盗取后，通过网上银行盗走银行卡内的巨款。目前此类网络“钓鱼”案件的发生频率在全球范围都呈上升趋势。

我国的网络中还有很多病毒以商业软件的形式在获取暴利，比如灰鸽子病毒以商业软件的形式卖了 5 年之久，年收入过亿元，直到 2007 年年初才被查封。还有熊猫烧香病毒、威金病毒等也都是以营利为目的的。熊猫烧香是一个非常简单的病毒，结果在我国的网络中造成了非常严重的影响，其他还有很多病毒比熊猫烧香危害更大，造成的后果更加严重，对我国的计算机网络、电子商务安全造成不可估量的威胁和危害。

2014 年 12 月 25 日，携程旅行网、12306 网站被爆泄露用户敏感数据，12306 网站有 13 万用户的账号、明文密码、身份证、邮箱、手机号等敏感信息在网络上疯狂传播。

2018 年 12 月 14 日下午，一款通过“驱动人生”升级通道进行传播的木马突然爆发，在短短 2 个小时的时间内就感染了 10 万台电脑。

三、电子商务安全要求

电子商务是以网络作为交易途径来进行的商务活动。电子商务可以在企业与客户之间进行，也可以在企业与企业之间进行，涉及方方面面。与现实商务不向，参与电子商务的各方不需要面对面地进行商业活动，一切商品和资金信息都通过计算机网络来进行传递。正是由于电子商务的这些特点，电子商务在交易过程中需要一定的安全保障。这些安全保障主要包括 5 个方面的内容：鉴别性、可靠性、保密性、完整性和不可抵赖性。

1. 鉴别性

鉴别性是指对人或实体的身份进行鉴别，为身份的真实性提供保证，交易双方能够在相互不见面的情况下确认对方的身份。网上交易的双方相隔很远，互不了解，要使交易成功，必须互相信任，确认对方是真实的，对商家来说要考虑客户是不是骗子，对客户来说要考虑商店的信誉，是不是黑店。

2. 可靠性

可靠性是指对网络故障、操作错误、应用程序错误、硬件故障、系统软件错误、计算机病毒以及攻击者对交易信息的修改所产生的潜在威胁加以控制和预防，以保证贸易数据在确定的时刻、确定的地点是可靠的。

3. 保密性

保密性主要是指保证一些敏感的商业信息和个人隐私不被泄露，预防非法的信息存取和信息在传输过程中被非法窃取。保密性一般通过密码技术对传输的信息进行加密处理来实现。但现有的加密技术在理论上都是可以破译的，只是时间长短问题。若侵犯隐私的问题不能解决，参与电子商务对个人用户而言就是一件很危险的事。除了技术上采用加密、防火墙等解决，道德和法律的约束也是必不可少的。

4. 完整性

完整性是指防止数据传送过程中信息的丢失和重复并保证信息传送次序的统一。在存储时，要防止非法篡改和破坏网站上的信息。在传输过程中，接收端接收到的信息与发送的信息应完全一样，说明在传输中没有被破坏。完整性一般可通过提取信息的数据摘要的方式来获得。

5. 不可抵赖性

交易是建立在双方信任的基础上进行的，信用问题在电子商务中至关重要。确定要进行交易的贸易方正是进行交易所期望的贸易方，在交易信息的传输过程中为参与交易的个人、企业或国家提供可靠的标识。不可抵赖性可通过对发送的消息进行数字签名来获取。

四、电子商务安全技术

（一）防火墙技术

1. 防火墙的基本概念

防火墙是一类防范措施的总称。所谓防火墙，是指一种将内联网和公众访问网（外联网 Internet）分开的方法，它是不同网络与网络安全域之间信息的唯一出入口，使得内联网与外联网互相隔离，限制网络互相访问来保护内部网络，而且其本身具备很强的抗攻击能力，是提供信息安全服务和实现网络及信息安全的基础设施。防火墙是一个或一组由软件和硬件构成的系统，在两个网络通信时执行的一种访问控制机制，它能允许你“同意”的人和数据进入你的网络，同时将你“不同意”的人和数据拒之门外，最大限度地阻止网络中的黑客访问，防止重要信息被更改、拷贝、毁坏。设置防火墙的目的都是在内部网与外部网之间设立唯一的通道，简化网络的安全管理。如图 4-1 所示。

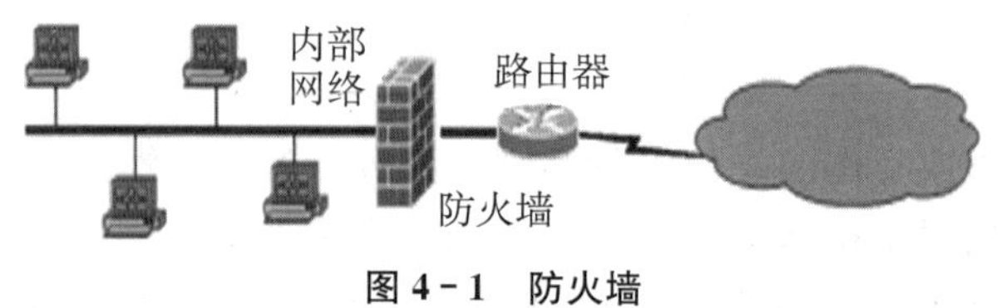

图 4-1 防火墙

从逻辑上看，防火墙是一个过滤器、分离器、限制器，而且是一个智能分析器，其有效地监控了内部网与外部网之间的任何活动，在安全策略的指导和保证网络畅通的前提下，从逻辑上有效地隔离内部网和外部网之间的活动，尽可能地保证内部网的安全。

防火墙并不是真正的墙，它是一种有效的网络安全模型，是机构总体安全策略的一部分。防火墙根据企业的安全策略控制出入网络的信息流，提供信息安全服务，实现网络和信息的安全。

2. 防火墙的发展阶段

目前的防火墙无论是从技术上还是产品发展历史上，经历了五个发展阶段：

第一代防火墙技术几乎与路由器同时出现，采用了包过滤（Packet Filter）技术，也称为“基于路由器的防火墙”。由于多数路由器本身就包含有分组过滤的功能，因此网络访问控制功能可通过路由控制来实现，从而使具有分组过滤功能的路由器成为第一代防火墙产品。

1989 年，贝尔实验室的 Dave Presotto 和 Howard Trickey 推出了第二代防火墙，即链路层防火墙，同时提出了第三代防火墙——应用层防火墙（代理防火墙）的初步结构。

第三代防火墙——应用层防火墙，是由 Trusted Information Systems 编写的一组构造防火墙的工具包（又称 Firewall Toolkit）来实现的，将这个工具包里的软件适当地安装并配置以一定的安全策略，就可以构成基本的防火墙。1992 年，美国南加利福尼亚大学（University of Southern California，USC）信息科学院开发出了基于动态包过滤技术的第四代防火墙，后来演变为目前所说的状态监视技术。1994 年，以色列的 Check Point 公司开发出了第一个采用这种技术的商业化的产品。

1998 年，NAI 公司推出了一种自适应代理技术，并在其产品 Gauntlet Firewall for NT 中得以实现，给代理类型的防火墙赋予了全新的意义，可以称之为第五代防火墙。

2005 年，中网公司推出了基于智能访问控制技术的防火墙，属于第六代智能防火墙。

另外，防火墙按照在网络中的位置可以分为分布式防火墙和边界防火墙。分布式防火墙又包括网络防火墙和主机防火墙，按实现手段可分为：硬件防火墙、软件防火墙以及软硬结合的防火墙。

3. 防火墙的关键技术

(1) 包过滤技术。

包过滤技术是在网络层对数据包进行选择，选择的依据是系统内设置的过滤逻辑，即访问控制表。依据报文中优先级、TCP或UDP端口等信息，或它们的组合作为过滤参考，通过在接口输入或输出方向上使用基本或高级访问控制规则，可以实现对数据包的过滤。同时，还可以按照时间段进行过滤，不仅保护内部网络免遭外来攻击，还可以有效控制内部主机对外部资源的访问，形成内外网络之间的安全保护屏障。

(2) 代理服务器技术。

代理服务器作用在应用层，它用来提供应用层服务的控制，是针对包过滤技术存在的缺点而引入的防火墙技术，利用代理服务器起到内部网络向外部网络申请服务时中间转接的作用。内部网络只接受代理提出的服务请求，拒绝外部网络其他节点的直接请求，从而实现隔离防火墙内外计算机系统的作用。

代理服务器的特点是将所有跨越防火墙的网络通信链路分为两端，是内部网和外部网的隔离点，起着监视和隔绝应用层通信流的作用，防止网络之间的直接传输。防火墙内外计算机系统间应用层由两个终止代理服务器上的链接来实现，外部计算机的网络链路只能到达代理服务器，从而起到隔离防火墙内外计算机系统的作用。

(3) 应用网关技术。

应用网关技术建立在网络应用层上的协议过滤，它针对特别的网络应用服务协议即数据过滤协议，并且能对数据包进行分析、登记和统计并形成相关的报告。实际中的应用网关通常安装在专用工作站系统上。

(4) 网络地址转换技术。

网络地址转换技术将专用网络中的专用IP地址转换成Internet上使用的全球唯一的公共IP地址。防火墙利用网络地址转换技术能透明地对所有内部地址作转换，使外部网络无法了解内部网络的内部结构，同时允许内部网络使用自己定制的IP地址和专用网络。使用网络地址转换技术的网络，与外部网络的连接只能由内部网络发起，极大地提高了内部网络的安全性。同时，该技术还能解决IP地址匮乏的难题。

(5) 状态检测技术。

状态检测技术试图跟踪通过防火墙的网络连接和分组，在实现上使用一组附加的标准，以确定是否允许通信。这种技术是在包过滤技术的通信基础上采用一种基于连接的状态检测机制，将属于同一连接的所有包作为一个整体的数据流看待，构成连接状态表，通过规则表与状态表的共同配合，对表中各个连接因素加以识别。其中，动态连接状态表中的记录可以是以前的通信信息，也可以是其他相关应用程序的信息，所以，这种状态检测技术具有更强的安全性和使用上的灵活性。

(二) 加密技术

1. 加密技术的基本概念

数据加密的基本过程就是对原来为明文的文件或数据按某种算法进行处理，使其成为不可读的一段代码，通常称为“密文”，使其只能在输入相应的密钥之后才能显示出本来内容，通过这样的途径来达到保护数据不被非法人窃取的目的。其逆过程为解密，即将该编码信息转化为原来数据的过程。

加密技术是实现电子商务安全的一种重要的手段，目的是防止合法接收者之外的人获取信息系统中的机密信息。

所谓加密技术，就是采用数学方法对原始信息（明文）进行再组织，使得加密后在网络上公开传输的内容对于非法接收者来说成为无意义的文字（密文）。而对于合法的接收者，因为其掌握正确的密钥，可以通过解密过程得到原始数据。由此可见，在加密和解密过程中，都要涉及信息（明文/密文）、密钥（加密密钥/解密密钥）和算法（加密算法/解密算法）这三项内容。一条信息的加密传递的过程即数据加密模型如图 4－2 所示（E 为加密算法，Ke 为加密密钥，D 为解密算法，Kd 为解密密钥）。如果按照收发双方密钥是否相同来分类，可以将加密技术分为对称密钥加密技术和非对称密钥加密技术，两种技术最有名的代表分别为美国的数据加密标准 DES（Data Encryption Standard）和 RSA（Rivest，Shamir，Adelman）。

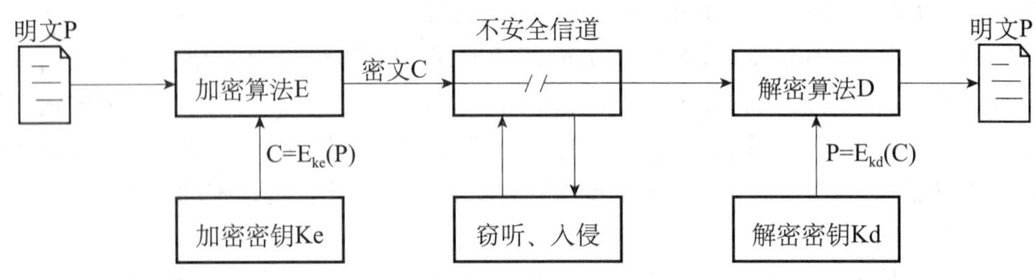

图 4－2　数据加密的一般模型

由此可见，尽管在网上传递的信息有可能被非法接收者捕获，但仍是比较安全的。这是因为想在没有密钥和解密算法的前提下，恢复明文，或者读懂密文，是非常困难的。具体有多困难，就要看加密算法的复杂程度以及密钥的长度了。

2. 加密技术的分类

按加密密钥和解密密钥是否相同，可以将现有的加密体制分为两种技术：私钥加密技术和公钥加密技术。

（1）私钥加密技术。

私钥（单钥或对称）加密体制：这种体制的加密密钥和解密密钥相同或者本质上相同（即从其中一个可以很容易地推出另一个），即私钥加密中用来加密信息的密钥就是解密信息所使用的密钥。私钥加密为信息提供了进一步的机密性，它不提供认证，因为使用该密钥的任何人都可以创建、加密和发送一条有效的消息。这种加密方法的速度很快，很容易在硬件和软件中实现。图 4－3 中给出了私钥加密的原理示意图。

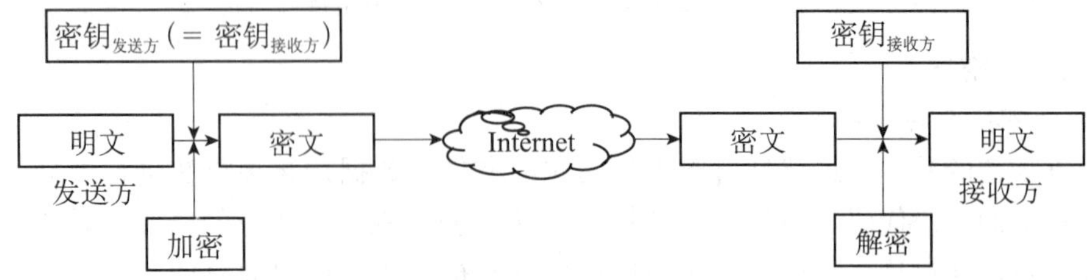

图 4－3　私钥加密的原理

其典型代表是美国的数据加密标准 DES（Data Encryption Standard），其优点是具有很高的保密强度，但它的密钥必须按照安全途径进行传递，密钥管理成为影响系统安全的关键性因素，难以满足开放式计算机网络的需求。私钥加密体制存在以下问题：

①私钥加密体制要求提供一条安全的秘密渠道使交易双方在首次通信时协商一个共同的密钥，这样秘密渠道的安全性是相对的，密钥使用一段时间后就要更换，加密方需经过某种秘密渠道把密钥传给解密方，而密钥在此过程中可能会泄露。

②私钥加密体制最大的问题是密钥的分发和管理非常复杂、代价高昂。网络通信时，如果网内用户都使用相同的密钥，就失去了保密的意义，但如果网内任意两个用户通信都使用互不相同的密钥，密钥量太大，难以管理。

③私钥加密体制的管理和分发要求安全可靠性很高，而潜在的隐患也很大，无法满足互不相识的人进行私人谈话的保密性需求。

④私钥加密体制不能实现数字签名验证的问题。

（2）公钥加密技术。

公钥（双钥或非对称）加密体制：这种体制的加密密钥和解密密钥不相同，而且从其中一个很难推出另一个。这样加密密钥可以公开，而解密密钥可由用户自己秘密保存。1976 年 Whitfield Diffie 和 Martin Hellman 开创了公钥密码学，随后出现了一些经典的公钥密码体制。公钥密码体制是在试图解决对称加密面临的两个最突出的问题而诞生的，即密钥分配和数字签名，它的发展是整个密码学历史上最大的革命，其典型代表是 RSA 体制，它是一个可逆的公开密钥加密系统，通过一个称为公共模数的数字来形成公开密钥，公共模数是通过形成私人密钥的两个质数的乘数来获得的。公钥加密比私钥加密出现得晚，私钥加密使用同一个密钥加密和解密，而公钥加密使用两个密钥，一个用于加密信息，另一个用于解密信息。公钥加密系统比私钥加密系统的速度慢得多，不过若将两者结合起来，就可以得到一个更复杂的系统。图 4－4 给出了公钥加密的原理示意图。

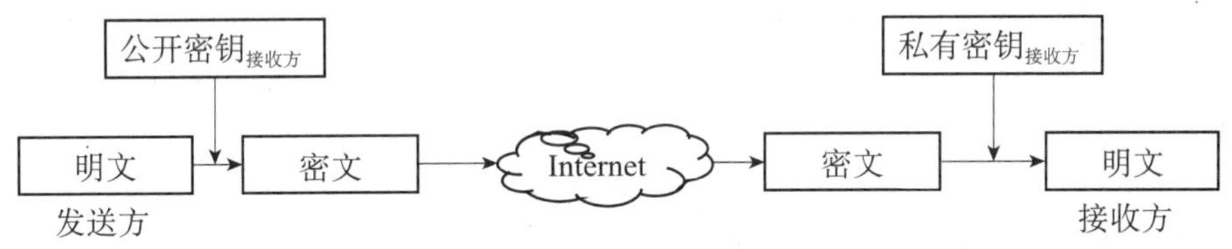

图 4－4　公钥加密的原理

公钥加密体制的特点包括：

①通信双方可以在不安全的媒体上交换信息，安全地达成一致的密钥，不需要共享通用的密钥，用于解密的私钥不需要发往任何地方，公钥在传递与发布中即使被截获，由于没有与公钥相匹配的私钥，截获公钥也没有意义。

②简化了密钥的管理，网络中有 N 个用户之间进行通信加密，仅仅需要使用 N 对密钥就可以了。

③公钥加密的缺点在于加密算法复杂，加密和解密的速度相对来说比较慢。

公钥加密体制具有以下优点：

①密钥分配简单。

②密钥的保存量少。

③可以满足互不相识的人之间进行私人谈话时的保密性要求。

④可以完成数字签名和数字鉴别。

公钥密码体制大都是分组密码，一般不再按明文的加密模式对其进行分类。

（三）数字签名技术

1. 数字签名的基本概念

对信息进行加密只解决了电子商务安全的第一个问题，而要防止他人破坏传输的数据，要确定发送信息人的身份，还需要采取另外一种手段，也就是数字签名。数字签名在电子商务中起着至关重要的作用，它具备他人不能伪造、签字方不能抵赖、在公证人面前能验证真伪等特点。

数字签名（Digital Signature）技术是将摘要用发送者的私钥加密，与原文一起传送给接收者，接收者只有用发送者的公钥才能解密被加密的摘要。在电子商务安全保密系统中，数字签名技术有着特别重要的地位，在电子商务安全服务中的源鉴别、完整性服务、不可否认服务中都要用到数字签名技术。电子商务中，完善的数字签名应具备签字方不能抵赖、他人不能伪造、在公证人面前能验证真伪的能力。

目前的数字签名建立在公钥加密体制基础上，是公钥加密技术的另一类应用。它的主要方式是报文的发送方从报文文本中生成一个 128 比特的散列值。发送方用自己的私钥对这个散列值进行加密来形成发送方的数字签名。然后，该数字签名将作为附件和报文一起发送给接收方。报文的接收方首先从接收到的原始报文中计算出 128 比特的散列值，接着用发送方的公钥来对报文附加的数字签名解密。如果两个散列值相同，那么接收方就能确认该数字签名是发送方的。通过数字签名能够实现对原始报文的鉴别和不可抵赖性。

2. 数字签名的主要方法

数字签名主要有三种应用广泛的方法：RSA 签名、DSS 签名和 Hash 签名。三种方法可单独使用，也可综合在一起使用。数字签名是通过密码算法对数据加、解密变换来实现的，用 RSA 算法、DSS 算法都可实现数字签名。但三种技术或多或少都有缺陷或者没有成熟的标准。

（1）RSA 签名。用 RSA 或其他公钥密码算法的最大方便是没有密钥分配问题，公钥加密算法使用两个不同的密钥，其中有一个是公开的，另一个是保密的。公开密钥可以保存在系统目录内、未加密的电子邮件信息中，网上的任何用户都可获得公开密钥。而保密密钥是用户专用的，由用户本身持有，它可以对由公开密钥加密的信息解密。RSA 算法中数字签名技术实际上是通过一个哈希函数（Hash Function，也称为“散列函数”）来实现的。数字签名的特点是它代表了文件的特征，文件如果发生改变，数字签名的值也将发生变化，不同的文件将得到不同的数字签名。一个最简单的哈希函数是把文件的二进制码相累加，取最后的若干位。哈希函数对发送数据的双方都是公开的。

（2）DSS 签名。DSS 签名是由美国国家标准与技术研究院和国家安全局共同开发的，由美国政府颁布实施，因此主要用于与美国政府进行商贸的公司，其他公司则较少使用。

（3）Hash签名。Hash签名是最主要的数字签名方法，也称之为数字摘要法（Digital Digest）、数字指纹法（Digital Fingerprint）。与单独签名的RSA签名不同，Hash签名是将数字签名与要发送的信息捆在一起，所以更适合电子商务。换个角度讲，把一个商务合同的个体内容与签名结合在一起，当然要比合同和签名分开传递，更增加了可信度和安全性。数字摘要加密方法亦称为安全Hash编码法（Secure Hash Algorithm，SHA）或MDS（Standard for Message Digest），由罗纳德·李维斯特（Ronald Rivest）所设计。该编码法采用单向哈希函数将需要加密的明文“摘要”成一串128比特的密文，也叫数字指纹，它有固定的长度，且不同的明文摘要必定一致，这样，这串摘要便成为验证明文是否“真身”的“指纹”了。

（四）CA认证技术

1. CA的基本概念

电子商务认证授权机构也称为电子商务认证中心（Certificate Authority，CA）。电子商务是在网络中完成的，为了保证每个人及机构（如银行、商家）都能唯一且被无误地识别，这就需要进行身份认证。

对于非对称加密，有一公钥/密钥对，公钥可以向网络公开，私钥由用户自己保存。公钥加密过的数据只有其本人的密钥才能解开，这样就保证了数据的安全性。经私钥加密过的数据可被所有持有对应公钥的人解开，由于私钥只有用户一人保存，这样就证明该信息发自密钥持有者，这种特性可用作签名，具有不可替代性及不可后悔性。

虽然公钥/私钥提供了一种认证用户的方法，但它们并不能保证公钥实际上属于所声称的拥有者。为了确保公钥真正属于某一个人，私钥应当被值得信赖的机构认证。在经过认证后，公钥及其他信息一起就形成证书，证书可以作为鉴别个人身份的证明。

目前世界上较早的数字凭证认证中心是美国VeriSign公司，该公司成立于1995年4月，位于美国的加利福尼亚州。它为全世界50个国家提供数字凭证服务，有超过数百万个Internet的服务器接受该公司的服务器数字凭证。

2. 数字证书

数字证书是一个担保个人、计算机系统或者组织的身份和密钥所有权的电子文档。例如用户证书证实用户拥有一个特别的公钥，服务器证书证实某一特定的公钥属于这个服务器。CA负责在发行证书前证实个人身份和密钥所有权，证书需要由社会上公认的可靠CA发行。该机构如果签发的证书造成不恰当的信任关系，那么需要负责任。

数字证书帮助证实个人身份。当你把你的证书送给某人，并将消息用你的密钥加密，接收者就能用证书里的公钥来证实你的身份。你的证书和你的密钥就是你身份的证据。

当收到一份进行过数字签名的报文时，你可以通过验证签发者的数字证书来确认发送者的身份，保证报文传输过程中没有出错，并且证明该报文的真实性。当你发送报文时，你对它进行数字签名，并且将自己的数字证书附在其上，以便让报文的接收者确认信息确实是从你处发出的。

与手工签名相比，数字证书具有如下优点：它不仅能用于标识签名者的身份，还能对报文内容加以确认。只要使用安全的Hash函数，就没有方法从一个文件中复制某个人的签名，并将签名伪造到另一个文件上，同样，任何方法都不能修改已被签名的报文内容。一份已被签名的文件只要有丝毫改动，都会导致数字证书验证过程失败，因此，人们就可以验证被签名文件的有效性。当然，签名验证失败的原因还需进一步查明，以确认到底是由于力图伪造导致的还是由于传输过程出错而造成的。

（五）反病毒技术

计算机病毒对人们的危害越来越大，这就使人们对计算机防毒概念已经有了更新的认识。特别是作为一个企业管理人员，其为了保护企业的重要资源与数据，了解反病毒技术的发展，了解当前最常用的防病毒技术的特点及其适用场合有助于企业制定一套适合于自己的防病毒措施。

2001 年是计算机病毒危害特别严重的一年，不但新病毒层出不穷，还出现了“红色代码”“尼姆达”等几个影响广、破坏大的病毒，爆发了严重的病毒疫情。这些病毒主要具有以下特点：一是攻击隐蔽性强，繁殖能力强，传染途径广，可通过有线网络和无线网络、硬件设备等多渠道自动侵入计算机中；二是潜伏期长，破坏力大，针对性强，病毒的效能可以准确地加以设计，满足不同环境和时机的要求。病毒的主发地点和传播方式已经由以往的单机之间的介质传染完成了向网络系统的转化，类似于“CIH，Melisa，Exploer”网络传染性质的病毒大量出现，一旦企业或单位被病毒侵入并发作，造成的损失巨大。病毒和反病毒之间的斗争已经进入由“杀”病毒到“防”病毒的时代。企业或单位只有拒病毒于网络之外，才能保证数据的真正安全。

反病毒软件如果设置合理，那么可以降低系统遭受恶意攻击的机会。不过，反病毒只能保护系统免受恶意程序攻击，却不能避免使用合法程序访问系统的攻击者的攻击，同时也不能防止一些用户对不应该访问的文件进行访问的越权攻击。

自从 1987 年发现了全世界首例计算机病毒以来，病毒的数量和种类以几何级的速度不断递增，困扰着涉及计算机领域的各个行业。因此，反病毒技术孕育而生。病毒与病毒技术不断发展、变化，推动着反病毒技术不断地向前发展。目前反病毒技术手段主要包括以下几种方式：

1. 软件扫描查毒法

从杀毒技术上来讲，目前的杀毒软件都是一个扫描器，目前常见的扫描方法有：

（1）特征值扫描。特征值扫描是当前最主要的查杀病毒方式，它主要通过检查文件、扇区和系统内存，用特征值查找已知病毒，特征值就是病毒常用代码的特征。特征值扫描从杀毒方式上可以分成两种，即“通用”和“专用”。“通用”扫描被设计成不依赖操作系统，可以查找各种病毒；而“专用”扫描则被设计用来专查某种病毒，如宏病毒，可以使某些应用软件的病毒防护更加可靠。

（2）启发式扫描。启发式扫描是通过分析指令出现的顺序或组合情况来决定文件是否被感染。这种扫描方法要检查每个对象，因此查毒效果好。

（3）CRC 扫描。CRC 扫描的原理是计算磁盘中的实际文件或系统扇区的 CRC 值（检验和），这些 CRC 值被杀毒软件保存到它自己的数据库中，在运行杀毒软件时，用备份的 CRC 值与当前计算的值比较，可以知道文件是否已经修改或被病毒感染。

2. 硬件防毒技术

20 世纪 80 年代末，出现了一些单机版静态杀毒软件。但由于新病毒层出不穷以及升级方面的原因，这些软件并没有达到人们预想的防毒效果。后来有人提出将重要的系统文件固化到PC机的BIOS中，以避免病毒对这些文件的感染，所以出现了防病毒卡。这些防病毒卡实时监控系统的运行，对类似病毒的行为及时提出警告。一时间，实时防病毒概念大为风行。

近两年来，随着中央处理器（Central Processing Unit，CPU）处理速度的不断提高，硬件反毒技术所造成的系统负荷已经降低到可被我们忽略的程度，操作系统日益完善，加之反病毒厂商的版本更新越来越频繁，所以目前在网络中十分流行的病毒防火墙、带防病毒功能的BIOS芯片的主板重新受到大家的青睐。

硬件反毒技术的优势是对未知病毒有防范功能，由于硬件级别高于任何软件，因此硬件反毒技术特别有效和可靠。但其缺点是升级困难，只能查出病毒，而不具有杀毒功能。

3. 虚拟机技术

多态、变形病毒的出现让传统的特征值查毒技术无能为力，这是因为特征值查毒技术是对静态文件进行查杀的，而多态、变形病毒只有在开始运行后才能够显露原型，所以传统的查毒技术在机器上执行查杀病毒功能时，病毒可能已经开始了对机器的破坏。为了检测多态、变形等加密病毒，一种新的病毒检测方法——“虚拟机技术”诞生了。如果能够让病毒在控制下先运行一段时间，让其自己还原，那么问题就简单了。虚拟机在反病毒软件中应用范围广，并成为反病毒软件的一个趋势。一个比较完整的虚拟机，不仅能够识别新的未知病毒，而且能够清除未知病毒。虽然虚拟机也会在实践中不断得到发展，但是计算机的计算能力有限，反病毒软件的制造成本也有限，而病毒的发展却是无限的，让虚拟技术获得更加实际的功效，甚至要以此为基础来清除未知病毒，还需要技术的不断完善。

模拟法也称为仿真扫描法，主要采用虚拟机技术，是一种极强大的病毒检测技术。这种技术实现了用一个虚拟机来仿真CPU、内存管理系统等系统组件，在虚拟机上模拟计算机病毒代码执行过程，安全地将其解密，使其显露本来面目，提取特征串或特征字作为此病毒的病毒码，从而掌握新病毒的类型和大致结构，为制定相应的反病毒措施提供条件，以后再发现这种病毒时，就可以用病毒扫描法加以扫描识别这种病毒。模拟法是专门用来对付多态、变形病毒的，这种病毒在每次传染时，都将自身以不同的随机数加密于每个感染的文件中，使中毒的文件表现有所差异，病毒码同时发生变化，传统的方法无法找到这种病毒。因此对于多态、变形的计算机病毒的扫描，模拟法可以及时地发现病毒，监测病毒的运行，制定有效的杀毒措施。但是该方法仅适合于具备一定的专业知识的反病毒人员使用。

（六）入侵检测系统

入侵检测是对防火墙的补充，帮助系统对付网络攻击，扩展管理员的安全管理能力和范围，提高信息安全基础结构的完整性。但是没有哪种入侵检测系统是百分百安全的，毕竟它们不能取代优秀的安全程序和操作，也不能检测出合法用户对信息的非正常访问。

入侵检测研究起源于20世纪70年代末，詹姆斯·安德森（James P. Anderson）首先提出了这个概念。1980年，他的一篇题为*Computer Security Threat Monitoring* *and Surveillance* 的论文首次详细阐述了入侵及入侵检测的概念，提出了利用审计跟踪数据监视入侵活动的思想，该论文被认为是该领域最早的出版物。1984 年到 1986 年，桃乐茜・顿宁（Dorothy Denning）和彼得・诺埃曼（Peter Neumann）合作研究并开发出一个实时入侵检测系统模型，称作入侵检测专家系统（Intrusion Detection Expert System，IDES），桃乐茜・顿宁并于 1987 年出版了论文 *An Intrusion Detection Model*，该文为其他研究者提供了通用的方法框架，从而吸引了众多的研究者参与到该领域中来。1990 年，美国加州大学戴维斯分校赫伯林（L. T. Heberlein）等人提出并开发了基于网络的入侵检测系统——网络安全监控（Network Security Monitor，NSM）。该系统第一次直接监控以太网段上的网络数据流，并把它作为分析审计的主要数据源。

入侵检测技术在信息安全的强烈需求下得到了不断的发展和完善，基于网络的入侵检测技术已经成为主流。目前，入侵检测一般采用误用检测技术和异常检测技术。

1. 误用检测技术（Misuse detection）

误用检测又称特征检测（Signature-based detection），它是假定所有入侵者的活动都能够表达为一种特征或模式，分析已知的入侵行为并建立特征模型，这样对入侵行为的检测就转化为对特征或模式的匹配搜索，如果和已知的入侵特征匹配，就认为是攻击。误用检测技术对已知的攻击有较高的检测准确度，但不能很好地检测到新型的攻击或已知攻击的变体，需要不断地升级模型才能保证系统检测能力的完备性。目前大部分的商业化入侵检测系统都采用误用检测技术构建。误用检测技术又可分为 3 种：基于模式匹配的误用检测、基于专家系统的误用检测和基于状态转换分析的误用检测。

2. 异常检测技术（Anomaly detection）

异常检测技术假设所有入侵者活动都异常于正常用户的活动，对正常用户的活动特征进行分析并构建模型，统计所有不同于正常模型的用户活动状态的数量，当其违反统计规律时，认为该活动可能是入侵行为。这种技术的优点是可检测到未知的入侵和更为复杂的入侵。但是，在许多环境中，建立正常用户活动模式的特征轮廓以及对活动的异常性进行报警的阈值的确定都是比较困难的，此外并非所有的入侵活动在统计规律上都表现为异常。异常检测技术是研究的热点，处于研究阶段的技术包括基于数据挖掘、神经网络、遗传算法和免疫机理等的异常检测技术。

（七）VPN 技术

VPN 即虚拟专用网（Virtual Private Network），是一条穿过混乱的公用网络的安全、稳定的隧道。这一技术通过对网络数据的封包和加密传输，在一个公用网络上建立一个临时的、安全的连接，从而实现在公网上传输私有数据、达到私有网络的安全级别。

现在有很多连接都被称作 VPN，那么一般所说的 VPN 到底是什么呢？顾名思义，虚拟专用网不是真的专用网络，但却能够实现专用网络的功能。虚拟专用网指的是依靠 ISP（Internet Service Provider，译为“Internet 服务提供商”）和其他 NSP（Network Service Provider，译为“网络服务提供商”），在公用网络中建立专用的数据通信网络的技术。在虚拟专用网中，任意两个节点之间的连接并没有传统专网所需的端到端的物理链路，而是利用某种公共网的资源动态组成的。所以我们说的虚拟专用网一般指的是建在 Internet 上能够自我管理的专用网络。虚拟专用网络支持以安全的方式通过公共互联网络远程访问企业资源。VPN 通过公共 IP 网络建立了私有数据传输通道，将远程的分支办公室、商业伙伴、移动办公人员等连接起来，减轻了企业的远程访问费用负担，节省电话费用开支，并且提供了安全的端到端的数据通信。

现在，越来越多的公司走向国际化，一个公司可能在多个国家都有办事机构，每一个机构都有自己的局域网，但在当今的网络社会人们的要求不仅如此，用户希望将这些局域网联结在一起组成一个广域网。现在具有加密/解密功能的路由器使人们通过互联网连接这些局域网成为可能，这就是我们通常所说的虚拟专用网（VPN）。当数据离开发送者所在的局域网时，该数据首先被用户端连接到互联网上的路由器进行硬件加密，数据在互联网上是以加密的形式传送，当达到目的 LAN 的路由器时，该路由器就会对数据进行解密，这样目的 LAN 中的用户就可以看到真正的信息了。

在当今这个互联网迅速发展的时代，投资小、安全性高的 VPN 技术得到了广泛的应用。企业对其下属的各个管理部门和分支机构间的信息传输量越来越大，对信息的保密要求也越来越高，这就使得企业需要建立一个安全的互联网络。但独立的线路投资很大，对于中小企业来说很难承受，这就使得基于互联网技术且投资小、安全系数高的 VPN 技术得到了广泛的应用。

任务拓展

保证在互联网上的数据传输的安全性、完整性及身份验证的可靠性，同时确保交易的不可抵赖性，电子商务应构建在电子商务安全体系的基础之上，建立起完整的电子商务安全系统。

任务反馈

电子商务安全系统可以有效地保障支付安全。分组讨论：为了实现消费者在输入信息及交易过程中的信息安全，如何运用电子商务安全技术来有效地避免信息丢失或泄露？

拓展阅读

《揭秘电子商务网络安全》

计算机网络安全是电子商务发展过程中所面临的重大挑战和问题。

扫描二维码，阅读全文

《网络安全：电子商务安全小常识》

虚假促销、网络售假、物流纠纷、信息泄露、支付安全等投诉此起彼伏，了解电子商务安全小常识刻不容缓。

扫描二维码，阅读全文

项目测评

【知识/技能评价】

1. 电子货币有哪些形式？
2. 简述电子支付的特点。
3. 网络银行的模式有哪几种？
4. 简述网络银行的特点。
5. 什么是数字货币和区块链？
6. 电子商务安全的需求是什么？各通过什么技术实现？
7. 请列举出我国最流行的十种计算机病毒。
8. 请描述防火墙的实现技术及其优点。
9. 什么是CA和数字证书？它们的主要作用是什么？
10. 防火墙不能对付的安全威胁有哪些？
11. 电子货币的表现形式与主要特点是什么？
12. 思考有哪些类型的攻击方法，请列举出来并进行解释。
13. 简述数字签名的过程。
14. 电子商务的支付协议中采用哪些加密技术，请详细阐述。
15. 请解释数字签名的定义，以及数字签名与手书签名有什么区别和联系。
16. 对称密钥体制和非对称密钥体制各有什么特点？
17. 请描述电子支付的特点。
18. 列举一些现代对称密码算法。
19. 数字签名的原理是什么？

项目实训

【实训背景】

随着电子商务交易的蓬勃发展，越来越多在交易过程中产生的安全问题被报道，这一问题对网络平台交易的健康发展和用户已建立起来的消费习惯构成了巨大威胁。

【实训目的】

通过实训，加深对电子商务支付、网上银行、第三方支付、区块链概念和内涵的理解，通过对相关案例进行分析，使学生具备保障电子商务支付安全的基本技能要求，掌握数字证书的申请和使用，并激发他们对旅游电子商务安全防范工作的兴趣。

【实训任务】

1. 申请个人数字证书。
2. 查看数字证书。
3. 数字证书的导出与导入。
4. 数字证书的使用（数字证书在电子邮件中的使用）。

【实训步骤】

步骤一：申请个人数字证书

目前有很多证书授权（Certificate Authority，CA）中心可以向用户提供免费的数字证书。现以数安时代（www. trustauth. cn）的数字证书为例申请数字证书。

1. 登录网址 https://www. trustauth. cn，注册用户之后，单击“免费申请”链接，进行申请 GDCA 安全邮件证书的信息填写，通过邮件进行验证码的发送验证，提交申请。如图 4－5 所示。

图 4－5　提交申请

2. 提交申请之后就可以自动下载证书，点击 pfx 格式文件，进行证书安装。如图 4－6～图 4－9 所示。

图 4-6　安装证书

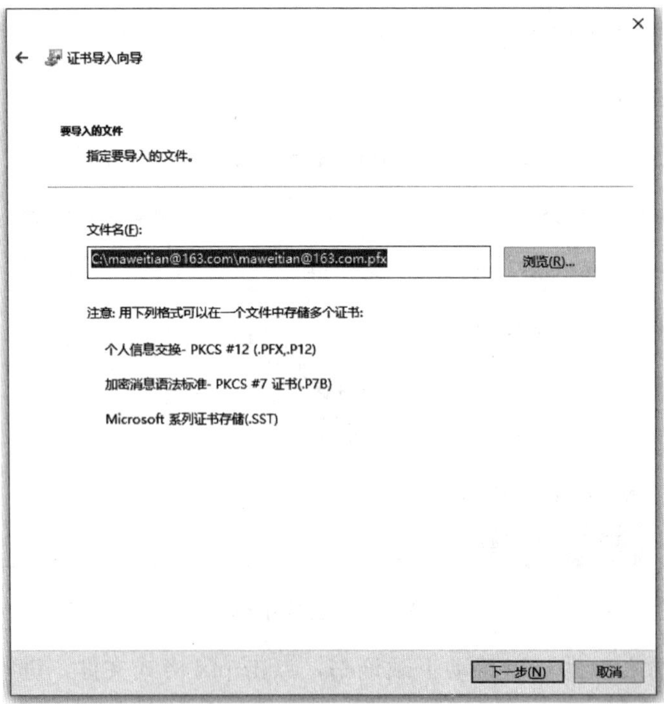

图 4-7　指定要导入的文件

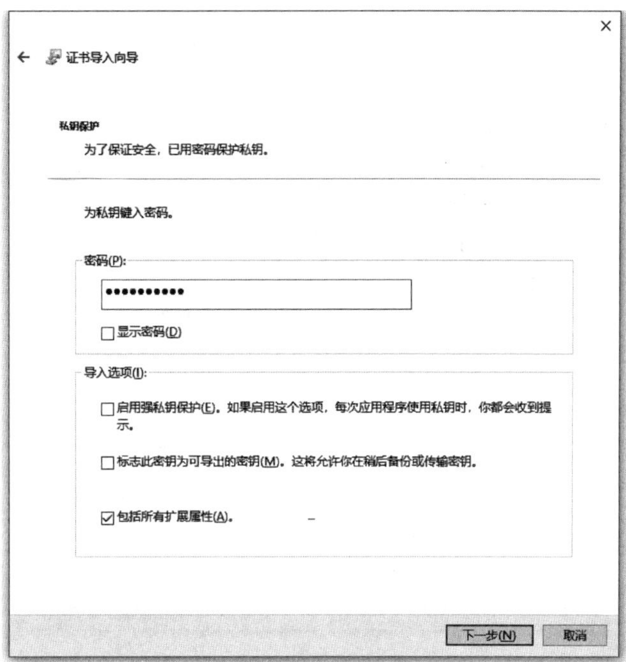

图 4-8　证书密码输入

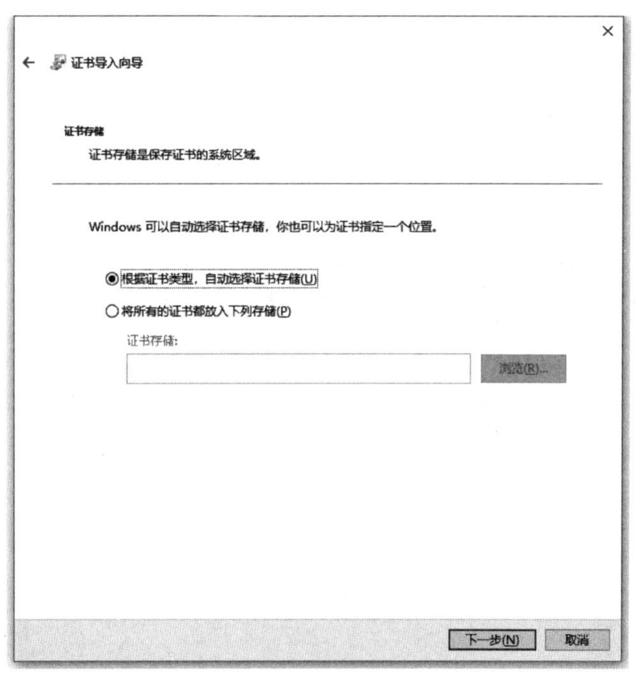

图 4-9　证书存储

3. 点击【下一步】，证书导入完成后，数字证书安装完毕。如图 4-10 所示。

步骤二：查看数字证书

1. 打开 Internet Explorer 浏览器，单击【工具】菜单中的【Internet 选项】→【内容】→【证书】按钮，如图 4-11 所示。

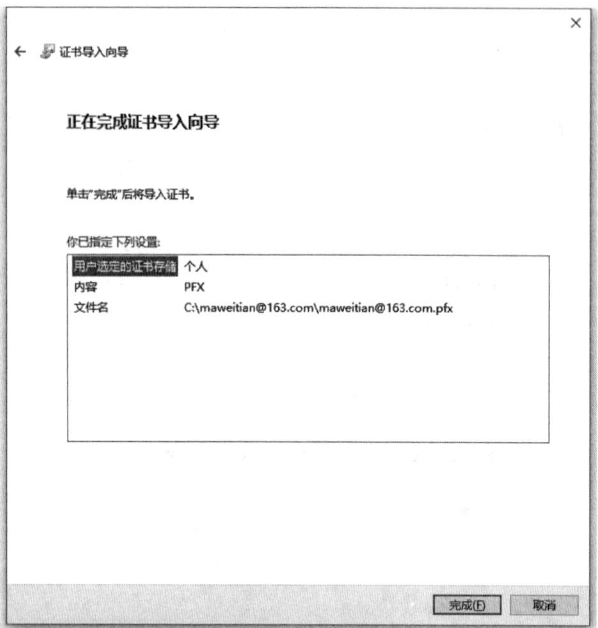

图 4-10　完成导入

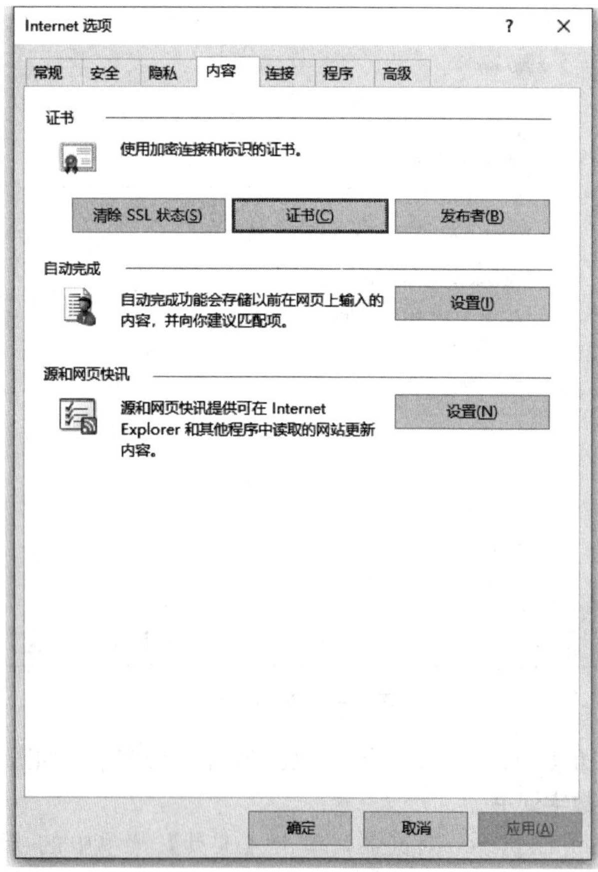

图 4-11　Internet 选项

2. 在【证书】对话框中，单击【个人】选项卡，可以查看到已经申请的个人数字证书列表，如图 4－12 所示。

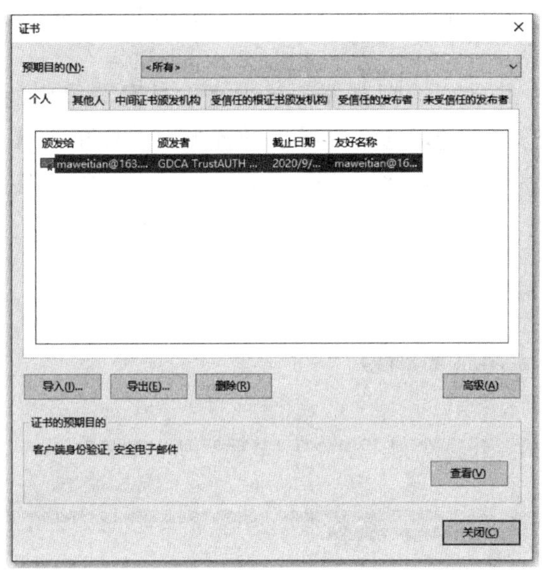

图 4－12　【个人】选项卡

3. 选定需要查看的个人数字证书，单击【查看】按钮，可以查看相应数字证书的详细信息，如图 4－13 所示。

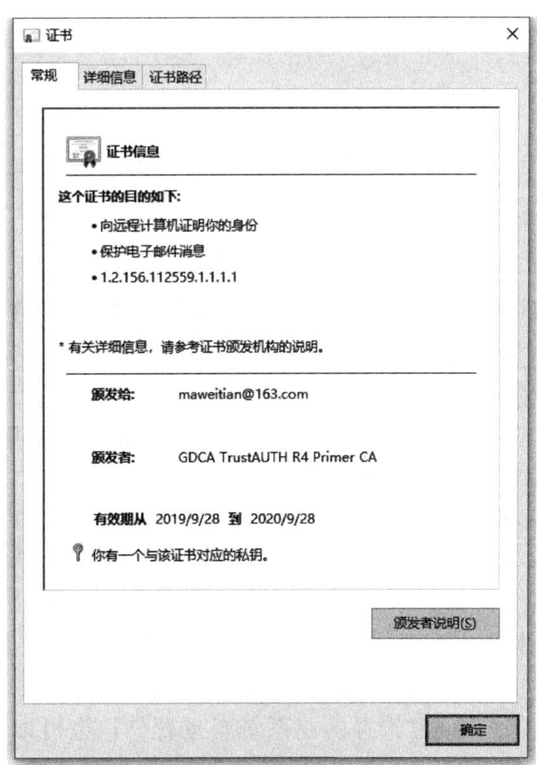

图 4－13　查看证书

步骤三：数字证书的导出与导入

当需要在不同的计算机中使用同一张数字证书或者为了避免机器突然损坏而将证书遗失，在安装证书后应给证书备份。首先将证书导出，在需要使用时再导入。

1. 证书导出的步骤

(1) 打开 Internet Explorer 浏览器，单击【工具】菜单中的【Internet 选项】→【内容】→【证书】→【个人】，选定要导出的证书，然后单击【导出】按钮，出现证书导出向导，根据向导选择是否导出私钥，如图 4-14 所示，单击【下一步】按钮。

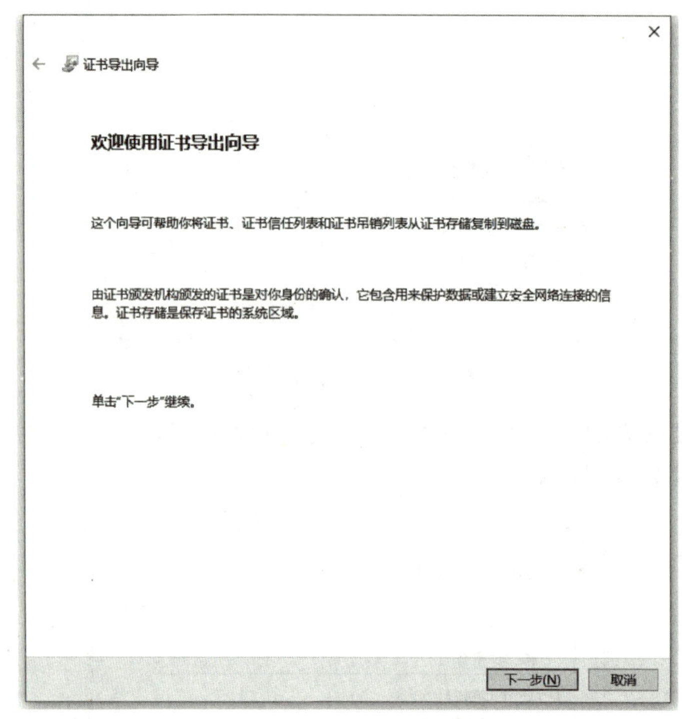

图 4-14 证书导出

(2) 选择导出文件的格式，如图 4-15 所示，单击【下一步】按钮。

(3) 输入导出证书的路径和文件名，单击【下一步】按钮，完成导出，如图 4-16 所示，单击【完成】按钮即可。

需要注意的是，密码和文件名要记住，以便在导入证书时使用。

2. 证书导入的步骤

(1) 打开 Internet Explorer 浏览器，单击【工具】菜单中的【Internet 选项】→【内容】→【证书】→【导入】按钮，打开【证书导入向导】对话框，如图 4-17 所示。单击【下一步】。

(2) 输入导入文件的路径和文件名，如图 4-18 所示，单击【下一步】。

(3) 输入密码，如图 4-19 所示，单击【下一步】。

(4) 选择证书存储区，通常选择的是系统自动存储，也可以存储到个人区域，如图 4-20 所示。然后单击【下一步】。

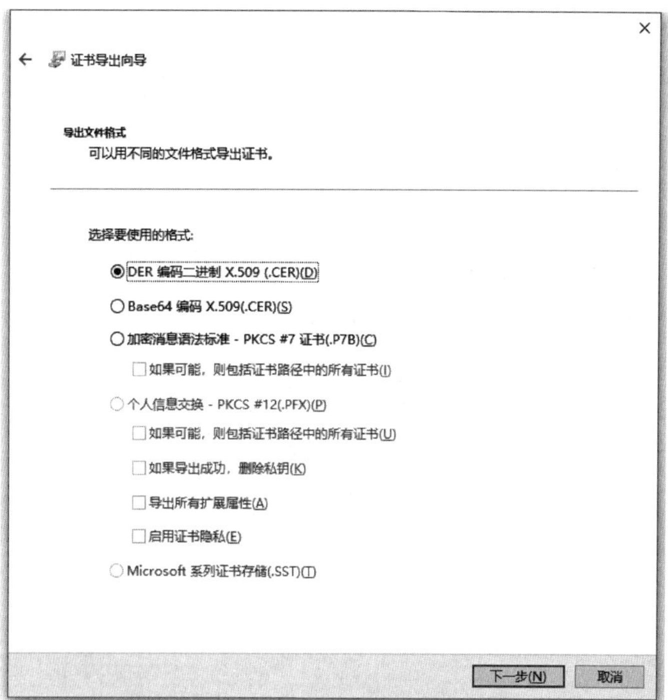

图 4-15　导出文件的格式

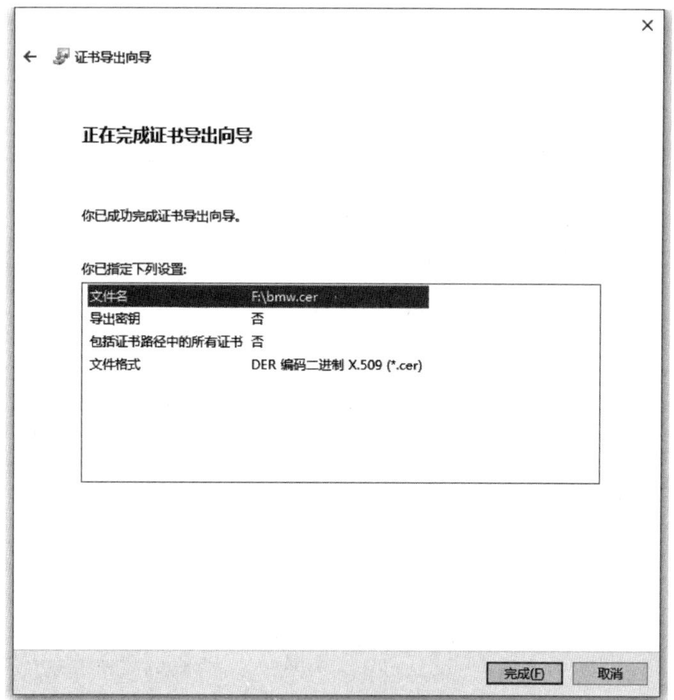

图 4-16　导出完成

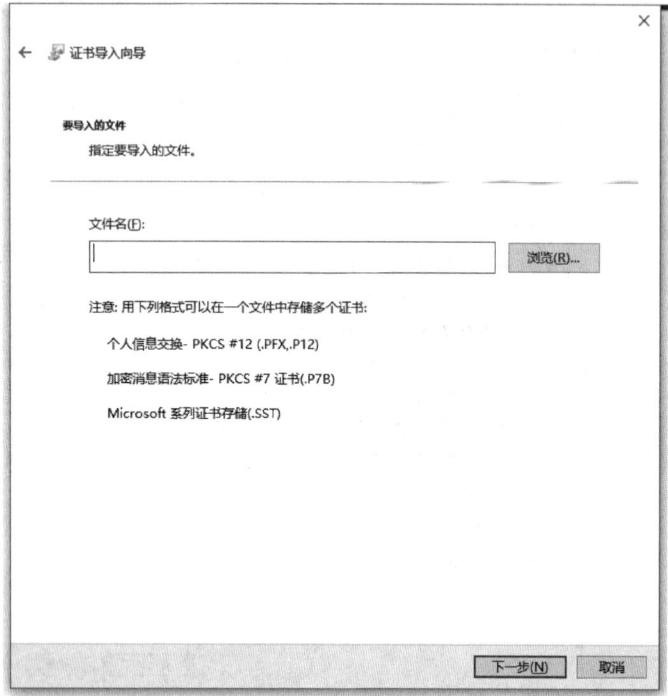

图 4-17　证书导入向导

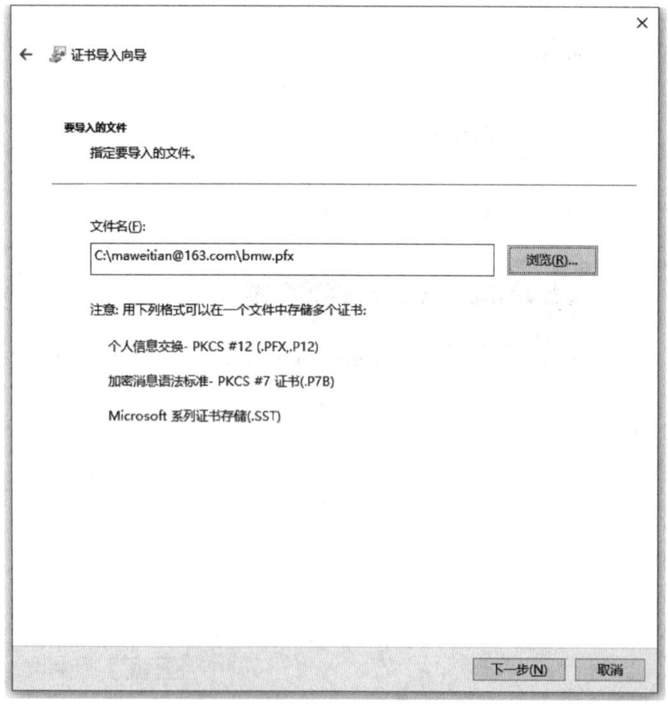

图 4-18　输入要导入的文件

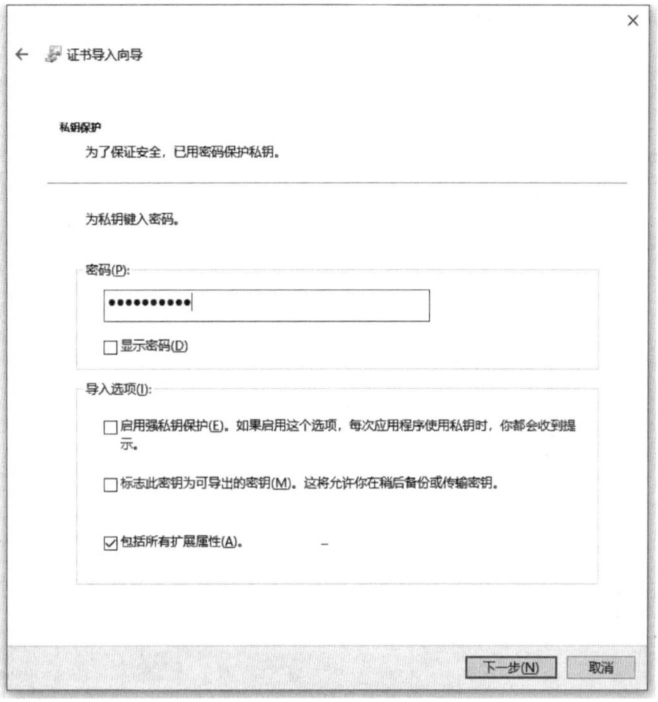

图 4－19　输入密码

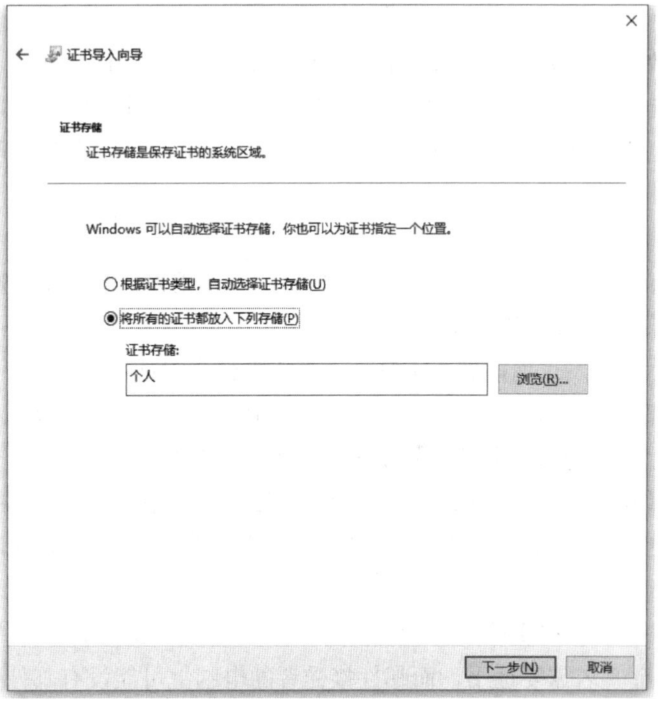

图 4－20　证书存储

（5）完成导入，如图 4－21 所示，单击【完成】按钮，出现【导入成功】对话框，单击【确定】按钮完成证书的导入。

图 4－21　完成导入

步骤四：数字证书的使用（数字证书在电子邮件中的使用）

个人安全电子邮件证书可以确保邮件的真实性和保密性，用户可以利用它来发送签名或加密的电子邮件。在发送安全电子邮件之前，用户必须在电子邮件系统中设置数字证书，操作步骤如下：

1. 设定邮件账户

启动 Microsoft Outlook 2010，按照系统提示输入相关信息，完成账号设置。

2. 设置邮箱与数字证书绑定

邮件写好后，在发送前添加数字签名，具体操作步骤如下：

（1）撰写邮件，如图 4－22 所示。通过【标记】工具栏，打开【属性】对话框，然后在该对话框上，点击【安全设置】按钮，如图 4－23 所示。

（2）打开【安全属性】对话框。在该对话框上，勾选“为此邮件添加数字签名”和“以明文签名发送邮件”，然后点击“安全设置”类型后的【更改设置】按钮，如图 4－24 所示。

（3）选择证书。在【更改安全设置】对话框上，先勾选“将证书与签名邮件一同发送”（因为验证签名需要证书，而邮件接受者的电脑上可能没有邮件发送者的证书），然后点击【选择】按钮，确认证书，如图 4－25 所示。

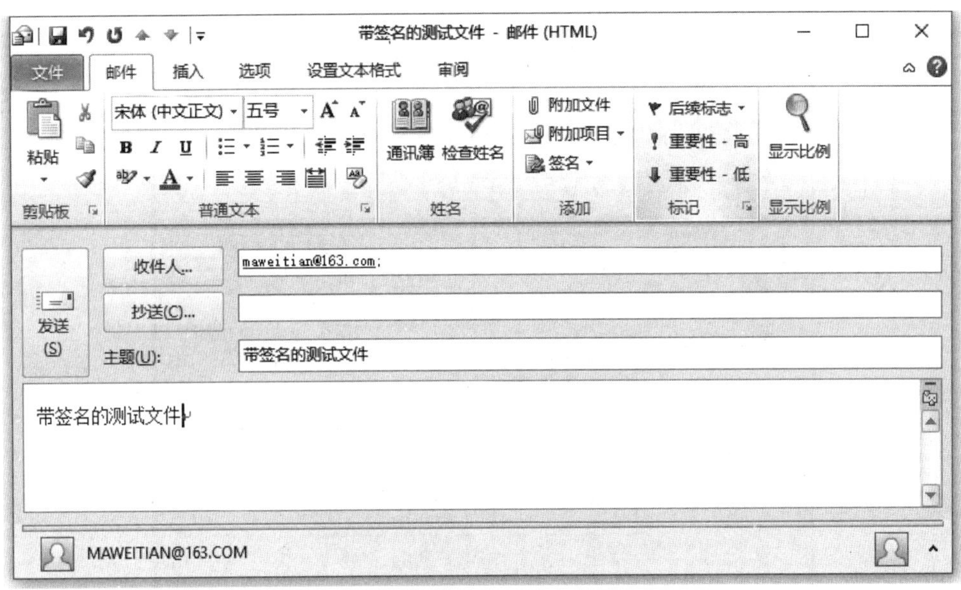

图 4－22　撰写邮件

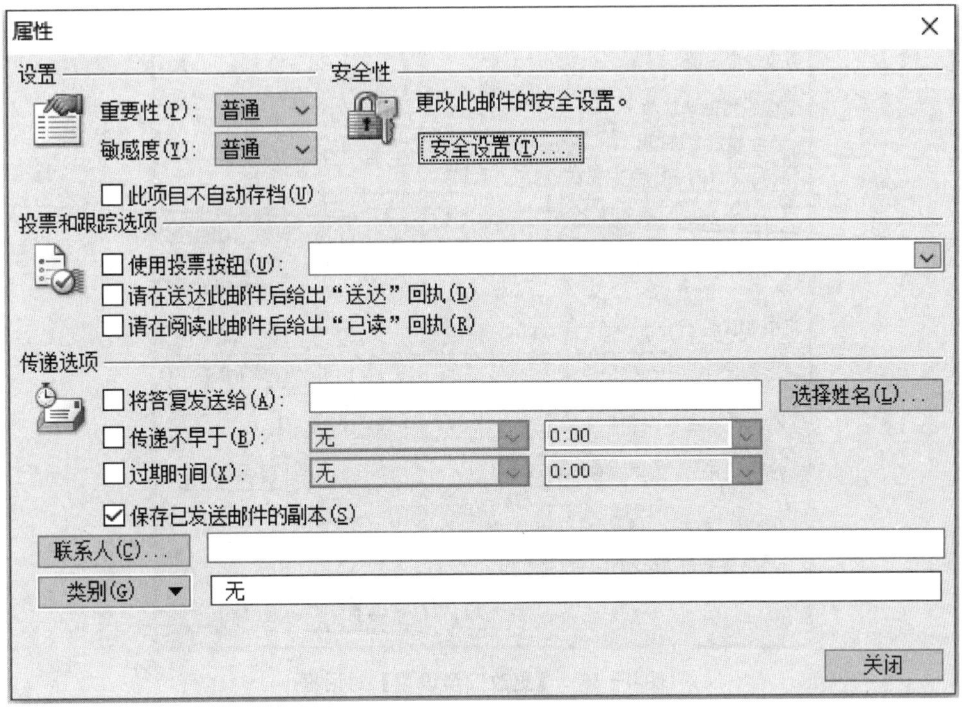

图 4－23　安全设置

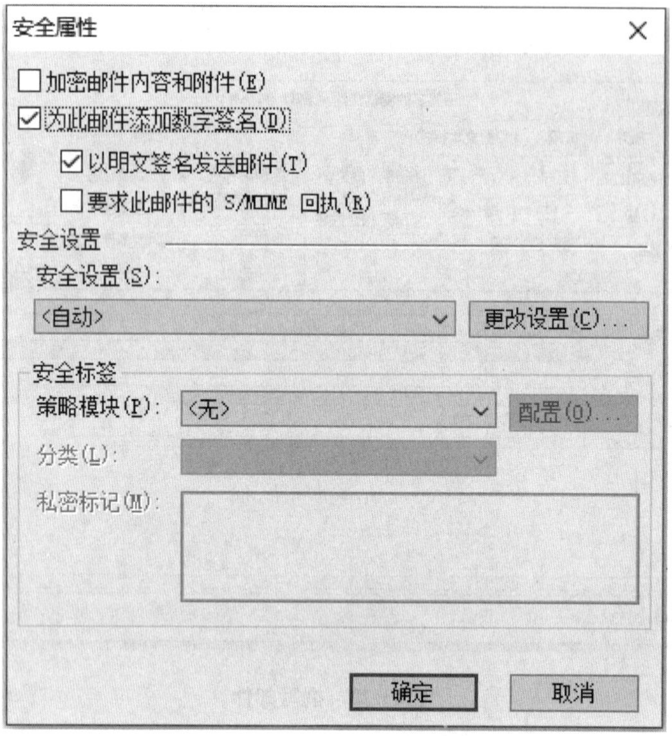

图 4－24　【安全属性】对话框

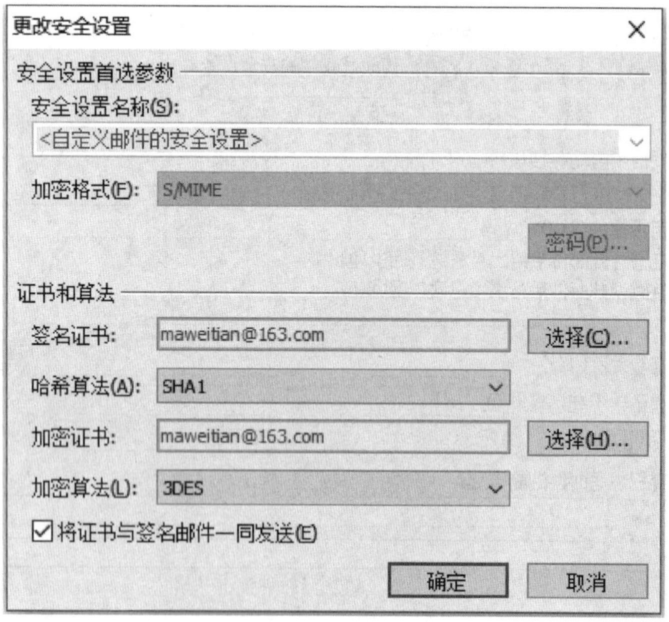

图 4－25　【更改安全设置】对话框

此时，会列出系统中（当前用户）已有的证书，选择需要使用的证书。本例中只有一本证书，故可以直接选择。然后，逐个点击“确定”按钮，直到关闭所有对话框，回到邮件编辑的主界面，如图 4－26 所示。

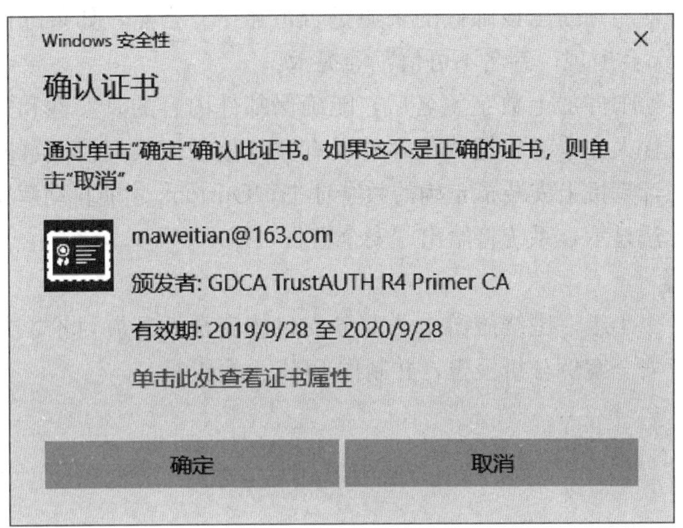

图 4-26　确认证书

3. 发送邮件

做好这些设置工作后，就可以像平常一样点击【发送】按钮发送邮件。不过点击【发送】按钮后，Outlook 可能会有一段处理时间，这是因为 Outlook 对邮件内容做签名运算，如果密码输入成功，则邮件能成功发送。

4. 接收邮件

我们将邮件发送给自己，充当邮件接收者，看看如何验证带有数字签名的邮件。首先，当我们收到这封邮件时，Outlook 会在邮件标题上显示一个签名的标记。同时 Outlook 会显示正在检查签名，实际上 Outlook 是在使用邮件发送者的证书和微软的加密服务提供程序（CSP）做密码运算并验证签名的正确性。然后，当签名验证成功后，Outlook 会显示该邮件的签名者（证书里的邮箱地址），如图 4-27 所示。

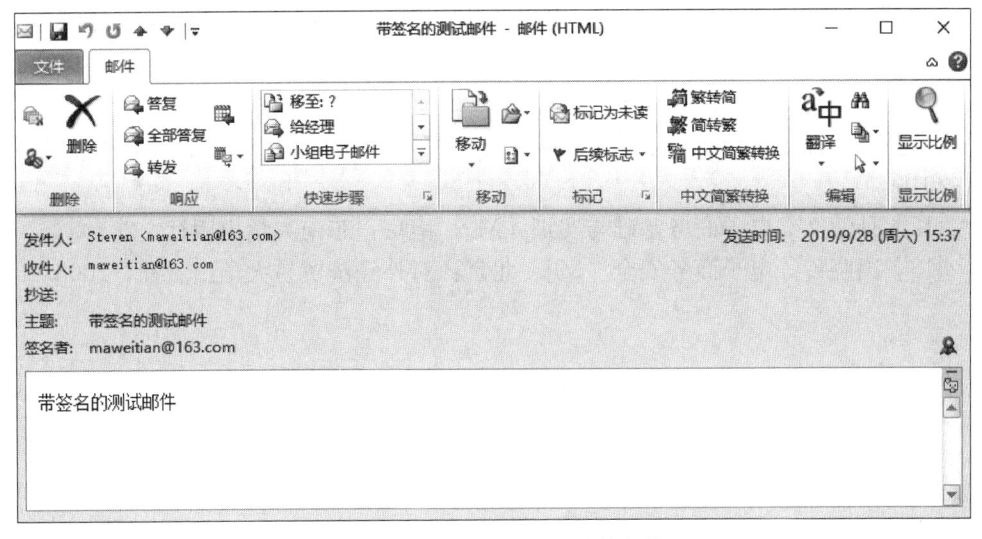

图 4-27　打开签名和加密的邮件

根据签名者就能判断出该邮件的来源是否可靠了。当然，如果邮件在传输过程中被篡改，Outlook 会出现“签名不可信”等提示。

综上所述，给邮件加上数字签名后，能确保邮件内容的真实性和完整性。当收到加密邮件时，收件人完全有依据确认邮件没有被其他任何人阅读或篡改过，因为只有在收件人自己的计算机上安装了正确的数字证书，Outlook 才能自动解密电子邮件，否则邮件内容将无法显示，系统将给出“安全警告”提示。

【实训反馈】

以四人为一个小组，围绕旅游电子商务支付的安全性开展讨论，共同搜集资料形成旅游电子商务安全案例分析报告，并制作 PPT 上台汇报。

参考文献

[1] 陈晓敏．论电子商务平台经营者违反安全保障义务的侵权责任［J］．当代法学，2019（5）．

[2] 周樨平．电子商务平台的安全保障义务及其法律责任［J］．学术研究，2019（6）．

[3] 张颖．电子商务环境下交易安全与支付的途径及保障措施——评《电子商务安全与支付》［J］．中国安全科学学报，2019（4）．

[4] 韩景灵，李艳．基于 SET 协议的安全电子商务支付改进模型［J］．现代电子技术，2019（6）．

[5] 张子健，李傲．电子商务网络空间安全建设的零售商投资协同机制研究［J］．科技管理研究，2018（5）．

[6] 于秀丽．电子商务中第三方支付的安全问题研究［J］．宏观经济管理，2017（S1）．

[7] 龚丽．电子商务环境下消费者安全权保护途径研究［J］．商业经济研究，2017（15）．

[8] 刘国城，王跃堂．云电子商务的安全审计问题研究［J］．兰州学刊，2017（5）．

[9] 管有庆，王晓军，董小燕．电子商务安全技术［M］．北京：北京邮电大学出版社，2006．

[10] 张爱菊．电子商务安全技术［M］．北京：清华大学出版社，2006．

[11] 葛彦强，汪向征．计算机网络安全实用技术［M］．北京：水利水电出版社，2010．

[12] 孙学文．电子商务基础与实训［M］．南京：东南大学出版社，2010．

[13] 冯晓玲．电子商务安全［M］．北京：对外经济贸易大学出版社，2008．

模块三
旅游电子商务营销推广

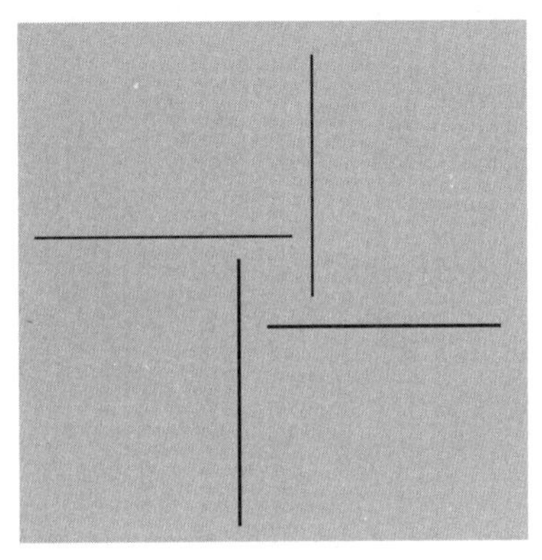

项目五　旅游电子商务网络营销

项目概述

随着计算机和网络通信新技术的迅猛发展和广泛应用，现代社会已进入信息时代，信息化的影响无处不在，同样它正在深刻地影响着旅游业的发展，旅游业各方主体都开始高度重视并利用计算机网络进行旅游预订、营销和管理等。本项目首先阐述了旅游网络营销的现状与发展趋势；其次重点阐述了旅游网络营销的几个常用方法，即搜索引擎营销方法、视频营销方法、软文营销方法和 HTML5 营销方法；最后从服务的角度，对智能客服系统的设计方法进行了分析。

项目目标

知识目标：理解旅游网络营销的现状和发展趋势；掌握旅游网络营销的几个常用方法的内涵与模式，如搜索引擎营销方法、视频营销方法、软文营销方法和 HTML5 营销方法等；理解智能客服系统的设计方法。

技能目标：能够从宏观的角度分析旅游网络营销的现状和发展趋势；掌握旅游网络营销的几个常见方法的应用；能够对智能客服系统的设计方法进行分析。

素质目标：提升学生对旅游网络营销工作的认知、了解和职业认同；培养学生的创意创新思维和团队协作精神；培养学生积极主动的工作态度和抗压能力。

任务一　旅游网络营销的现状与发展趋势

任务导入

营销在企业生产经营活动中占据着重要的地位，是将企业与消费者连接起来的桥梁。通过营销，企业能够更好地传达产品信息，以合理的价格由不同渠道向消费者销售产品，并通过活动的开展促进产品的销售。在旅游业中，营销活动同样重要。由于旅游活动的异地性、消费前的不可感知性及生产与消费的同时性，旅游目的地及配套服务的相关信息对旅游者来说意义重大，旅游企业的营销活动本质上是信息的传递过程，目的是增强旅游者对企业产品的认知，消除其疑惑与担忧，促进其做出购买决定。

任务执行

以四人为一个小组，通过图书馆、书店、电子网络等渠道查阅旅游网络营销的现状和发展趋势，分组讨论：

1. 什么是旅游网络营销？
2. 旅游网络营销的现状如何，未来有什么样的发展趋势？

知识讲解

一、什么是旅游网络营销

（一）旅游网络营销的内涵

旅游网络营销是指旅游企业以电子信息技术为基础，以计算机网络为媒介和手段，而进行的各种营销活动，是目标营销、直接营销、分散营销、顾客导向营销、双向互动营销、远程或全球营销、虚拟营销、无纸化交易、顾客式营销的综合。一方面，旅游网络营销要针对新兴的网上虚拟市场，及时了解和把握网上虚拟市场的旅游消费者特征和旅游消费者行为模式的变化，为企业在网上虚拟市场开展营销活动提供可靠的数据分析和营销依据；另一方面，旅游网络营销在网上虚拟市场开展营销活动，可以实现旅游企业目标。

（二）旅游网络营销的特点

1. 跨时空

互联网具有突破时空限制进行信息交换的特性，借助计算机网络，旅游企业能用更多时间和更大的空间进行营销，可每周 7 天、每天 24 小时，随时随地地提供全球性营销服务。

2. 交互式

旅游企业可以在网络上适时发布产品或服务信息，消费者则可根据旅游产品目录及链接资料库等信息在任何地方进行咨询或购买，从而完成交互式交易活动。另外，网络营销使供给双方的直接沟通得以实现，从而使营销活动更加有效。

3. 拟人化

互联网上的促销是一对一的、理性的、消费者主导的、非强迫性的、循序渐进式的，而且是一种低成本与人性化的促销，避免推销员强势推销的干扰。同时，通过信息提供与交互式交谈，旅游企业能与消费者建立一种长期、良好的关系。

4. 高效性

旅游企业利用计算机可以储存大量的信息，供消费者查询，可传送的信息数量与精确度远超过其他媒体，并能适应市场需求，及时更新产品或调整价格，能及时、有效地了解并满足顾客的需求。

5. 成长性

互联网使用者数量快速增长并遍及全球，使用者多属年轻、中产阶级、高教育水准。由于这部分群体购买力强而且具有很强的市场影响力，因此，互联网是一条极具开发潜力的市场渠道。

6. 整合性

互联网上的营销可从发布商品信息至收款、售后服务一气呵成，因此，也是一种全程的营销渠道。另外，旅游企业可以借助互联网将不同的传播营销活动进行统一设计规划和协调实施，以统一的传播资讯向消费者传达信息，避免不同传播中的不一致现象带来的消极影响。

7. 经济性

经济性主要表现在：①没有店面租金成本；②节省库存费用；③网上营销实际上是一种直销方式，可以减少商品流通的中间环节（如批发、零售等），降低营销成本；④结算成本低。

8. 定制化

定制化是一种以消费者为中心的新的营销理念。企业提供的各种有关销售的信息可以在服务器中集中存储，但它们仍然能独立运行、存入或输出。在网上推出的各类虚拟商品可以让消费者比较挑选，从而迅速、经济、实惠地达到采购目标。

9. 个性化

网络营销个性化是指销售商使网络站点、电子信件以及其他经营活动适合于个体客户的需要，以适应不同年龄、地点和不同爱好的个体消费者。网络营销要以消费者个体为中心，这是网络经济的营销思想，是现代市场的营销思想。这一营销思想要求企业必须实行以消费者个体需求为出发点、以满足消费者个体需求为归宿点来进行企业营销。

旅游网络营销与传统营销的区别

以消费者为本，引燃旅游行业营销导火索，网络营销与传统营销的根本区别在于网络的互动和跨时空特性，以及以消费者需求为中心的个性回归。其核心是将原本以产品为中心的营销策略，改变为以消费者为中心。从传播学的角度讲，互联网只能算是一种新兴的媒介，虽然这种媒介具有传统媒介（包括报纸、杂志、电话、传真、电视、广播等）的大部分特点，然而网络的影响力却不止这些。接触过网络的人都明白，它所触及的不是技术也不是媒介，而是一种以信息为标志的生活方式，而消费者生活方式的变化必然导致市场营销手段的变化。对于旅游业来说，互联网的出现无疑是一大福音，网络为旅游者提供了丰富且方便的资讯，更为旅游业提供了丰富多样的展示方法与渠道。

二、旅游网络营销的现状

中国幅员辽阔，在960万平方千米的国土上，旅游资源丰富多彩。对于旅游行业来说，如何利用好这些旅游资源，以吸引更多的客户来，网络营销可以说是当之无愧的首选，不仅因为互联网网民人群高达4亿多，基本覆盖中国城市人群，还因为互联网具备多种丰富的表现形式，能够充分地展现旅游景区。

网络经济和信息化给现代企业带来了新的发展机遇和挑战。旅游是基于一定信息流的客流。因此，网络和电子商务带给旅游业的机会是明显的。网络营销是旅游业进行信息发布和传播、品牌推广、分享信息和销售旅游产品等的有效手段。目前，国内外各旅游业态皆已认识到网络营销手段的有效性和重要性，并都在开展网络营销活动。但与此同时，我们也应分析当前旅游网络营销的现状和问题，以为旅游网络营销的战略决策做准备。我国旅游网络营销存在的问题主要有以下一些方面：

1. 旅游网络基础设施建设还不完善

一般的专业旅游网站是将旅游业态，如景区里的风景以图片或视频讲解的形式呈现给浏览者的，这样便使网站的加载速度慢，视频播放也不是很流畅。这会极大地影响宣传的力度和信息传播的有效度，同时会挫伤访问者的兴趣心。当前我国部分区域，特别是旅游资源丰富的目的地区域的旅游业信息化基础设施建设的不足，是制约旅游网络营销发展的因素之一。因此，部分区域的带宽提速和相应的硬件支持设施建设是亟待解决的问题。

2. 专业的旅游网站在一步步走向成熟

作为了解旅游景区点、旅游企业及旅游主管部门概况和提供旅游信息的一个窗口，旅游网站的功能在日渐多样化。以四川著名景区九寨沟的旅游网站为例，网站首页的导航条上包括九寨沟旅游资讯、酒店预订、租车、旅游线路等服务。这些可以满足有旅游意向的访问者的一些信息需求，同时可以使他们方便地获取即时信息。该网站还有一个订购支付系统，依托支付宝本身的安全性和普及度，增强了该网站支付系统的安全性，也保障了消费者的利益，增加了便利度。在线旅游咨询服务让网站更加人性化，与景区的意向游客能时时联系起来，景区也可以通过在线客服进行景区形象营销。该旅游网站的另外一个特色是，定期地推出优惠专线以吸引更多的游客。这样可以吸引一些因旅游费用预算较少而又想出游的旅客。旅游业收入的主要来源是门票，但也不能忽视旅游周边产品的开发与销售带来的收入。

3. 旅游电子商务系统营销推广度不足

电子商务的兴起让旅游企业可以通过网站将自己的旅游产品推向市场，但这并不意味着一个简单的网站加网上货架就能做到。旅游电子商务系统需要有效的营销和推广、让顾客放心的支付系统、方便快捷的物流系统和商家的良好信誉等。旅游企业虽然不能实现较大规模地在线销售旅游产品，但自己的电子商务网站能够通过在线的电子商城不断去塑造在线销售的旅游产品的形象，不仅宣传了景区的旅游特色，也为将来开展更大规模的线上销售打好基础。还有一点需要指出的是，旅游网站在广告宣传上的投资力度不够，举例来说，在百度搜索里输入相关景区的名称，并不能在前几个条目里出现相关景区的旅游网站，这使网站错过了一部分浏览者，在一定程度上也不利于网站的公信力建设。因此，加大网站推广投资是必要的。

4. 旅游网站的服务信息质量不高

目前的旅游网站主要起到信息传输的作用，虽然国内有一些景区的网站有与顾客互动的版块设置，但并没能形成一种像社区网站那样的有效和广泛的信息交互。有些网站长时间不更新内容，导致访问量的降低，甚至是没有起到营销的作用。大多数景区旅游网站都缺乏独立的论坛版块，这样，便使得信息共享和互动交流没有了网络空间的支撑。一些游览过景区的游客访问了景区的网站，却找不到可以分享自己心情和旅游感受的空间。这是一种信息资源的浪费，景区丧失了通过游客来了解市场、表达诉求的渠道。

5. 网络营销方式多样，但都没能形成有效的营销模式

当下的网络营销有多种方式，比如搜索引擎营销、网络社区营销、视频营销、即时通信营销等。网络社区营销在互动与交流上要强于其他方式，但是网络社区中讨论的话题繁杂，在一定程度上会冲淡对旅游的关注和气氛。博客和QQ空间等营销方式，大多是旅行者写的一些游记或者故事，有趣的描述能让浏览者产生冲动和好奇，可以给浏览者带来景区场景的直观体验。这也是一种沟通，但这类博主和空间主人的群体数量相对较少，有一定的分散性，也没能形成一种有力量的营销方式。因此，目前有待寻找多种营销方式下更为有效的营销机制，以期获得期望的营销效果。

三、旅游网络营销的发展趋势

随着旅游网站建设的不断完善、支付环境的安全化和物流系统等支持体系的同步，旅游网络营销在未来的旅游业中将发挥巨大作用。旅游网站的推广，将使更多的游客通过旅游网站了解旅游资讯、规划旅游线路、预订酒店和门票等。景区或OTA企业可以通过网站将自己的旅游产品推向市场，打造新的盈利模式。网络社区的营销方式，可以通过专门设置旅游企业论坛的形式形成交流氛围，并有专门的人员参与论坛的管理，不断地将信息和数据传给旅游网络营销的管理部门，以帮助决策。当前出现的P2P旅游营销模式，是一种消费者对消费者的营销模式，是基于个人兴趣偏好的、无经济目的的消费者个体之间的信息传播。它的优势是：借助网络社区的强大人气；消费者以游记、图片或视频等方式分享信息，让浏览者感觉更真实并产生兴趣。

综上所述，旅游网络营销的发展趋势主要有以下几个方面：一是网站服务信息的高质量化；二是可靠、安全的支付体系支撑；三是营销更注重引导消费者的互动；四是包括线上销售的电子商务模块。

任务拓展

利用计算机网络查询南京市旅游网络营销的情况，总结现阶段旅游网络营销的现状和未来的发展趋势。

任务反馈

各小组讨论并总结有代表性的南京旅游网络营销存在的问题及可能的应对策略。

拓展阅读

《普者黑景区：放肆欢乐“摸你黑”节庆活动网络营销案例》

“万人抹花脸吉尼斯世界纪录”的创意活动，将网友的注意力转化成为对旅游目的地的喜爱。

扫描二维码，阅读全文

《世界上最好的工作：昆士兰旅游局网络营销策划案例》

为宣传澳大利亚大堡礁，推动当地旅游业的发展，澳大利亚昆士兰旅游局策划了“全球招聘大堡礁岛屿看护员”网络活动。

扫描二维码，阅读全文

《旅游营销 4.0 时代，如何引发“新人类”的价值认同》

旅游 4.0 时代的新人类，引领着旅游新时代的消费潮流，追求娱乐与新奇，拥有更为国际化的视角和接受多元文化的心态，同时还钟情于中国传统文化元素。

扫描二维码，阅读全文

任务二　搜索引擎营销

任务导入

现在同学们中已很少有人知道雅虎，但不得不说雅虎的出现带来了搜索引擎的一大变革。可以说雅虎是 20 世纪 90 年代搜索引擎的骄傲，但由于其战略布局的原因，雅虎搜索没落了，现在很多年轻人都不知道该搜索引擎。

雅虎诞生于 1994 年 4 月，可以说我们现在所了解的所有搜索引擎的雏形都来自雅虎。包括知名的谷歌、百度、360 和搜狗这些搜索引擎的界面都有一个巨大的搜索框，延续至今，都是模仿了雅虎。

任务执行

以四人为一个小组，分组寻找搜索引擎的起源和发展史，并讨论：如果没有搜索引擎的出现，我们的互联网会出现什么样的情况？对我们的生活有什么影响？对我们的旅游业又会有什么影响？

知识讲解

一、搜索引擎营销的内涵

（一）搜索引擎营销的概念

搜索引擎营销（Search Engine Marketing，SEM），就是根据用户使用搜索引擎的方式，利用用户检索信息的机会尽可能地将营销信息传递给目标用户。简单来说，搜索引擎营销就是基于搜索引擎平台的网络营销，利用人们对搜索引擎的依赖和使用习惯，在人们检索信息的时候将信息传递给目标用户。搜索引擎营销的基本思想是让用户发现信息，并通过点击进入网页，进一步了解所需要的信息。企业通过搜索引擎付费推广，让用户可以直接与公司客服进行交流、了解，实现交易。

根据搜索引擎推广的基本原理，搜索引擎推广之所以能够实现，需要有五个基本要素：信息源（网页）、搜索引擎信息索引数据库、用户的检索行为和检索结果、用户对检索结果的分析判断、对选中检索结果的点击。对这些要素以及搜索引擎推广信息传递过程的研究和有效实现就构成了搜索引擎推广的基本任务和内容。

搜索引擎营销其实最主要的还是需要做好用户体验。以百度为例，其算法进一步升级，更加重视用户体验这一块，因为做好内容、做优质内容才是关键。

搜索引擎营销的方法包括竞价（付费）排名、搜索引擎优化（SEO优化）、关键词广告以及付费收录等。

（二）搜索引擎营销的步骤

完整的搜索引擎营销过程包括下列五个步骤，这也是搜索引擎营销得以最终实现所需要完成的基本任务。

1. 构造适合于搜索引擎检索的信息源

信息源被搜索引擎收录是搜索引擎营销的基础，这也是网站建设之所以成为网络营销基础的原因，企业网站中的各种信息是搜索引擎检索的基础。由于用户通过检索之后还要来到信息源获取更多的信息，因此这个信息源的构建不能只是站在搜索引擎友好的角度，还要兼顾用户友好，这也是我们在建立网络营销导向的企业网站中所强调的。真正做网站优化不仅仅是搜索引擎优化，而是包含三个方面，即对用户、对搜索引擎、对网站管理维护的优化。

2. 创造网站/网页被搜索引擎收录的机会

网站建设完成并发布到互联网上并不意味着自然可以达到搜索引擎营销的目的。无论网站设计多么精美，如果不能被搜索引擎收录，用户便无法通过搜索引擎发现这些网站中的信息，当然就不能实现网络营销信息传递的目的。因此，让尽可能多的网页被搜索引擎收录是网络营销的基本任务之一，也是搜索引擎营销的基本步骤。

3. 让网站信息出现在搜索结果中靠前位置

网站/网页仅仅被搜索引擎收录还不够，还需要让企业信息出现在搜索结果中靠前的位置，这就是搜索引擎优化所期望的结果。这是因为搜索引擎收录的信息通常都很多，当用户输入某个关键词进行检索时会反馈大量的结果，如果企业信息出现的位置靠后，被用户发现的机会就大为降低，搜索引擎营销的效果也就无法保证。

4. 以搜索结果中有限的信息获得用户关注

通过对搜索引擎检索结果的观察可以发现，并非所有的检索结果都含有有用的信息，用户通常并不会点击浏览检索结果中的所有信息，而是会对搜索结果进行判断，从中筛选一些相关性最强、最能引起关注的信息进行点击，进入相应网页之后获得更为完整的信息。为做到这一点，企业需要针对每个搜索引擎收集信息的方式进行有针对性的研究。

5. 为用户获取信息提供方便

用户通过点击搜索结果进入网站/网页，是搜索引擎营销产生效果的基本表现形式，用户的进一步行为决定了搜索引擎营销是否可以最终获得收益。在网站上，用户可能为了了解某个产品的详细介绍，而成为注册用户。在此阶段，搜索引擎营销将与网站信息发布、顾客服务、网站流量统计分析、在线销售等其他网络营销工作密切联系，例如深圳网站建设公司在为用户获取信息提供方便的同时，与用户建立密切的关系，使其成为潜在顾客，或者直接顾客。

二、搜索引擎营销的方法

搜索引擎营销主要有 3 种方法：

（一）竞价排名

竞价排名，顾名思义，就是网站付费后才能被搜索引擎收录，付费越高者排名越靠前。竞价排名服务，是由客户为自己的网页购买关键字排名，按点击量计费的一种服务。客户可以通过调整每次点击付费价格，控制自己在特定关键字搜索结果中的排名，并可以通过设定不同的关键词捕捉到不同类型的目标访问者。目前，国内最流行的点击付费搜索引擎是百度。值得一提的是，即使是做了 PPC（Pay Per Click，按照点击收费）形式的付费广告和竞价排名，最好也应该对网站进行搜索引擎优化设计，并将网站登录到各大免费的搜索引擎中。

（二）搜索引擎优化

搜索引擎优化是通过对网站优化设计，使得网站在搜索结果中靠前。搜索引擎优化又包括官网优化、百度系列产品发布优化、第三方媒体发布优化、口碑媒体推广优化等。

1. 官网优化

官网优化是指通过官网的层级网页上的相关内容关键词或链接的投放发布，优化排名。

2. 搜索引擎产品发布优化

以百度为例，其产品发布优化包括百科、知道、问答、文库、百家号、熊掌号等自身产品的信息发布，关键词排名优化。

3. 第三方媒体发布优化

第三方媒体发布优化是指通过门户网站、垂直门户网站进行文章发布和文章收录，收录后进行优化排名。

4. 口碑媒体推广优化

口碑媒体推广优化是指通过天涯、知乎等问答平台进行问答发布和问答收录，收录后进行排名优化。

（三）关键词广告

购买关键词广告，即在搜索结果页面显示广告内容，实现高级定位投放，用户可以根据需要更换关键词，相当于在不同页面轮换投放广告。

三、搜索引擎营销的旅游应用

（一）旅游搜索引擎

旅游搜索引擎是从比较购物网站发展起来的，比较购物最初的设想是为消费者提供从多种在线零售网站中进行机票、酒店、旅游度假等方面的比较资料。随着比较购物网站的发展，其作用不仅表现在为在线消费者提供方便，也为在线销售上推广产品提供了机会，实际上也就类似于一个搜索引擎的作用，并且出于网上购物的需要，从比较购物网站获得的搜索结果比从通用搜索引擎获得的信息更加集中，信息也更全面（如有些比较购物网站除了产品价值信息之外，还包含对在线销售商的评价等）。

常规意义上基于网页搜索的搜索引擎，搜索结果中的内容是根据相关性排列的，来源于其他网站的内容索引。与此类似，旅游搜索引擎的检索结果也来自被收录的网上旅游网站，当用户检索某个旅游目的地景点、机票、酒店、旅游度假时，所有销售该商品的网站上的产品记录都会被检索出来，用户可以根据产品价格、对网站的信任和偏好等因素进行选择。一般来说，旅游搜索引擎本身并不出售这些景点门票、机票、酒店客房等旅游产品。

（二）旅游搜索引擎与网页搜索引擎的区别

旅游搜索引擎与一般的网页搜索引擎相比的主要区别在于，除了搜索旅游景点、产品、了解商品说明等基本信息之外，通常还可以进行商品价格比较，并且可以对产品和在线商店进行评级。这些评比结果指标对于用户购买决策有一定的影响，这些信息也可以被别的用户参考，尤其对于购买决策能力不强的人或对产品信息了解不足的人。通过旅游搜索引擎，用户不仅可以搜索到与旅游相关的信息，还可以搜索到景点、机票、酒店等旅游产品的价格。这也从另一个角度说明，旅游景点、网上机票、酒店分销商利用旅游搜索引擎进行推广从而增加被用户发现的机会，达到促销的目的，因而成为网上销售的一种常用促销手段。

（三）常用的旅游搜索引擎

1. KAYAK

2004 年，KAYAK 开始在旅游产业中崭露头角，成为旅游搜索引擎中的佼佼者。如今，KAYAK 每年处理超过 20 亿次旅游信息相关搜索，帮助来自全球数百万旅客完成出行预订。为帮助用户找到合适的机票、酒店、租车及机票酒店套票，每一次搜索，KAYAK 都将查询数百家旅游网站，为用户提供有价值的信息。短短 10 年间，KAYAK 从一个仅有 14 人的小团队猛增至涵盖七大国际品牌——KAYAK、Momondo、Cheap Flights、Swoodoo、Checkfelix、Mundi 以及 HotelsCombined，员工数量超过 1 000 人的大集团。为帮助更多人看到更远、更广的世界，KAYAK 致力于开发优质的旅游工具。2013 年，KAYAK 被线上旅行世界领先品牌——Booking Holdings 收购。

KAYAK 主要是对互联网上的机票、酒店、度假等信息进行整合，为用户提供旅游产品价格查询和信息比较服务。KAYAK 网站机票搜索界面如图 5－1 所示。

图 5－1　KAYAK 网站机票搜索界面

2. 去哪儿网

去哪儿网（www.qunar.com）是中国领先的在线旅游平台，创立于 2005 年 5 月，总部位于北京。

去哪儿网通过从网站到移动客户端的全平台覆盖，以自有技术为驱动，随时随地地为旅游服务供应商和旅行者提供专业的产品与服务。凭借其便捷、先进的智能搜索技术对互联网上的旅行信息进行整合，去哪儿网的产品与服务覆盖国内外机票、酒店、度假、门票、租车、接送机、火车票、汽车票和团购等多个领域，帮助旅行者“聪明”地安排旅行。

作为一家深耕于在线旅游行业的产品技术公司，去哪儿网拥有海量的用户出行数据、业内领先的产品开发能力及强大的资本实力。截至 2019 年 3 月，去哪儿网搜索覆盖全球 68 万余条航线、580 家航空公司、147 万家酒店、9 000 家旅游代理商、120 万余条度假线路、1 万余个旅游景点，并与国内外 100 多家航空公司进行了深度合作，构建起一个融合线上、线下全价值链的在线旅游服务生态系统，持续提升用户的旅行品质。

去哪儿网站首页搜索界面如图 5－2 所示。

3. 途牛旅游网

途牛旅游网创立于 2006 年 10 月，并于 2014 年 5 月在纳斯达克成功上市，是美股市场第一家专注于在线休闲旅游的中国公司。已在北京、上海、深圳等城市设立了线下门市，截至 2018 年 12 月，途牛全国自营门市数量突破 500 家。得益于中国在线休闲

图 5-2　去哪儿网站首页搜索界面

旅游市场的高速发展以及客户的广泛支持，自 2015 年第四季度以来，途牛旅游网一直位居中国在线休闲旅游市场份额第一。截至 2018 年年底，途牛旅游网合作旅游服务供应商逾 16 500 家，可以为消费者提供的跟团和自助等打包旅游产品超过 220 万种，还有丰富的机票、酒店、签证等单项旅游产品。截至 2019 年 3 月，途牛旅游网累计服务超过 1.08 亿人次出游，共获得客户点评 600 多万条，产品综合满意度达到 93%。

途牛网站首页搜索界面如图 5-3 所示。

图 5-3　途牛网站首页搜索界面

4. 酷讯旅游网

酷讯旅游网是中国领先的在线旅游媒体，公司创立于 2006 年初，总部位于北京。2015 年 8 月 19 日，美团宣布完成整体收购 TripAdvisor 旗下的酷讯旅游网。

酷讯旅游网凭借国内领先的垂直搜索技术，为旅行消费者提供国内外机票、酒店、旅游度假和火车票的专业搜索服务，并利用先进的数据挖掘和智能推荐等技术手段，通过实时整合、辨识、处理海量旅行产品数据，为用户提供最新、最准确的旅行产品价格和信息，从而帮助用户高效地比较选择适合自己的旅行产品。

被美团收购后的酷讯网首页界面如图 5－4 所示。

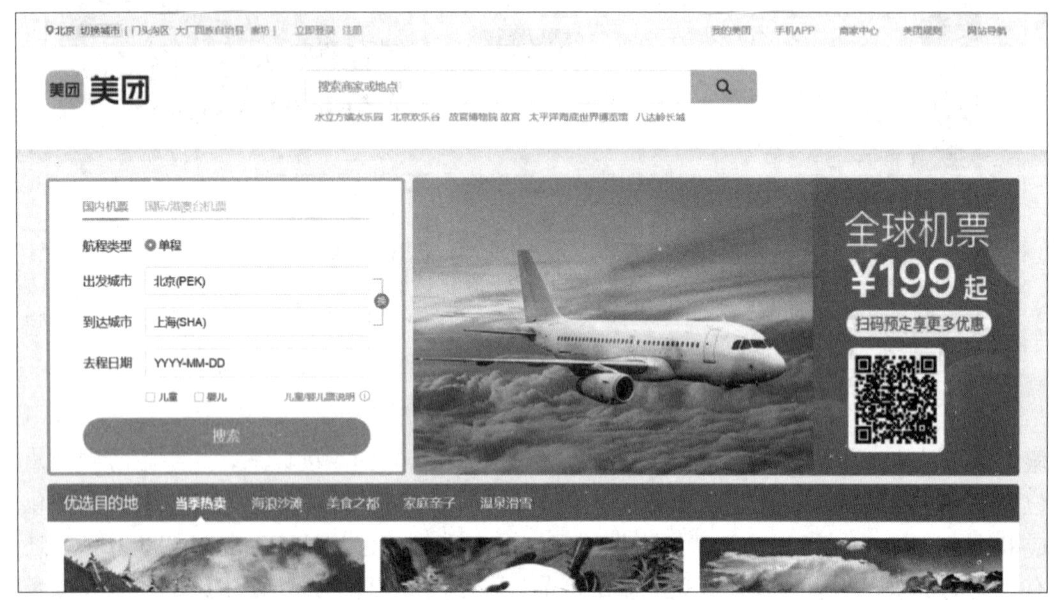

图 5－4　被美团收购后的酷讯网首页界面

任务拓展

在旅游市场中，旅游搜索引擎企业不断涌现，每家平台各具特色。鉴于此，同学们查询资料并思考不同旅游搜索引擎平台之间的区别，分析讨论每家平台典型的运营规律及其特色和优势。

任务反馈

各小组总结搜索引擎营销在旅游中的应用方法，针对某一旅游营销热点，提出本小组的搜索引擎营销策略，形成自己的营销方案。

拓展阅读

《国航：在垂直网站上进行高效的搜索引擎营销》

作为中国领先的航空公司，国航一直致力于开拓其在电子商务中的业务，吸引更多的中国旅客直接通过国航网站和 App 等渠道订购机票。

扫描二维码，阅读全文

《搜索引擎营销完整版方法论》　易观推出的《搜索引擎营销（SEM）白皮书》有框架、有图例、有注解，有从业务逻辑的梳理到具体实操的指导。

扫描二维码，阅读全文

任务三　视频营销

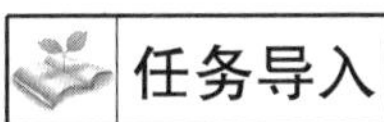

任务导入

2019 年开始，短视频的内容生产渐渐从泛娱乐化走向更精细的垂直领域，其中旅游类内容的短视频脱颖而出，风头正劲。和以往单纯的图文分享不同，旅游短视频通过更轻快、更动态的方式，让风景有了锦上添花的效果。

任务执行

以四人为一个小组，通过不同的视频平台搜索旅游视频的营销推广案例。各小组探讨各自对案例的观点，并谈谈短视频营销对旅游景区（点）有何影响。

知识讲解

一、视频营销的内涵

视频营销是指基于以视频网站为核心的网络平台，以内容为核心、创意为导向，利用精细策划的视频内容实现产品营销与品牌传播的目的；是“视频”和“互联网”的结合，具备二者的优点；具有电视短片的优点，如感染力强、形式内容多样、创意新颖等；又有互联网营销的优势，如互动性、主动传播性、传播速度快、成本低廉等；既有由专业团队制作的精美“微电影”，如益达口香糖的视频广告，又有中小企业的独立制作、小型外包甚至众包。视频包含电视广告、网络视频、宣传片、微电影等多种方式。视频营销归根到底是营销活动，因此，成功的视频营销不仅要有高水准的视频制作，更要发掘营销内容的亮点。

二、视频营销模式

随着互联网进程的不断推进与新型传播媒介的爆发，视频营销在今天不断地被越来越多的企业或者个人运用。视频营销的模式大致可以分为两个方向，具体如下：

（一）传统视频营销模式

传统视频营销模式比较常见的有贴片广告和植入广告。

1. 贴片广告

大家通常在电影、电视剧视频的片头或片中看到的插入广告都可谓是贴片广告，其中网络视频贴片广告与电影院线的贴片广告是较为常见的两种模式。广告主可以结合自身的产品特点来选择特定的电视剧、电影或者短片与之完全融合，并触达视频背后所代表的某一类或某几类不同的消费者人群。

贴片广告的营销针对性强，目标精准，相对价格也比较低廉且播放频率高，但在付费会员的端口，用户可以直接免去片头广告，导致其营销结果在用户转化方面大打折扣，因而在内容上要求也会相对较高。

2. 植入广告

以视频为基础的广告的展现就是植入广告。植入广告的植入模式分为场景植入、台词植入、道具植入，以及情节植入。植入广告的渠道可分为影视广告、网络视频、宣传片、微电影及娱乐营销中的综艺冠名等。

（二）新型视频营销模式

新型的视频营销模式，主要是以“短视频＋社交”为代表的“视频营销＋互联网”的新型视频营销模式。随着移动互联网时代下短视频媒体平台的兴起，互联网已从读图时代跨进短视频时代，短视频成为当下国人，尤其是“90 后”“00 后”日常在网上消遣的方式之一。他们不单是喜欢看短视频，更喜欢根据自己的兴趣爱好和特长来创造短视频的内容，这样的 UGC（User Generated Content，用户创造内容）模式也越来越普及。

UGC 模式不同于传统的品牌官方生产和传播信息，它让消费者现身说法，回归到消费者的生活场景，以消费者为主导制作并传播品牌。借用户的特点传播品牌，是 UGC 的核心点。这一营销方式，成功利用全民分享传播时代优点，又巧妙规避了失焦风险，借力打力，而消费者“心甘情愿”地传播又离不开品牌的影响力，这就是很多品牌借用热门视频平台与网红宣传的原因。

知识链接

UGC 还是 PGC?

要弄清短视频市场，先要理解两个词：UGC 和 PGC。UGC（User Generated Content，用户创造内容）的生产主体是普通的用户，主要是出于分享个人的经历、兴趣等目的，进行内容的生产和传播。如抖音中的个人短视频的创作、表情包的制作、视频中的弹幕等都是 UGC 的体现。而 PGC（Professinonally-Generated Content，专家创造内容）的生产主体是在某些领域具备专业知识的人士或专家，他们在特定领域里具备一定的影响力和知名度，微博大 V、网络红人、科普作者等多属此类。目前，短视频平台可分为三类：资讯型、社交型、工具型。资讯型以 PGC 短视频为主；社交型一般为 UGC 短视频，重社交属性；工具型也多为 UGC 短视频。而旅游类短视频既有 UGC 内容，如快快旅行（Kktrip），更不乏像旅食家与悦游五洲这样的 PGC 视频平台。

三、短视频营销常用推广方法

1. 开屏广告

短视频开屏广告是在启动短视频 App 时展现的广告，广告播放完毕后进入推荐页面。开屏广告的展现形式为图片或视频形式，广告主可以根据企业的推广目标及推广需求选择适合自己的广告形式。

2. 与网红及平台上的 KOL（Key Opinion Leader，关键意见领袖）合作

品牌在刚刚进入短视频平台时，可联系部分网红或者平台上的 KOL 联合宣传，他们本身就有强大的信息传播力，为品牌的曝光会带来一定的流量。

3. 信息流广告

短视频信息流广告是在短视频 App 内推荐页面上出现的广告，具有明显的广告标识。这些广告制作精良，一般不会干扰用户，用户如果对该广告内容感兴趣或有这方面的需求，会进一步点击该广告视频去做进一步的了解。

4. 对企业的日常及领袖型人物进行传播

对企业的日常及领袖型人物进行传播，比如，小米和阿里巴巴的抖音账号都有类似的品牌展示，即使只是平时的办公室日常也有大量用户评价互动。

5. 发起或参与平台内的热门活动

这个方法其实有点类似于微博的热门话题和短视频平台上特定的主题话题，它们通过热点来获取一定的曝光量。

6. 借景说事

这个方法是通过其他场景的繁华程度对主体起到一个衬托表达的作用，就像我们经常看到的排长队去等待某类商品，展现其品牌的火爆程度，引起用户注意。

7. 夸张展示

夸张展示是指借用夸张的手法对产品进行推广。就如有名的“神车”五菱宏光以容量大著称，你永远不知道打开车门的一瞬间，会从车上下来多少人。

任务拓展

近年来，随着新生代的消费群体的需求和体验发生巨大变化，视频营销的魅力越发强大，越来越多的旅游企业或旅游目的地意识到视频营销对于旅游宣传推广的重要性。同学们以小组为单位，利用自己手中的手机，选择一款视频平台，如抖音、腾讯视频等，针对一个旅游产品或节庆活动，拍摄小型的营销推广视频，并分析解读视频创意思路和制作过程。

任务反馈

随着移动手机终端的普及应用，视频平台层出不穷，视频也不计其数。面对海量的视频，作为旅游从业者，我们将如何利用这些平台，助推我们旅游视频的营销推广作用，提高旅游营销视频的曝光度和点击率？面对自媒体的壮大，我们该如何利用自媒体渠道的视频营销和推广呢？请同学们思考，提出各组的观点，分享后讨论。

《短视频内容营销怎么做？10大成功案例给你启发》

好的内容营销视频节目案例究竟是怎样的？且看头部内容团队制作的优秀内容营销创意案例。

扫描二维码，阅读全文

《2018年十大刷屏短视频营销案例》

迄今为止，2018年的短视频案例已经悉数亮相，是时候来个年终总结盘点，看看在这一年里，有哪些短视频的案例最抢眼。

扫描二维码，阅读全文

任务四　软文营销

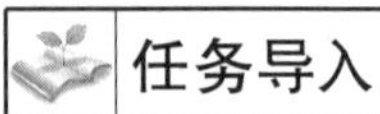

软文就是带有某种动机的文体，而软文营销则是个人或群体通过撰写软文，实现动机，达成交换或交易目的的营销方式。众所周知，硬广告是一种纯粹的广告，直接地广而告之。而在软文中，如销售信函、广告文案、招商宣传等，都是带有“硬广告”性质的软文。

同学们以小组为单位，利用互联网，搜索已发布的典型旅游营销软文案例，分析典型旅游营销软文案例的特点及其归类形式，并进行现场展示与讨论。

一、软文营销的内涵

（一）软文的内涵

软文是基于特定产品的概念诉求与问题分析，对消费者进行针对性心理引导的一种文字模式。从本质上来说，软文是企业软性渗透的商业策略在广告形式上的实现，通常借助文字表述与舆论传播使消费者认同某种概念、观点和分析思路，从而达到企业品牌宣传、产品销售的目的。

在传统媒体行业，软文之所以备受推崇，第一大原因是各种媒体抢占眼球竞争激烈，人们对电视、报纸的硬广告关注度下降，广告的实际效果不再明显；第二大原因是媒体对软文的收费比硬广告要低得多，所以在资金不是很雄厚的情况下软文的投入产出比比较科学、合理。因此，企业从各个角度出发愿意以软文试水，以便使市场快速启动。

（二）软文营销

软文营销是指通过特定的概念诉求，以摆事实、讲道理的方式使消费者走进企业设定的“思维圈”，以强有力的针对性心理攻击迅速实现产品销售的文字模式和口头传播。比如：新闻，第三方评论，访谈，采访，口碑。

二、软文营销的八大入门技巧

（一）以用户需求为核心

软文要对目标用户有价值，这是撰写一篇优秀软文的第一步，就是寻找用户感兴趣的话题，让用户对软文产生认同感，从而取得读者的信任。

要始终记得撰写的软文是给目标用户看的，这是软文写作的生命力。用户的身份不同、职业不同，对软文的需求也不同。要保证写出来的软文满足用户的期待，就需要根据对象来设定软文的风格。针对用户的不同职业，软文可以使用与之相关的专业语言，如对年轻读者尽量使用当下流行的语言。这样做的好处是能引起目标人群的追捧，为软文创造更好的传播效应。

例如：一篇标题为“盘点亚朵 5 大联名创意酒店，解锁跨界营销的正确姿势”的软文，标题中的“联名创意酒店”对于追求个性化、小众住宿体验的年轻群体具有较大的吸引力，在软文的内容中，也用了很多吸引年轻群体的语言表达方式和创意图片，如图 5－5 所示。

（二）软文必须具有价值

优秀的软文需要充分体现新闻价值、学习价值、娱乐价值和实用价值等。这种软文不仅能够起到宣传推广的作用，还能够增强软文的阅读性。

1. 新闻价值

软文的新闻价值是指把需要宣传的点，附着在某个新闻内容中，能够让读者阅读新闻时了解其中的一些宣传点或表达的寓意。对于这样的软文，读者乐于阅读，软文转化率也高，而且很容易被搜索引擎收录，这样被用户阅读的概率也会随之增高，如图 5－6 所示。

2. 学习价值

软文的学习价值是指软文要宣传的点是附着于某个知识点或知识体系上的，能够让读者阅读软文时获得知识。一旦这样的软文正好符合读者对于某个领域知识的需求时，软文的宣传效果就会大大提升。

图 5－7 所示为一个关于营销的微信公众号的软文，在其中，读者可以学习到很多关于营销的专业知识、案例解读和操作方法等。

×　…

盘点亚朵5大联名创意酒店，解锁跨界营销的正确姿势

原创：小志　广告营销志　2018 12-28

这几年，在传统营销之外，
涌现出来了越来越多的跨界**营销**，
吸引到了消费者的注意~
跨界营销成为许多品牌的"新宠"~
前有六神×Rio，推出的花露水味鸡尾酒；
后有农夫山泉联合故宫，推出"故宫瓶"
……

(a)

× 广告营销志　…

这样的例子
简直是两只手都数不过来
不过，在酒店界，
异军突起的跨界营销创意王，
小编只服亚朵酒店！

口说无凭，本着实践出真知的精神，
小编我花费了4个月的时间，
先后入住了11家亚朵酒店，
飞遍了杭州、北京、上海、西安等多个城市
亲身体验完毕之后，以多维度综合评分的机制
精挑细选出了**5家**
特色迥异的跨界创意酒店安利给大家，
赶紧一起来看看吧！（排名不分先后）

(b)

图 5-5　"盘点亚朵 5 大联名创意酒店，解锁跨界营销的正确姿势"的软文

×　…

新疆发力冬季旅游，打造世界级滑雪目的地

原创：Yangqi　品橙旅游　1周前

PINCHAIN 品橙 旅游产业链的新视角

【品橙旅游】"阿勒泰是人类滑雪起源地。"中国第一位滑雪冠军单兆鉴说，他展示的证据之一就是阿勒泰传承久远的毛皮滑雪传统，在一万多年前的岩画上，阿勒泰的先民就踩着毛皮滑雪板狩猎。吉林滑雪协会会长高峰从专业的角度解释了阿勒泰的雪："阿勒泰的雪质堪称'香槟雪'，是雪中极品'粉雪'中的最高级别。"

2022年冬奥会临近，中国冰雪旅游全面升温，新疆的冰雪资源，正在受到全国瞩目，新疆的冬季旅游，也正在成为新疆旅游新的增长极。

(a)

× 品橙旅游　…

高山滑雪，新疆成为中国新高地

谈及冬季旅游，滑雪总是首当其冲。住在南方城市的小林每年都会选择不远千里前往滑雪胜地东三省住一个星期，好好享受滑雪乐趣。但是今年，小林犯了愁，原因在于，他发现除了东北以外，滑雪市场正有一个冉冉升起的新秀——新疆，那里极致的雪景、高品质的滑雪场与人文风情，正牢牢吸引着越来越多像小林这样的滑雪爱好者。

2019年3月31日，中办国办发布的《关于以2022年北京冬奥会为契机大力发展冰雪运动的意见》，激发了全国有条件地区对于冰雪运动、冰雪旅游的"热情"。

在这之前，新疆一直大力发展冬季旅游，如此政策的提出正是"瞌睡遇上了枕头"，让新疆在今年的冬季旅游市场呈现黑马趋势。

(b)

图 5-6　具有新闻价值的软文

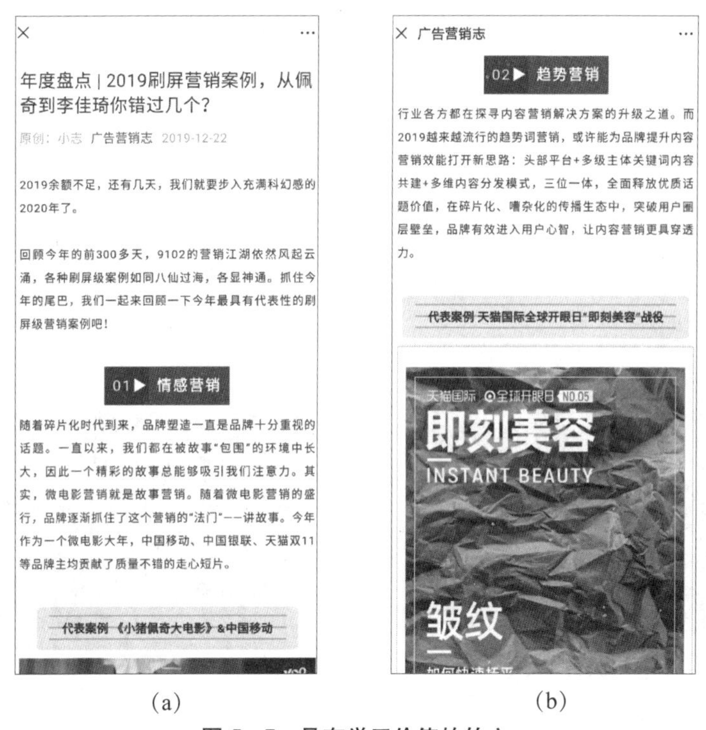

年度盘点 | 2019刷屏营销案例，从佩奇到李佳琦你错过几个?

原创：小志 广告营销志 2019-12-22

2019余额不足，还有几天，我们就要步入充满科幻感的2020年了。

回顾今年的前300多天，9102的营销江湖依然风起云涌，各种刷屏级案例如同八仙过海，各显神通。抓住今年的尾巴，我们一起来回顾一下今年最具有代表性的刷屏级营销案例吧!

01▶ 情感营销

随着碎片化时代到来，品牌塑造一直是品牌十分重视的话题。一直以来，我们都在被故事"包围"的环境中长大，因此一个精彩的故事总能够吸引我们注意力。其实，微电影营销就是故事营销。随着微电影营销的盛行，品牌逐渐抓住了这个营销的"法门"——讲故事。今年作为一个微电影大年，中国移动、中国银联、天猫双11等品牌主均贡献了质量不错的走心短片。

代表案例 《小猪佩奇大电影》&中国移动

广告营销志

02▶ 趋势营销

行业各方都在探寻内容营销解决方案的升级之道。而2019越来越流行的趋势词营销，或许能为品牌提升内容营销效能打开新思路：头部平台+多级主体关键词内容共建+多维内容分发模式，三位一体，全面释放优质话题价值，在碎片化、嘈杂化的传播生态中，突破用户圈层壁垒，品牌有效进入用户心智，让内容营销更具穿透力。

代表案例 天猫国际全球开眼日"即刻美容"战役

(a)　　(b)

图 5-7　具有学习价值的软文

3. 娱乐价值

软文的娱乐价值是指在某个娱乐点或搞笑点上附着软文，能够让读者在娱乐之中不知不觉地接受软文。这样的软文轻松愉悦，让读者会心一笑，难以忘怀，如图 5-8 所示。

奔驰CEO退休，宝马送了一支广告！太坏了，哈哈哈哈哈哈哈哈哈

4A广告门 2019-05-23

来源：4A广告圈（ID：newggm）

作者：冰块呢（授权发布）

昨天，梅赛德斯-奔驰全球总裁蔡澈，
宣布退休。
在这个意义非凡的时刻，
当然少不了老对手（欢喜冤家）宝马的祝福，
它第一时间送上了一支广告片，
简直太坏了，
请一定要看到第53秒。

本以为宝马这次要对奔驰走心了，
结果看到最后一秒的狂人忍不住笑出了声，
此刻，奔驰内心OS：

4A广告门

梅赛德斯-奔驰

宝马相伴，奔驰一生。

@宝马中国:奔驰一生，宝马相伴。@梅赛德斯-奔驰 宝马中国的微博视频

1592　337　942

广告片以"蔡澈在奔驰总部的最后一天"为故事背景，
主人公从办公椅上起身离开，
与同事握手道别，
合影留念，递还工牌，
在雷鸣般的掌声和注视中，
挥手告别，
最后坐上一台奔驰离开了总部大楼……
很平常的情节踩着低沉的音乐，
扑面而来一阵阵离别的伤感。
本以为该进入献眼泪的流程了，
谁能想到，广告片最后出现大反转：
奔驰CEO蔡澈退休后，
从车库里开出了一辆宝马……

(a)　　(b)

图 5-8　具有娱乐价值的软文

4. 实用价值

软文的实用价值是指读者阅读软文之后，能够为其在工作、学习等方面带来某些切实可行的帮助，如图 5-9 所示。这样的软文转化率较高，读者往往会转发或者收藏以便将来所用。

(a) (b)

图 5-9 具有实用价值的软文

（三）紧追时事热点话题

所谓时事热点，是指可以引起众人热切关注的中心事件或信息等。虽然人们通常不会每天都关注时事热点，但一定会看朋友圈的动态，好友对于热点事件的转发和评论也会引起自己的关注。图 5-10 所示为微信公众号上的时事热点话题软文。

（四）培养场景化的思维

企业在进行软文营销的过程中，可以通过“定位到使用场景”的方式来撰写软文，这样可以更好地获得消费者的喜爱和理解。例如企业描述一款产品为“这是一款智能无线路由器”，这种描述方式只是对产品的类别和属性做了定义，消费者未必会知道这款产品具体是做什么的。但是如果企业这样描述，“你可以在上班时用手机控制家里的路由器自动开关机”，很明显这种基于产品的使用场景来进行描述的方法更容易打动用户。

因此，最重要的问题并不是“我是谁”的问题，而是“我的消费者用我的产品能做什么”的问题，如图 5-11 所示。

(a)　　　　　　　　(b)

图 5-10　微信公众号上的时事热点话题软文

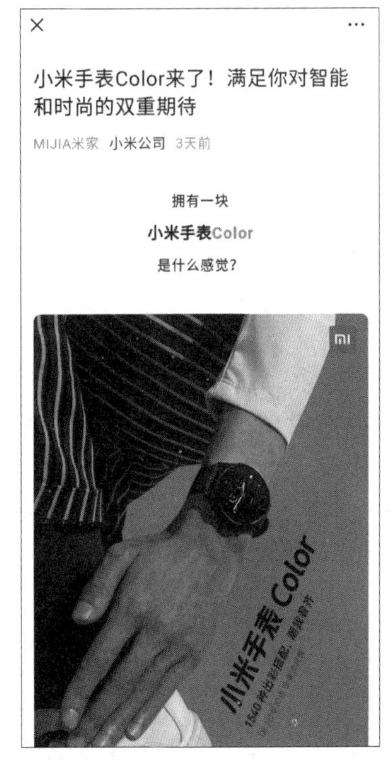

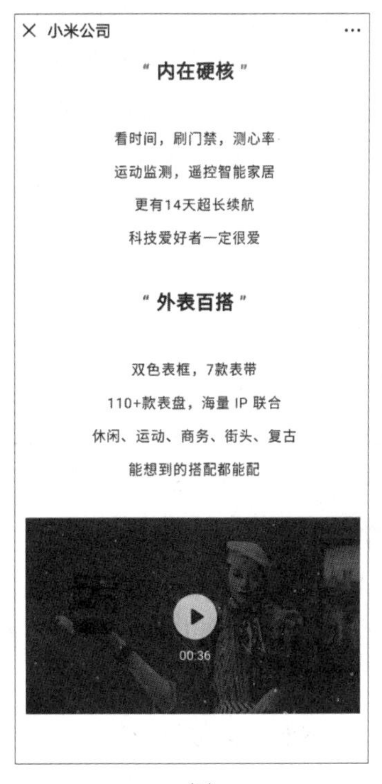

(a)　　　　　　　　(b)

图 5-11　基于场景化思维的软文

（五）与竞争者比较分析

从消费者的角度而言，他们总是喜欢拿不同的产品进行比较，因此企业在做软文营销时，需要明确以下两个问题：第一，"我想让消费者拿我的产品跟什么对比"；第二，"我的竞争对手到底是谁"。

在做产品营销推广时，企业如果能够很好地运用与竞争对手之间的比较分析，就能凸显自己的优势，吸引消费者的关注，如图 5－12 所示。

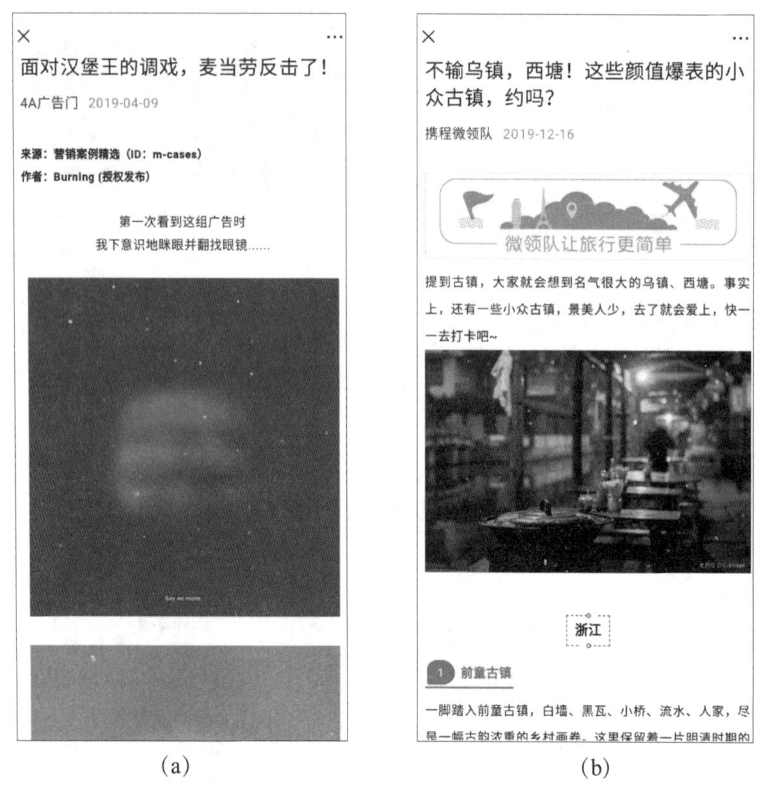

(a)　　(b)

图 5－12　与竞争者比较分析的软文

（六）小而美的篇幅呈现

在碎片化阅读时代，读者一般没有耐心将篇幅很长的文章全部通读一遍，更何况是让其阅读软文广告了。因此，只有精准戳中消费者的痛点，以简洁明了、讲故事的方式撰写软文，才能获得更好的传播效果，如图 5－13 所示。

（七）深入人心引发共鸣

深入人心引发共鸣的软文的主要特点是针对读者的不同心理，以情动人，引起读者内心的共鸣，冲淡软文的商业味，增强读者对于品牌的美誉度和忠诚度，如图 5－14 所示。

（八）成功案例为之佐证

在软文中可以适当发表一些运用了推送的产品或技巧已经获得成功的案例来进行佐证，增强说服力，以期获得读者更多的信任度和好感度，如图 5－15 所示。

投毒、排污、密布电网……拼命的索取让长江一步步迈向死亡

原创　不看很吃亏的　赛雷三分钟　今天

长江告急！！！偌大的长江，竟然陷入无鱼可捕的境地，哺育中华民族五千年的生命之河，竟然已经危在旦夕。十年禁渔的背后，到底暴露出长江怎么样的辛酸？

(a)

赛雷三分钟

而就在前阵子

长江中的另一物种

号称"中国淡水鱼之王"的白鲟

也已经宣告灭绝

白鲟无法人工养殖

国内最后一次发现野生白鲟

是在2003年

纪念邮票上的长江白鲟

目前长江受威胁的鱼类

已经超过了100种

(b)

图 5-13　小而美的篇幅呈现的软文

这届年轻人为什么这么爱说"我太南了"?

小红书App　2019-12-18

你有没有发现，好像一夕之间身边所有的人的口头禅都变成了："**我太南了**"，就连表情包换成了各式各样的"我太南"系列。

2019年十大流行语发布，"我太南了"位列其中

不少人都在感慨："**2019总算要过去了，这真的是我活到现在最难熬的一年！**"

这一届年轻人真的太丧了

这一届年轻人真的太丧了，丧文化似乎已经逐渐成了年

(a)

小红书App

丧是向生活撒了个娇

有时候，我们甚至不必急着将丧文化想象成一种消极的、负面的心态。

面对人生的落落落落落落，我们可以很丧。但丧并不意味着躺平对生活投降，丧更像是年轻人对生活小小地撒了个娇，然后再站起来好好努力工作，认真生活。

看看身边的那些人，那些说着"世上无难事只要肯放弃"的人，哪一个不是放弃后立刻打起精神来拼命；成天嚷着说"我太难了"的人，哪一个不是说完之后还是加班加点交出一份漂亮的答卷。

面对困难，谁说不可以先丧一会。

丧就是素颜的小确幸

很多人以为丧文化是一种突然冒出来的文化现象，但其

(b)

图 5-14　深入人心引发共鸣的软文

(a)　　　　(b)

图 5-15　成功案例为之佐证的软文

知识链接

硬广告和软广告

硬广告，也称硬广，我们在报纸、杂志、电视广播、网络这四大媒体上看到和听到的那些宣传产品的纯广告就是硬广告。

软广告，又称软文广告，顾名思义，是相对于硬广告而言的，由企业的市场策划人员或广告公司的文案人员来负责撰写的“文字广告”。与硬广告相比，软广告的精妙之处就在于一个“软”字，好似绵里藏针，收而不露，克敌于无形。当读者发现这是一篇软文的时候，其已经掉入被精心设计过的“陷阱”中。软广告追求的是一种春风化雨、润物无声的传播效果。

任务拓展

选择江苏的一个旅游目的地或旅游景区，针对传统节日举行的节庆活动，或旅游目的地、旅游景区进行的新产品营销推广，以四人为一个小组，帮助其设计网络营销推广“软文”文案。文案设计形式不限，但要有创意，便于网络营销推广。

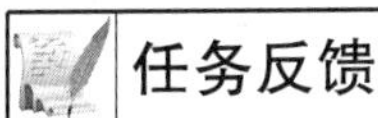

任务反馈

选定旅游目的地、旅游景区（点）、旅游产品和旅游节庆活动，通过对不同种类的旅游资源和活动的分析，根据已形成的经典软文案例和小组设计的软文创意方案，将二者进行对比，并将各小组之间的软文案例进行对比，各小组讨论各自的软文案例设计的形式、创意特点和优缺点等。

拓展阅读

《从旅游短视频引爆旅游业，给旅游软文带来的反思和启示》	从提升内容品质、打造网红景点，培育粉丝社群、善用营销渠道和搭建共创平台、重视民间力量等方面，总结旅游软文营销可以借鉴抖音的三个经验。	 扫描二维码，阅读全文
《可读性强是旅游类软文营销成功的必要法则》	软文是绵里藏针、以柔克刚的武当拳法，软硬兼施、内外兼修，是最有力的旅游营销手段。	 扫描二维码，阅读全文

任务五　HTML5 营销

任务导入

2015 年，打出“追求理性美”口号的一加手机选择和意见领袖韩寒牵手，让韩寒为一加手机代言。在各位还沉浸在“韩寒对谈一加”电视广告的惊喜之中时，一加手机顺势又推出了跨界创意的 HTML5“1 步 1 步看清韩寒”，整个 HTML5 画面是以打字机的复古形式呈现内容，随着用户按下开关按钮，打字机上会逐渐显示出韩寒从 1999 年开始的成长轨迹。以名人的成长时间轴为主线，最后时间终结在他 33 岁这年，韩寒成为一加手机理性美的代言人，画龙点睛地带出品牌，并强调工业理性美，确实让受众有耳目一新的感觉。

任务执行

近几年，HTML5 营销火速上位，层出不穷的创意顺着这道风口一战成名，包括：

“HTML5＋动画＋音乐＝微电影”“HTML5＋图片＝移动海报”“HTML5＋游戏＝互动”。以四人为一个小组，分组讨论 HTML5 带来的创意营销变化对我们生活和营销方式有何影响，并以小组为单位汇报观点。

一、HTML5 概述

（一）HTML5 的含义

HTML5 是 HTML 最新的修订版本，2014 年 10 月由万维网联盟（World Wide Web Consortium，W3C）完成标准制定。HTML5 的设计目的是在移动设备上支持多媒体。简单来说，HTML5 就是一种高级网页技术，平时出现的邀请函、小游戏等都是 HTML5 网页，它跟平时那些网页本质上没有任何区别，只不过大家普遍接受的网页技术版本是 HTML4，而这个版本是在 1997 年发布的。

什么是 HTML？可以这样理解——想象一下两台计算机在沟通的场景，如果 A 要把一个图文信息传给 B，在交流的过程中 B 肯定会产生这样的疑问：A 传送了这么多信息，其中哪些是网页标题，哪些是正文，哪些又是图片呢？于是，A 和 B 商量了一个办法，用一些符号来标记不同类型的内容，而这些标记的一整套规范就是 HTML。

（二）HTML5 的功能特性

1. 绘图动画功能

这是 HTML5 一个非常重要的特性，通常在很多 HTML5 中看到的动画效果就是用 HTML5 的绘图动画功能做的。从便于理解的角度看，可以将 HTML5 的绘图动画功能类比为 Flash，但是唯一的决定性区别是，Flash 做出来的动画无法在移动端的浏览器中浏览，因为 Adobe 系统公司早已在 2012 年就停止了对移动端 Flash 的开发。毫无疑问，未来的移动网页游戏和动画会是 HTML5 的天下。

从技术实现的角度看，HTML5 配合 JavaScript（一种程序语言）可以做出任何二维动画，并且因为是网页元素，所以所有元素均可以监测到用户点击的数据，也就是说可以知道用户在 HTML5 动画网页中的所有交互行为。但是，具体到实际应用中，我们就要考虑周期、成本和用户体验的问题，复杂的动画相应的制作周期和成本会提高，同时也有可能影响加载速度等用户体验相关的问题。

2. 三维效果功能

HTML5 的华丽效果离不开一种叫 CSS 的技术。形象地说，如果把 HTML5 比作漫画的素描稿，CSS 就是上色用的，相当于 Word 界面上方的格式工具栏。如果没有 CSS，我们看到的 HTML5 网页就只能以“素颜”见人了。如果你熟悉互联网技术的命名规则，你应该就知道 CSS3 是 CSS 的升级版本。CSS3 中有个非常酷的功能是三维渲染，也就是说，HTML5 中能做出 3D 动画甚至 3D 游戏。

3. 离线存储功能

HTML5 的另一个重要特性就是离线存储，它能将用户的资源文件保存在本地，这样在页面加载的时候网页能使用本地资源，从而实现离线状态下访问网页应用。举个例子，通过离线存储，可以在没有网络的情况下阅读公众号的文章（当然这只是技术上可行，微信目前没有此功能）。

当然离线存储能容纳的数据量是有限制的，与浏览器有关，目前 Chrome 浏览器支持 5M。大家或多或少都知道 Cookie，它也是记录用户浏览数据的，比如百度那些根据用户的搜索习惯给用户推荐的广告就是通过这种技术实现的，不过它的容量是 4kB。

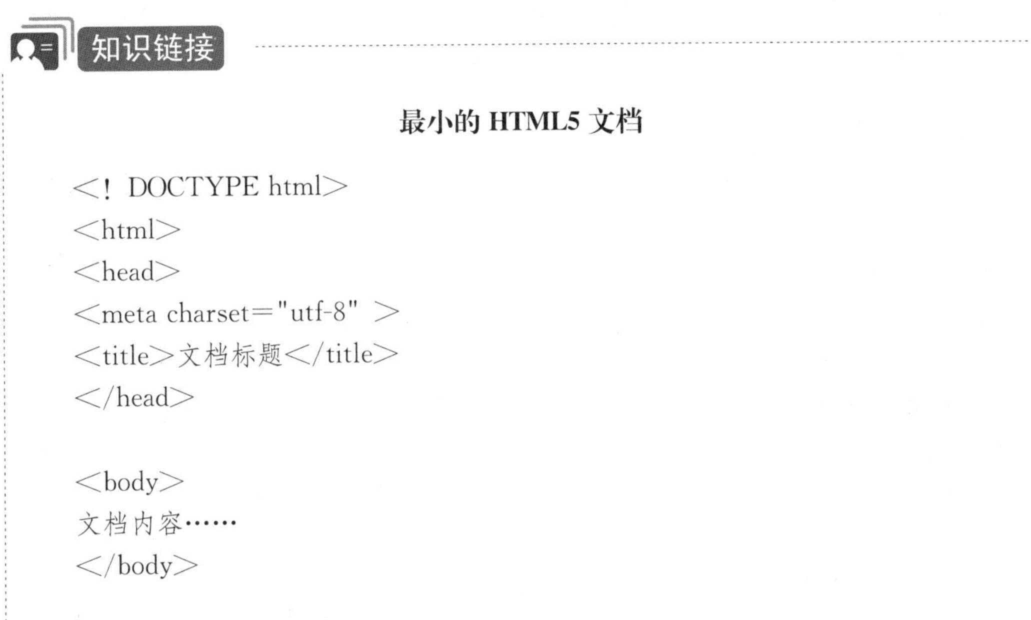

知识链接

最小的 HTML5 文档

```
<! DOCTYPE html>
<html>
<head>
<meta charset="utf-8" >
<title>文档标题</title>
</head>

<body>
文档内容……
</body>

</html>
```

二、HTML5 应用

网络营销是建立在互联网基础上，借助于互联网来更有效地满足顾客的需求和愿望，从而实现企业营销目标的一种手段。HTML5 页面设计美观、功能强大、互动性强，适合移动端操作。一时间，基于 HTML5 创建各种营销页面十分流行，甚至有了简称的“H5 营销”这一概念。H5 营销通常用于活动运营、品牌宣传、产品介绍、总结报告，可以采用游戏、邀请函、贺卡、测试题等多种形式。HTML5 是 HTML 的更高版本，它在今天的互联网营销中能受到如此青睐，一是因为互联网的快速发展，特别是移动社交平台的传播优势使得人们越来越注重网络营销，二是因为当今设计美轮美奂，HTML5 实现各种外观及互动设计更便捷，各种“H5 营销”更能吸引眼球，抓住人心。比如微信曾为抢红包推出的专题页面“从此看尽中国人的名与利”，创意巧妙新颖，画面设计细腻，文案发人深省，堪称设计典范。淘宝曾在“双 12”推出的预售推广专题页，虽然操作简单，但是页面呈现效果流畅生动，将 HTML5 的技术发挥得淋漓尽致。

（一）幻灯片式 HTML5

幻灯片式 HTML5 是 HTML5 最早期也是最典型的应用，因为简单、实用，所以至今还很流行。其效果就是简单的图片展示和翻页交互，最终整体的表现很像幻灯片展示。

由于制作简单、周期短，因此幻灯片式 HTML5 的展现形式适用于频繁、小型的需求。用在线编辑器的话，不需要任何开发，只需要配备一名设计和文案人员。幻灯片式 HTML5 可以有以下应用场景：

一是定期发布的内容，几乎零预算。这些内容相对而言比较常规，但是有时微信图文又无法达到理想的效果，通过 HTML5 的形式会更易于传播，当然前提是要有好的设计，如数据报告、频繁上线的新产品或功能、小型线下活动邀请、活动相册等。

二是结合热点的营销，周期极短。这种情况下，时效性是非常重要的，否则热点将会失去。因此，以最快的速度推出作品才是明智的选择，而这时候引起广泛传播的关键就在于文案和设计。

（二）交互式 HTML5

交互式 HTML5 制作周期长、成本高，需要提前规划。除了创意、文案、设计这些工作开发周期较长外，优质的 HTML5 制作需要 2～4 周的时间，也有可能更长。

这种类型的 HTML5 要找合适的供应商，因为通过复杂交互做出来的效果，在用户看来只有完美和垃圾两个层次，所以需要慎重。当然如果自己要花大成本自建团队也是可以的，这个团队要包括产品经理、设计师、前端工程师、PHP 工程师（涉及表单、登录、评论等元素的时候需要）等。交互式 HTML5 可以应用于场景：

(1) 中小型活动/品牌事件的传播。这种情况一般就是某些新品发布、企业招聘、公关事件、中型会议等的传播，预算不多、周期较短，但需要权衡周期和成本的因素。一般来说，1 周以内的时间不太可能做出优质的 HTML5，因此可能要考虑幻灯片式的简易开发或者参考已有的作品，然后着重从设计和文案上下功夫。如果有 1～2 周的时间，可以尝试做一些轻交互式 HTML5，除了常见的平移、缩放、淡入淡出的动效以外，可以尝试一下 CSS3 的 3D 效果。这是一个趋势，当然成本也会相应地上升一个量级。

(2) 大型活动/品牌事件的传播。这种情况一般是那些美轮美奂并且极具传播性的 HTML5 传播，预算充足、计划性强、周期较长。比如可口可乐“分享快乐 128 年”、潘婷“一封来自 1947 年的明信片”，像这一类在美学、交互和故事性上都表现突出的案例，都不是花一两周的时间就能做出来的，不计算创意、设计和文案的时间，光是开发和调试也要将近 1 个月。

因此一个好的作品要理性看待，不能想当然地觉得好就想着也做一个，其实像这种交互与故事一体的应用，如果时间不够而只完成一半，那么整个 HTML5 基本是没法用的，也就是说所有之前的投入都是无用功。这也是为什么有很多供应商无法在指定时间交付的原因，可能一开始这就是一个不能完成的任务。

（三）功能型 HTML5

功能型 HTML5 的独特价值在于，除了具备传播性外，它通过用户的重复使用行为使得 HTML5 的传播是一个持续不断的过程，这一点是一般的 HTML5 所不具备的。它同时聚焦于用户需求并且注重传播性的 HTML5 轻应用，也就是在设计 HTML5 的时候除了考虑传播的问题外，还要思考如何把它变成一个持续运营的产品。这里面其实是思考角度的问题，即从“我要传播什么”到“我希望用户传播什么”的转变。

轻交互重功能的功能型 HTML5 制作周期较短、成本也不高，成功的关键不在于酷炫的交互，而在于对用户需求的把握以及后续的运营。因此，这一类 HTML5 需要的是一名高水平的产品经理，而设计、开发则是辅助环节。功能型 HTML5 可以有以下应用场景：

(1) 品牌账号的粉丝运营。功能型 HTML5 由于具备一定的产品特性，因此其最大的价值就是提高粉丝活跃度和忠诚度。我们需要根据品牌本身的形象定位以及受众的特性，设计功能型 HTML5，要将品牌或产品的功能性特征抽象到生活方式或者精神追求的层次。举个例子，卖洗手液的可以抽象为健康生活方式，设计一个改善生活健康状态的功能型 HTML5；服装品牌可以抽象为追求时尚前沿，设计一个定期更新时尚潮流资讯的功能型 HTML5。事实上，以粉丝需求为中心的功能型 HTML5 将潜移默化地提升品牌影响力，在提升忠诚度的同时带来持续的口碑传播。

(2) 结合热点内容的品牌传播。这种类型的传播是最常见的，但是往往很多结合热点的 HTML5 传播都是一次性娱乐消费，大家看过就忘。如果能从用户需求挖掘和产品运营的角度去思考，许多针对热点的 HTML5 传播都有很大的提升空间。

三、HTML5 营销推广方法

(一) 充分挖掘 HTML5 的价值点

图文群发是推广 HTML5 的重要方式，但是，如果只是简单的硬性推广，比如宣布今天上线了一个高大上的 HTML5，然后就让用户点击“阅读原文”自己看，那么显然这种新闻通稿式的推广不会有太好的效果。

一个好的 HTML5 一定具备打动用户的价值点，从一个角度切入写一篇软文，无论通过投稿方式还是大号转发都能带来意想不到的传播效果。HTML5 无论投入多大、多精彩，如果没有好的推广就只能孤芳自赏，所以留点推广预算是必需的。

(二) 充分利用 HTML5 的推广渠道

目前比较常用的方式包括：通过公众号的图文群发推广、微信群推广、线下二维码推广，以及 KOL 转发和投稿等。这里重点介绍微信群推广的注意事项。

首先，列出所有能用到的资源，然后，发动内部人员转发，当然前提是 HTML5 做得很好。值得注意的一点是，每个微信群都有自己的定位——工作、生活或闲聊，所以为了提升点击率可以适当地为不同的微信群定制转发的文案，比如：对于以工作学习为主的群，可以是“品牌 HTML5 做成这样也是蛮拼的”；如果是更加生活化的群，就可以是“史上最好玩的 HTML5 应用，根本停不下来”之类的。如果 HTML5 的风格与某一微信群的定位不符，建议不在此微信群做推广。

(三) 充分利用“阅读原文”和自定义菜单

由于微信页面功能的限制，图文中唯一能跳转的链接就是“阅读原文”。关于如何利用好“阅读原文”，有三个小方法：

一是不要浪费每一篇图文的“阅读原文”，可能的话，对于每一篇图文用不同的文案引导点击；

二是如果目的是推广 HTML5，那么不要在“阅读原文”的提示之后或者“阅读原文”引导和正文之间插播公众号的广告；

三是通过字体或者颜色的视觉跳跃引起读者的注意，而且不要长期使用同一个格式，因为当用户习惯了固定的格式之后会不自觉地忽略这些内容。

此外，自定义菜单也是需要充分利用的功能，一般来说，新增粉丝都会浏览一遍公众号的菜单，根据相关监测数据，平均每个菜单项会有 20%的新增粉丝点击。假如一个账号每天能有 500 个粉丝的增长量，就会有 100 个以上的粉丝点击菜单的某一项，这是持续进行的主动行为，由此为 HTML5 带来的浏览量可能比图文群发还要高。

同步案例

繁星网以走心入人心：全球艺人招募令

在这个一切以实用主义为准则的社会，爱和勇气仍潜伏于每个人的心底。2015 年，酷狗音乐旗下的“明星梦工厂”繁星网就通过动画剧情化，引发社会化媒体关于成长的热议。

集视听多重感官于一体，该 HTML5 一开篇就通过唯美星空打造穿越感，渐次呈现一个小女孩从胆怯到追逐的星路历程，最后 HTML5 的彩蛋落在繁星网全球艺人招募令上，顺势带出营销主题。点睛之笔的文案“追逐梦想的人，比赤裸更接近真实”，表现出音乐正能量的品牌风格。

任务拓展

以小组为单位，通过各种途径，搜集 HTML5 营销宣传、HTML5 游戏等相关案例，分析讨论并思考 HTML5 的使用类型、传播渠道、盈利模式。

任务反馈

以小组为单位，利用 HTML5 页面制作工具易企秀（www.eqxiu.com），采取“HTML5+图文”的形式，为南京某一旅游景点、酒店或餐饮等旅游企业设计两款不同类型的 HTML5 营销推广方案。

拓展阅读

《腾讯视频：修复文物，遇见文明》

以金色流沙作为转场动效，利用 3D 建模的手法高度还原文物的每一个碎片，根据文物的破损程度，用点击、长按、滑动来进行打磨、清理、修补。

扫描二维码，阅读全文

《第一届文物戏精大会》	为这些文物配上语音和动作，并且添加抖音魔性的流行音乐，制作生动有趣的视频，以一种独特的方式展示中国传统文物。	 扫描二维码，阅读全文
《云南×腾讯：这是什么神仙地方》	创意介绍彩云之滇——云南的美景，以“正去往神仙地方”为引入，真实的景物配合卡通奇幻色彩的动画，展现玉龙雪山、元阳梯田、罗平花海等云南特色景观。	 扫描二维码，阅读全文
《穿越故宫来看你》	反差的皇帝和现代的“后宫佳丽聊天群”“微信朋友圈”，吸引大量用户观看。动感十足的说唱，配上幽默的风格调动观众的情绪，起到故宫萌萌哒新形象的宣传效果。	 扫描二维码，阅读全文

任务六　智能客服营销

任务导入

近年来，“聊天机器人”越来越火爆，被广泛应用于诸多领域，它和 App 一样，正给人们的生活带来更多的便利和影响。例如：必胜客推出的聊天机器人，从 Facebook 和 Twitter 社交平台上接受订单；全球最大的酒店预订网站 Booking. com 的聊天机器人可以推荐当地的美食和旅游景点等。Facebook、微软和谷歌等平台运营商对聊天机器人的前景也是大为看好。

任务执行

以四人为一个小组，通过图书馆、书店、电子网络等渠道查阅智能客服系统的发展现状，查询聊天机器人的典型应用案例，分组讨论：

1. 智能客服系统的发展现状和未来可能的趋势是什么？
2. 各种聊天机器人的应用情况如何？各自有什么特点？

知识讲解

一、智能客服系统概述

当互联网将世界上的人们相连以后，各种各样的互联网创新和应用就出现了。互联网的核心是联通，让信息联通，让信息产生价值，让信息驾驭它原有的价值，让信息服务于大众，让大众沟通更密切，让大众合作更便利。

智能客服系统是建立在互联网技术之上的产品与应用，是为了更好地为客户沟通和服务所研发的。智能客服系统大致分为四大模块：个人中心设置、在线客服系统、留言系统、机器人系统。

在线客服系统是用户在网站前端访问时咨询的窗口，这个系统要做到：实时性，沟通体验好，页面布局简洁。

留言系统是当客服不在线时访客对客服的留言，留言内容包括产品问题、商务合作、更多疑问等。留言系统非常简单，不需要设置过多的添置项，包括联系方式、联系人、留言内容即可。

机器人系统是体现智能客服系统的智能所在。在常规模式下，客服机器人可以替代人工回答问题（包括简单、高频、复杂等问题），实现 7×24 小时无间断、不休息服务，这样既可以解决人工不在线时的客户流失问题，又可以大大降低企业用人成本。

智能客服系统在研发与更新上主要围绕以上四大模块进行深入开发，在这四个模块上再扩展相关功能与技术更新。本任务重点讲解智能机器人系统设计，以及在旅游服务行业中的应用，主要是智能聊天机器人的设计与开发。

二、智能聊天机器人系统

（一）智能聊天机器人分类

智能聊天机器人系统是一种通过人类的语言同用户进行交流和对话的智能系统，目前广泛应用于诸多领域。例如：在银行的在线客服领域，客服机器人可以为客户解答一些简单的业务问题；在电商领域，机器人可以为客户推荐商品，为食客寻找美食，为游客查询最佳游玩路线；等等。一款优秀的智能聊天机器人不是仅仅回答用户提出的某个问题，还可以进一步和用户进行人性化的交流，它能够像朋友一样理解用户的需求。按 Facebook 的设想，在未来，智能聊天机器人完全可能取代企业客服和各类 App 软件。目前的智能聊天机器人根据商业应用目的不同，可以分为两种：纯粹以陪用户聊天打发时间为目的的娱乐型机器人和帮助用户获得所需信息和知识的信息获取型机器人。对于前者来说，它的唯一目的就是陪聊，在聊天的过程中，如 Simsimi 机器人会讲出各种卖萌、搞笑的话语，以“语出惊人”来娱乐用户。而对于后者，一般来说，用户对它的功能要求更为严格，主要表现在机器人提供信息的相关性、可靠性和准确性上。有时，用户可能还要求机器人去直接完成某件任务，如医院挂号、订购商品、接通某位朋友的电话等。本任务主要研究的是信息获取工具型聊天机器人在智慧旅游中的应用。

（二）旅游聊天机器人设计

设计旅游聊天机器人，并不一定从头开始编写程序，目前有许多开放平台供企业进行二次开发，图灵机器人就是一个免费的智能机器人开放平台（每天可以免费提供5 000条问答，完全满足一般实验要求）。设计旅游聊天机器人，可以直接调用该平台的应用程序接口（Application Programming Interface，API）接口，具体的方法可以参考图灵机器人的相关开发手册。设计旅游聊天机器人，可以尝试将人工智能引入旅游咨询系统，利用成熟、免费的第三方平台（图灵机器人平台），将研究工作的重点放在如何建立知识库、如何从网络上提取旅游信息等重点内容上。另外，知识库中可以添加当前的网络热词和一些俏皮话，让旅游聊天机器人一改常规旅游客服专员严肃的商务形象。

（三）知识库的建立

通过调用图灵机器人的 API 接口，就可以实现聊天机器人和用户的正常对话，因为图灵机器人本身已经提供了智能聊天的功能，但图灵机器人缺少专业的旅游业务知识，所以我们必须通过建立旅游业务知识库的方式，实现专属旅游的聊天机器人。在图灵机器人平台，系统提供了自定义 NLP 知识库的功能，实际上就是以＜模板，输出＞这种二元组的形式存储知识。如果用户的输入匹配了某种特定的模板，机器人就会输出相应的内容。由于图灵机器人已经对匹配的问题进行了中文分词及关键词的提取，可以进行模糊匹配，因此用户提出的问题只需要和固定的问题模板相似，机器人就会给出相应的内容，不需要和固定问题模板一字不差。所以，我们在建立知识库问题模板时，需要对问题模板进行反复测试，用中文分词软件先进行分词处理，找出关键词，发现规律，这样就可以匹配更多的问题。

旅游知识库中的业务知识主要来自两个方面。一是来自专业旅游计调。他们不仅有丰富的旅游业务知识，而且拥有长期在一线旅行社从事工作的经验，能够灵活、及时地完成游客关于食、住、行、游、购、娱的信息和旅游线路的整合，安排出较好的旅游线路，将专业计调的业务知识采集并录入知识库中，可以为机器人提供专业的业务知识。当然，专业也不是万能的，专家有其熟悉的领域，在如今“互联网＋”时代，专家旅游知识也不可能及时覆盖新出现的旅游热点信息。二是从网上收集整理。进入大众旅游时代，互联网上发布的各种旅游信息大量涌现。旅游网络论坛、旅游微博等平台存在由游客撰写的各种旅游数据，其中包含对旅游景点的讨论、对旅游线路问题的问答、个人的游记等，这些内容都可以作为知识库中的数据。利用这些网上已存在的知识，可以大大提高知识库构建速度，同时增加互联网活跃性，也可以确保聊天机器人的聊天用语紧跟时代发展，学会一些新词、热词、俏皮话。

（四）旅游聊天机器人应用方法

1. 微信公众号中嵌入机器人

如果已经拥有了旅游微信公众号，就可以很方便地将旅游机器人直接嵌入旅游微信公众号应用中。这种方法可以省去独立开发 App 程序和 App 程序的宣传和推广，非常方便、实用，可以快速地构造出自己的机器人，缺点是有时不能满足旅游企业的特殊需要。

2. 单独设计 App 程序

如果不用旅游微信公众号平台，直接在手机上应用，就需要另外编写旅游 App 程序。因为使用的智能手机大多数是基于 Android 平台的智能手机，所以使用的编程环境用的是 Eclipse+ADT 插件。ADT 全称是 Android Development Tools，是 Google 提供的一个 Eclipse 插件，用于在 Eclipse 中提供一个强大的、高度集成的 Android 开发环境。Eclipse 中安装了该插件后不仅可以联机调试，还可以用模拟器模拟各种手机的事件、分析程序的性能等。

（五）旅游聊天机器人应用

1. 旅游电商客服及旅游顾问

旅游电商客服是伴随旅游电子商务的开展而形成的，最早是以呼叫中心（CCT）的形式出现的，主要负责帮助游客进行酒店、机票、景区门票预订，并接受客人的投诉等工作。呼叫中心最鼎盛时，一个大型旅游网络公司可能拥有几千个 CCT 客服专员的岗位。近些年来，随着网上自助预订和手机 App 预订的兴起，简单的呼叫中心客服岗位需求大幅下降，但旅游电商客服又有一个新的岗位——旅游顾问。这是旅游电商客服发展到一定程度而细分出来的一个岗位。游客在出行前可以就出行问题向旅游顾问咨询，在旅游过程中如有问题和困难也可以和旅游顾问沟通，能得到旅游顾问的解答，从而可以及时解决问题。一般来说，旅游顾问的旅游知识储备和技能要求比普通电商客服专员要高。目前电商客服专员一般由人担任，也有部分企业使用智能聊天机器人来代替人工客服。

2. 旅游电商人工客服的不足

旅游业是一个复杂的行业，与各业态密切联系，包含多个要素，涉及景区、旅行社、酒店、餐馆、交通、商店等众多企业，它们提供的产品和服务对大旅游来说是不可缺少的。作为专职，旅游电商客服不仅要掌握丰富的旅游业务知识，还要有从事过计调工作的经验。好的旅游电商客服，能够灵活、及时地为游客安排出较佳的线路。但是，目前的旅游电商客服能提供的旅游资讯和服务一般还相对比较局限，游客想要获得完善的、满足个人需求的旅游产品方案，还需要自行做好“功课”，花费时间和精力在网上搜索旅游目的地的信息。

3. 旅游聊天机器人的优势

旅游聊天机器人可以有效地解决旅游电商人工客服的不足之处。通过收集、整理、分析、归纳旅游大数据，并且建立相应的知识库，旅游聊天机器人可以很好地将食、住、行、游、购、娱、康、养等旅游要素涉及的旅游信息整合，只要建立的旅游数据库足够大，机器人就可以回答所有的旅游问题。目前，现成的知识库，如百度知道、知乎、新浪爱问、维基百科等，为此提供了数据上的支持，事实上，现有的不少聊天机器人的知识库就引用以上数据库。同时在与游客聊天和交流过程中，机器人也可以不断地学习新知识，及时补充新信息，这样就可以为游客提供优质的旅游顾问服务。

任务拓展

近年来，随着移动互联网的不断发展，自由行和自驾游越发流行，对旅游线上咨询和服务提供的需求更加迫切，越来越多的旅游企业或旅游目的地意识到智能客服对于他们的重要性。同学们以小组为单位，利用自己手中的手机，选择几家旅游企业或旅游目的地网上平台，针对一个旅游线路设计或旅游产品进行客服系统咨询，比较分析几家平台的智能客服系统/聊天机器人的建设情况，以及各自的特点和优劣势。

任务反馈

选择一种旅游企业类型，如酒店、景区、旅行社或旅游电子商务平台，针对其中一家旅游企业，分析其特点和智能客服需求。以四人为一个小组，制定符合本企业的智能聊天机器人的项目商业计划书，具体包含项目简介、项目市场与竞争分析、项目营销策略、项目财务分析与风险控制等内容。

拓展阅读

《10 个全网最具创意的聊天机器人》

如果你曾经使用过客户支持的在线聊天服务，你可能会经历这种含糊不清的怀疑，即你正在聊天的“人”可能实际上是一个机器人。

扫描二维码，阅读全文

《旅游业将迈入聊天机器人时代》

在人工智能技术的协助下，聊天机器人能够让商户在其最常使用的平台，为亚太地区以及更广泛的客户群提供更快捷的服务。

扫描二维码，阅读全文

《为增加预订，藤田观光在酒店官网启用聊天机器人》

日本知名酒店管理公司藤田观光株式会社正在使用一种多语种聊天机器人，利用人工智能（AI）来处理日本酒店网站的客户咨询问题，以吸引日益增长的国际游客。

扫描二维码，阅读全文

项目测评

【知识/技能评价】

1. 什么是旅游网络营销？旅游网络营销与传统营销有什么区别？
2. 搜索引擎营销有哪些方法？它有哪些步骤？
3. 常用的旅游搜索引擎有哪些？它们有什么特点？
4. 视频营销对旅游行业有什么影响？
5. UGC 和 PGC 分别是什么？它们有什么区别？
6. 软文标题设计有哪些技巧？软文写作有什么方法？

7. HTML5 的功能有哪些？有什么营销推广方法？

8. 智能客服系统是什么？常用的有哪些功能？和人工客服有什么区别？

项目实训

【实训背景】

山东天蒙旅游开发有限公司（简称“天蒙公司”）的十一黄金周“天蒙奔跑哥”网络营销案例荣获 2018 年度全省旅游网络营销十佳优秀案例。此次获奖绝非偶然，在前几个季度的评选中天蒙公司也多次获奖。早在 2018 年年初，天蒙公司的“免费蹦极！挑战天蒙山世界第一人行悬索桥，全球招募挑战者”案例便已斩获第一季度“全省旅游网络营销十佳优秀案例”第二名的佳绩。天蒙公司的蹦极视频在抖音平台发布，单条观看量高达 5 977 万，点赞量多达 117 万，蹦极活动总计数亿次传播量。

沂蒙山银座天蒙旅游区地处沂蒙山山脉东段，是沂蒙山旅游区的重要组成部分，是著名民歌《沂蒙山小调》的诞生地，是“沂蒙山区好风光”的典型代表和核心景区。天蒙旅游区自开园以来，吸引了众多游客前来唱沂蒙山小调，跨世界第一人行悬索桥，沐江北第一森林浴场，赏沂蒙山好风光。天蒙旅游区现有沂蒙山小调活态博物馆、望海楼、玉皇宫、360°全景索道、林海滑道等百余个各具特色的景点。

从春季花海节、男人节，夏季沂蒙山小调音乐节，到秋季亲情沂蒙自驾旅游文化节、极限蹦极体验季、扫码相亲·世界第一人行悬索桥万人鹊桥会，再到全渠道的立体营销，天蒙旅游区通过不间断的活动策划与传播，通过达人的视角和多家媒体平台，并配合线上的话题营销，完成一次次高质量的营销传播活动，与网友形成了良好互动，吸引了众多游客。

比如沂蒙山小调音乐节，天蒙旅游区已成功举办三届。2018 年 7—8 月，为调动游客传唱沂蒙山小调的积极性，借助抖音 App 平台的传播特点，天蒙旅游区特推出“唱小调赢门票”天蒙抖音大赛活动：在创意内容上，天蒙旅游区通过发布样板短视频、发起抖音挑战赛、邀请游客景区现场唱歌、组织线下万人同唱沂蒙山小调共创吉尼斯世界纪录活动，以及推出参与活动即免门票的优惠政策（发布演唱小调视频或者带有天蒙宣传内容的视频，即可获得景区门票 1 张）、设置总金额达 3.2 万元的各项大奖等方式，吸引游客关注；在多渠道传播上，天蒙旅游区整合微信、微博、抖音、网易、新浪网、今日头条、网红达人等多媒体联合推送，扩大传播效果。

天蒙旅游区营销推广的成功，在于景区积极探索创新旅游宣传营销新模式，增强了游客游览体验。在传统营销模式的基础上，天蒙旅游区进一步加大了网络营销力度，充分利用景区微信、微博、抖音、今日头条、官方网站等自媒体平台，以及美团网、携程旅行网、驴妈妈旅游网等电商平台，依托线下活动和景区特色文化，配合开展视频营销、软文营销等有效的线上传播渠道和推广资源，大大提高了天蒙旅游区的知名度及影响力。

【实训目的】

通过实训，学生掌握旅游网络营销的核心概念和本质，通过对旅游网络营销案例的分析，能够基本具备旅游企业网络营销推广的基本技能要求，并激发他们对旅游网络营销工作的兴趣。

【实训任务】

1. 访问天蒙旅游区投放的各种宣传推广网络平台，如官方网站、官方微信公众号、官方抖音号、各类主流大型网站、搜索引擎等。

2. 收集并整理近年来天蒙旅游区在这些平台上所开展活动的网络营销推广素材，如视频、软文、HTML5 等。

3. 思考天蒙旅游区网络营销推广的渠道、推广方法和策略分别是什么，并分析取得的效果。

【实训反馈】

以四人为一个小组，围绕天蒙旅游区旅游网络营销策略展开讨论，根据搜集的材料，归类整理并有效分析，突出小组观点，形成案例分析报告并制作 PPT 集中汇报。

参考文献

[1] 李方蜀玉．旅游业网络营销发展状况及对策［J］．知识经济，2018（19）．

[2] 周晓丽．旅游目的地搜索引擎营销研究［J］．忻州师范学院学报，2016（5）．

[3] 孙晓．2018 年短视频营销趋势［J］．商业观察，2017（12）．

[4] 王燕妮．HTML5 应用现状分析［J］．无线互联科技，2016（13）．

[5] 邓宁．基于网络 UGC 的旅游在线营销研究新趋势［J］．旅游导刊，2017（5）．

项目六　旅游新媒体营销

项目概述

移动互联网时代，游客群体、消费行为在不断发生转变，旅游需求催生的旅游产品供给结构不断升级，对景区形象定位、产品打造以及营销渠道不断提出新的要求。本项目首先阐述了新媒体的概念与发展历程；其次，复盘了新媒体行业红利的本质和不同阶段的红利期，同时对不同新媒体平台的差异化价值进行了对比分析；最后，以“两微一抖”，即微博、微信、抖音短视频为例来探讨新媒体对旅游行业的营销价值和营销策略。

项目目标

知识目标：理解新媒体的概念和内涵；理解新媒体和自媒体之间的区别和联系；理解新媒体行业红利的本质；理解不同新媒体平台的类型和差异化价值。

技能目标：能够从微博内容、博文呈现形式、粉丝运营等角度分析旅游官方微博的运营效果；能够从行业、受众、变现等角度进行微信公众号平台运营的定位；能够从城市音乐、本地饮食、景观景色、技术感设施四个维度分析抖音短视频对城市品牌形象塑造的价值。

素质目标：提升学生对旅游新媒体营销工作的理解和职业热爱；培养学生的创意创新思维和团队协作精神；培养学生积极主动的工作态度和抗压能力。

任务一　新媒体的概念与发展历程

任务导入

位于南京市新街口王府大街上的芳婆糕团店，作为南京传统小吃的代表之一，门头不大，没有华丽的装修，近几年却成为南京饮食界名副其实的网红店，引来无数的年轻人排队打卡。很多来南京旅游的人也把“品尝芳婆小吃”列入行程攻略之中。

任务执行

以四人为一个小组，查阅大众点评、小红书、抖音、微博、微信等新媒体平台上有关芳婆糕团店的话题和内容，分组讨论：

1. 作为南京本地有长达 40 年历史的小吃店在年轻人群体中焕发青春，新媒体在其中发挥了什么样的作用？

2. 到底什么是新媒体，以及新媒体和自媒体之间有什么区别和联系？

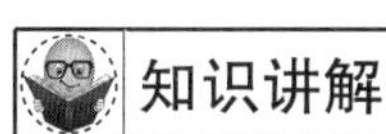

知识讲解

一、什么是新媒体

（一）新媒体的概念

在介绍新媒体之前，先了解一下媒体的定义，这两者之间有着紧密的联系。百度百科对媒体的定义是："媒体是指传播信息的媒介。它是指人借助用来传递信息与获取信息的工具、渠道、载体、中介物或技术手段。也可以把媒体看作为实现信息从信息源传递到受信者的一切技术手段。"因此，新媒体是一种用来传递信息与获取信息的工具、渠道与载体，是媒体的一个新的媒介形态。

新媒体（New media）概念是 1967 年由美国哥伦比亚广播电视网技术研究所所长戈尔德马克（P. Goldmark）率先提出的。百度百科写道："新媒体时代是相对于传统媒体而言的，是报刊、广播、电视等传统媒体以后发展起来的新的媒体形态，是利用数字技术、网络技术、移动技术，通过互联网、无线通信网、卫星等渠道以及电脑、手机、数字电视机等终端，向用户提供信息和娱乐服务的传播形态和媒体形态。"简单地理解，新媒体就是由传统媒体结合互联网这个新技术后演变而来的。比如我们常见的微博、微信等社交平台，爱奇艺、抖音、哔哩哔哩等视频平台，今日头条、知乎、百度百科、大众点评等资讯平台，都属于新媒体平台的范畴。

因此，我们将新媒体营销定义为：依托企业整体营销策略，利用新媒体营销工具进行产品运营、用户运营、内容运营和活动运营的统筹与运作，从而达到企业品牌宣传、产品销售和用户服务的目的。

（二）新媒体的内涵

1. 传播速度快，范围广，易保存

新媒体传播事件的速度几乎是实时的，你只要打开微博、今日头条、抖音等社交平台就可以了解到当前的热门事件。同时，新媒体传播事件不受地域限制，能触达到互联网覆盖的每个地方。此外，只要互联网生态系统还存在，100 年后，现在的内容依然可以完整地被保存和再传播。

2. 人人可参与，人人可互动

报纸、杂志、电台、电视等传统媒体中的生产者大部分都是比较专业的人，如编辑、主播、制片人等，而普通民众充当的角色只是消费者。以一本书为例，作者扮演生产者，出版社和书店则扮演传播者，而你买了这本书，只能算是消费者。当新媒体出现之后，每个人都可以扮演生产者和传播者。比如，通过朋友圈、微博、抖音等发出自己的声音，或者点赞、转发你觉得很好的文章和内容。

3. 可以个性化定制喜好内容

传统媒体是大众化覆盖，新媒体可以做到个性化服务。在新媒体传播中，受众可以利用各种检索工具搜寻自己感兴趣的内容，还可以自由选择信息接收的时间、地点及媒介的表现形式。与此同时，作为网络传播另一端的传送者会根据用户的喜好特征，依据个性化的引擎推荐机制为用户做内容的精准推送。

（三）新媒体与自媒体

大家都说现在是新媒体的时代，也是自媒体的时代，人人都是 IP，人人都是品牌。大部分人甚至把新媒体和自媒体画上了等号。那么，新媒体和自媒体到底有什么区别呢？最直接的区别就是，新媒体是一种形式，它是一种载体；而自媒体是内容，它是核心。二者结合在一起互相依存，但也分工明确。具体来看，我们通常使用的微博、微信、抖音、知乎等平台就是新媒体。而作为内容运营、活动策划的你则是自媒体，可以借助新媒体平台成为内容的生产者和传播者。这个“你”不一定指的是个人，也可以是一个企业或一个团队，所以就有了企业自媒体的说法。企业自媒体大部分注重打造企业品牌，实现线上流量增长，进而实现直接或者隐性变现。

IP

IP 是“Intellectual Property”的缩写，译为“知识产权”，指人们在进行生产和劳动的过程中对属于自己创造的智力成果拥有的专属权。随着社会的进步与发展，IP 一词已慢慢褪去最初始的表达，其含义在不断地丰富和深化，在新的环境中演变出新的内涵，朝着全维度的商业渗透。在商业界，IP 特指具有长期生命力和商业价值的跨媒介内容运营。IP 化在某种程度上讲就是品牌化的升级，品牌是工业时代的产物，而 IP 则是移动互联网时代下的产物。IP 化是以人为基础，更多的是反映出人生观、价值观、世界观等哲学层面的意义，最终的落脚点是要与用户产生情感和文化上的相互认同，而品牌化更注重的是产品和服务的特性。

二、新媒体的发展历程

（一）新浪微博

2009 年 8 月 28 日，新浪微博正式上线。刚开始时通过邀请明星和行业领袖加入，与网友们进行内容分享与互动，尤其是明星话题格外引人注目，吸引了一大批用户使用新浪微博。截至 2018 年 12 月底，新浪微博月活跃用户达 4.62 亿，日活跃用户增至 2 亿，其中，月活跃用户中移动端占比 93%。

入驻微博已是媒体运营的重要一环。新浪数据中心的《2018 新浪媒体白皮书》显示，目前，主流媒体在微博上覆盖用户超过 5 亿，累计覆盖超过 15 亿人次，其中@人民日报、@央视新闻、@新华视点三家中央媒体粉丝规模遥遥领先。

（二）微信

2011 年 1 月 21 日，微信正式上线。这是腾讯公司推出的为智能终端提供即时通信服务的免费应用程序。凭借腾讯系产品广泛的用户基础和极佳的用户体验，微信完成了早期原始用户的积累，迅速发展成为智能手机上不可或缺的应用。

微信公众平台于 2012 年 8 月 23 日正式上线，曾命名为“官号平台”和“媒体平台”。与新浪微博从明星战略着手不同，此时的微信已经有了亿级的用户，挖掘自身用户的价值，为这个新的平台增加更优质的内容，创造更好的黏性，形成不一样的生态循环，是微信公众平台发展初期最重要的方向。通过微信公众平台，个人和企业都可以开通微信公众号，群发文字、图片、语音、视频、图文消息五个类别的内容。截至 2018 年 9 月底，微信月活跃用户数达到 10.82 亿，超过了 QQ 与微博的用户，成为企业新媒体营销必备的平台。

（三）今日头条

2012 年 8 月，今日头条正式上线。这是一款基于数据挖掘的推荐引擎产品，依据技术算法来为用户推荐内容，其个性化的推荐引擎技术可以根据不同用户的兴趣、位置等多维度信息进行个性化的内容推荐，不仅包括狭义上的新闻，还包括音乐、电影、游戏、购物等资讯。其个性化推荐引擎技术可根据不同用户的兴趣、位置等多维度信息进行个性化推荐，推荐内容不仅包括狭义上的新闻，还包括音乐、电影、游戏、购物等资讯。

2013 年，今日头条推出头条号功能，一方面致力于帮助企业、机构、媒体和自媒体在移动端获得更多曝光和关注，在移动互联网时代持续扩大影响力，同时实现品牌传播和内容变现，另一方面也为今日头条这个用户量众多的平台输出更优质的内容，创造更好的用户体验。

（四）抖音

抖音自 2016 年 9 月上线以来，用户数量持续攀升，截至 2018 年 12 月底，国内月活跃用户数达到 5 亿，日活跃用户数突破 2.5 亿。抖音是一款可以拍短视频的音乐创意短视频社交软件，用户可以通过这款软件选择歌曲，拍摄音乐短视频，形成自己的作品。

随着抖音的爆发，很多政务和媒体部门开始入驻，生产的内容也更活泼、更接地气。截至 2018 年 12 月，抖音平台上共有 5 724 个政务号，它们发布了约 25.8 万个短视频，累计获得点赞数约 43 亿个。此外，还有 1 344 个媒体号，它们发布了约 15.2 万个短视频，累计获得点赞数约 26 亿个。

（五）其他平台

除此之外，新媒体平台还包括优酷、哔哩哔哩、快手等视频平台，斗鱼、映客、虎牙等直播平台，小红书、马蜂窝旅游网、知乎等资讯平台，以及百家号、大鱼号等渠道分发平台。

随着移动互联网的高速发展，出现了用户分散、流量入口多元化的局面，企业为获取用户，也正在由以往的“两微一抖”营销转换成全渠道、全平台的新媒体矩阵营销。

任务拓展

利用手机登录招聘网站如 51job、智联招聘、中华英才网等，搜索新媒体运营岗位，查看并列出五条关于该岗位的工作职责和任职要求信息。

任务反馈

各小组讨论并总结优秀的新媒体运营者需要具备什么样的岗位运营能力。

拓展阅读

《新媒体运营每天都在做什么》	按照经验和能力将新媒体运营划分为小白、初级、中级和高级 4 个级别，以及各自所对应的具体工作内容。	 扫描二维码，阅读全文
《喜茶：一个品牌走向网红的背后都做了些什么》	从品牌形象、产品定位和新媒体营销等角度解密喜茶火爆的原因。	 扫描二维码，阅读全文

任务二　新媒体行业红利的内在供需关系

任务导入

假如有时光机将一个新媒体人带回过去，他会做什么呢？如果回到 2013 年，他很可能会选择在微信公众号发展初期创建个人 IP；如果回到 2015 年，他很可能会选择进入视频直播行业；如果回到 2016 年，他很可能会选择进入抖音短视频领域；如果回到 2017 年，他又很可能会进入淘宝直播电商生态体系。

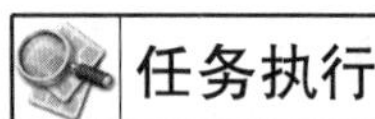

任务执行

以四人为一个小组，分组讨论：

1. 如果让你回到过去从事新媒体行业，你会做什么样的选择，为什么？
2. 这些选择背后的原因又是什么？

一、理解新媒体行业红利的重要性

看清并理解新媒体行业红利的重要性在于，新媒体既是一个潜力巨大的行业，也是一个野蛮生长的行业。从2009年的微博到2012年的微信，再到2016年的抖音和2017年的小红书，以及未来更多的新媒体平台，仿佛刚看到一片蓝海，迅速就变成了红海。规则在变，平台在变，市场也在变，如果不能看清这个行业发展的本质，就很难抓住机遇。只有理解了新媒体行业的红利，才能做出更理性的判断和选择，为个人和企业的新媒体运营找到更好的发展机会。

蓝海和红海

在1997年《哈佛商业评论》年会上，W. 钱·金（W. Chan Kim）和勒妮·莫博涅（Renée Mauborgne）第一次提出"蓝海理论"。蓝海，是指一种没有恶性竞争、充满利润和诱惑的新兴市场，蓝海战略是一种避免激烈竞争、追求创新的商业战略。而红海，是指市场竞争已经白热化，产品、服务严重同质化，企业利润微薄甚至出现负利的市场。

二、新媒体行业红利的本质

新媒体行业红利的本质来自供求关系的不平衡，即供小于求，产生红利；供大于求，没有红利。这是一个经典的经济学原理。以微信公众号为例，阐述其背后的需求和供给之间的关系，进而分析微信公众号红利的本质。

（一）公众号内容的需求侧

影响用户对公众号内容需求的因素包括：微信的月活跃用户数量、用户已关注的公众号数量、微信的使用时长和用户对公众号新的需求。这四个因素决定了公众号的整体市场需求。

1. 微信的月活跃用户数量

如果微信的月活跃用户数量为2亿，能够提供内容的公众号为300万个，与月活跃用户数量为8亿，能够提供内容的公众号为300万个对比，很显然，后者对公众号内容的需求更大。

2. 用户已关注的公众号数量

一个已关注200个公众号的用户，与一个刚开始关注公众号的用户对比，很显然，后者对公众号的发展更有利。这是因为一个已经关注了200个公众号的用户，他的很多需求已经被这200个公众号满足了，所以失去了关注更多公众号的需求动机。

3. 微信的使用时长

在其他因素不变的情况下，微信的使用时间越长，关注新的公众号和阅读的机会就越多。QuestMobile（北京贵士信息科技有限公司）发布的《中国移动互联网 2018 年度大报告》数据显示，2018 年下半年微信的月人均单日使用时长为 85.8 分钟，比 2017 年同期增长 7.3%。

4. 用户对公众号新的需求

用户对公众号的使用习惯正在从内容阅读需求扩展到更多的使用场景，比如，通过公众号获得商家的优惠信息、免排队预约、移动订餐等服务，以及通过公众号参与商家发起的线上和线下活动等。用户对公众号的需求越多，运营公众号的机会也就越多。

（二）公众号内容的供给侧

影响公众号内容供给的因素主要包括用户对公众号的认知和资本市场对公众号的刺激。这两个因素决定了公众号的整体市场供给。

1. 用户对公众号的认知

用户对公众号的认知从 2012 年的神秘而高大上，逐渐变为今天的习以为常、司空见惯。最早注册公众号的不是资深互联网人，就是资深媒体人，他们是第一批注册公众号吃螃蟹的人，也是最早通过公众号淘到第一桶金的人。但现在，公众号仿佛成了大家的标配，就像当年的个人微博一样，越来越多的年轻人学会了如何注册自己的公众号。这也验证了微信公众平台的 Slogan（口号）——“再小的个体，也有自己的品牌”。因此，随着越来越多的个体加入，公众号内容的供给也越来越丰富。

2. 资本市场对公众号的刺激

从 2014 年开始随着公众号的爆发，大量的头部公众号都已拿到融资（见表 6-1），同时，大量的行业报道让资本方觉得这是一个可以赚钱的行业，且入门的门槛并不高。于是，越来越多的专业团队开始进场，内容质量迅速提升，优质的公众号越来越多，市场竞争也越发激烈。

表 6-1　部分公众号融资情况

公众号	融资金额	融资轮次	融资日期	投资方
黎贝卡的异想世界	数百万人民币	天使轮	2015.04.17	德同资本
同道大叔	3 000 万人民币	A 轮	2015.12.29	红杉资本中国基金等
	2.175 亿人民币	并购	2016.12.09	美盛文化
插座学院	700 多万人民币	Pre-A 轮	2016.05.03	真格基金等
概率论	数百万人民币	天使轮	2017.05.10	青锐创投
	数百万美元	Pre-A 轮	2017.11.13	Ventech China
新世相	数百万人民币	天使轮	2016.01.21	真格基金
	数百万人民币	Pre-A 轮	2016.12.28	真格基金等
	未披露	A 轮	2017.06.08	正心谷创新资本
	亿级人民币	B 轮	2018.02.09	昆仑万维等

头部公众号

所谓头部公众号，就是基于公众号一段时间内所发推文的阅读量、在看数、文章总数等参数，依据微信传播指数（Wechat Communication Index，WCI）、新榜指数等计算出来的微信影响力排名靠前的公众号。具体排名前多少位的公众号算头部公众号，目前还没有明确的界定。

根据新榜《2018年内容创业年度报告》，2017年微信公众平台的活跃公众号总量约50万个，产生的“10万＋”（即阅读量超过10万）内容共计42万篇，其中，TOP500提供了微信公众平台12.9%的日均流量，贡献了近52%的“10万＋”刷屏级内容。而从商业化的角度来看，新榜广告交易平台上，头条报价超过1万元的头部公众号占可交易账号的13.9%，分享了广告主94%的广告投放预算。进一步收窄尺度，头条报价超过10万元的顶级公众号在可交易账号中仅占1%，但却分走了广告主近40%的广告投入。由此可见，头部公众号内容的品牌溢价持续走高。

三、微信公众号不同阶段的红利期

将用户对公众号内容的需求和市场对公众号内容的供给两方面进行匹配，就能够找寻出整个行业红利的发展规律和演变历程。归纳起来，公众号红利的发展历程包括：流量红利期、内容红利期和参与红利期。

（一）流量红利期

2012—2014年，公众号的需求关系是供小于求。微信用户的增长速度远高于公众号的增长速度，且用户已关注的公众号很少。整个公众号行业处于蓝海市场阶段，在这个时期，搞笑类、鸡汤类的公众号，如冷兔、糗事百科等轻松收割大量的用户。这个阶段并不常见，往往是留给非常有洞察力的创业者，但机遇与风险并存，因为对于这个市场的一切判断都是未知的。

（二）内容红利期

2014—2016年，公众号的需求关系趋于供求平衡。虽然微信的用户量依然在高速增长，但其他几个关于供求关系的变量也在发生变化，比如：很多用户已关注了一定数量的公众号，关注新公众号的动机变得越来越弱。在这个时期，资本市场看到了商机，越来越多的专业团队通过公众号进行创业，流量开始被更为优质的内容所吸引，如专注穿衣搭配护肤美妆的时尚类公众号“黎贝卡的异想世界”、点评吐槽科技类的“差评”、星座原创类的“同道大叔”等。整个公众号行业开始走向红海市场阶段，竞争越来越激烈。

（三）参与红利期

2016年之后，公众号的需求关系变为供大于求。微信开始进入用户缓慢增长的存量时代，并且随着快手、抖音、小红书的崛起，分割了用户微信的使用时长。整个公众号行业完全处于红海市场阶段，丛林法则凸显，要想生存只有从其他公众号那里抢夺用户的数量和时间。

在公众号的参与红利期有两个明显的特征。第一，公众号参与主体的多样性。大量的传统企业意识到公众号传播的价值开始纷纷入驻，如国家电网、中国石油、名创优品、屈臣氏等。此外，新世相、概率论等文化传媒企业在公众号上频繁制造现象级的活动，比如："新世相"的《我买好了 30 张机票在机场等你：4 小时后逃离北上广》、"概率论"的《我们谈场一周就分手的恋爱好吗?》等。

新世相

每天最后一分钟的人生学校，我们终将改变潮水的方向。

《我买好了 30 张机票在机场等你：4 小时后逃离北上广》

扫描二维码，阅读全文

概率论

这个地球上有几十亿人口，两个人相遇的概率是千万分之一。跟我走，让小概率的相遇发生。

《我们谈场一周就分手的恋爱好吗?》

扫描二维码，阅读全文

第二，公众号参与内容的多元化。公众号的文字阅读需求已被充分满足，而更深度的参与形式，如音频、视频、长图、漫画、HTML5 等开始被用户接受，并逐渐发展成为大众需求。比如："局部气候调查组"的《一九三一》、"混子曰"的《好好的 P2P，咋说爆就爆?》。

局部气候调查组

长篇叙事师，即兴创作中。

《一九三一》

扫描二维码，阅读全文

混子曰

专治各种不明白。

《好好的 P2P，咋说爆就爆?》

扫描二维码，阅读全文

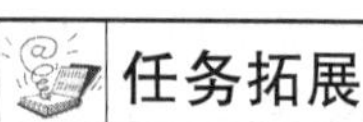

任务拓展

新媒体行业红利的本质来自供求关系的不平衡，鉴于此，大家查询资料并思考抖音短视频背后的需求和供给之间的关系，再将用户对抖音内容的需求和市场对抖音内容的供给两方面进行匹配，找寻抖音红利的内在规律。

任务反馈

各小组讨论抖音短视频现在处于流量红利期、内容红利期和参与红利期的哪个阶段，并用数据和案例支撑自己的观点。

拓展阅读

《2018 年抖音数据报告》	基于 2018 年抖音国内数据，从产品发展、人文表达、城市形象、传统文化等多个方面阐述抖音的社会价值。	 扫描二维码，阅读全文
《抖音 10 亿级流量红利爆发，你准备好了吗》	从抖音的流量趋势、人群画像和流量变现等三个维度来分析抖音的商业价值。	 扫描二维码，阅读全文
《抖音还能抖多久》	幕后的资本加持和抖音的信息茧房，使受众慢慢丧失深度思考与审美的能力。	 扫描二维码，阅读全文

任务三　新媒体平台的差异化价值

任务导入

在智能手机和移动互联网普及的今天，很多人手机里都或多或少安装了微信、新浪微博、今日头条、抖音、小红书、哔哩哔哩、知乎、马蜂窝旅游等 App 中的一个或多个应用。

任务执行

以四人为一个小组，再次打开手机里的这些 App，与小组成员分享：你为什么会下载并持续使用这些 App？它们能够为你提供什么价值？

知识讲解

一、新媒体平台差异化价值的概念

在《朋友圈的尖子生》这本书中，作者小马宋曾问过百度公司前副总裁李靖一个问题："你对那些想做出一点成绩的年轻人有什么建议？"李靖说："任何商业成功的关键，都是要有持续地创造并提供差异化价值的能力。"也就是说，不管是个人还是企业，成功的关键一定是能够提供差异化的价值。

同样的道理，在当下同质化严重的商业竞争环境下，一个新媒体平台要想脱颖而出，必须具有这个平台独有的价值，即能为用户提供别的平台不具备的价值，并能够将这个价值牢牢地映入消费者的脑海之中，潜移默化地影响他的使用行为习惯。只有这样，才能在众多的同质化新媒体产品中有立足之地。

二、不同新媒体平台的差异化价值

1. 微信公众号的差异化价值

微信公众号最大的差异化价值是微信的圈层性，即微信用户通过联系人和朋友圈组成了一个个标签明显的圈子，公众号连接的每一个人，其实是每一个圈子。

只有微信具备明显的圈层性，微信对于绝大多数人来说是用来与认识的人进行通信的，具体来看体现在地域性、行业性和阶层性三个方面。这三个属性冥冥之中就注定了公众号的内容定位和传播力。比如：公众号"姜茶茶"，定位为广告圈的段子手，虽然用户量只有几十万，却能写出多篇"10 万+"的推文。同样的道理，很多地域性的公众号也能轻松写出"10 万+"的资讯，这也是圈层性的体现，本地人的朋友圈里大都为本地人。这就意味着，不是广告圈的人，很少有人会知道"姜茶茶"；一个在广州生活的人，也很难看到一篇在南京朋友圈里刷屏的文章。

2. 新浪微博的差异化价值

新浪微博的一个差异化价值是中国最大的事件搜索引擎，出事了上微博，了解事搜微博。比如，微博里的热门话题"旅游约吗""日本对中国游客开启网上签证"，截至 2019 年 7 月 30 日的阅读量分别达到了 16.8 亿和 1.9 亿，相关话题的讨论数也分别达到了 123.7 万次和 1.4 万次。

新浪微博的另一个差异化价值是中国最大的 K2C 开放平台。所谓 K2C，是指 Key Opinion Leader to Consumer，即明星和行业大咖等意见领袖对用户发声的平台。微博让用户觉得自己动动手指，就可以和明星发生联系。同时，如果没有 KOL 在背后的推波助澜，很多内容都难以成为热门话题。

3. 今日头条的差异化价值

今日头条的头条号，以及类似的百家号、大鱼号、企鹅号，它们的差异化价值是内容分发，也就是其个性化的引擎推荐机制。今日头条最早的 Slogan 是"你关心的，才是头条”，明确地指出它的文章的推荐机制，就是尽量让合适的文章精准地推荐给合适的人。

和微博、微信相比，今日头条的推荐算法机制为企业和内容创作者提供了一个另辟蹊径地获取流量的方法。只要创作的内容足够优质，就会被今日头条推荐到成千上万的用户面前，达到更为精准的曝光。因此，对于那些从0起步的内容创作者来说，以头条号为代表的分发型自媒体平台，是一个非常值得考虑的选择。

4. 哔哩哔哩的差异化价值

哔哩哔哩（bilibili，简称“B站”）视频弹幕网站，现为国内领先的年轻人文化社区。B站的一个差异化价值是悬浮于视频上方的实时评论功能，爱好者称其为“弹幕”。这种独特的视频体验，让基于互联网的弹幕能够超越时空限制，构建出一种奇妙的共时性的关系，同时让B站成为极具互动分享和ACG（Animation、Comic、Game，动画、漫画、游戏）构成的二次元文化社区。

B站的另一个差异化价值是中国最大的鬼畜视频发布平台，为鬼畜视频爱好者提供了网络聚集空间。所谓鬼畜视频，是指以声画高度同步、内容快速重复以及带有节奏感的BGM（Background Music，背景音乐）为其显著特征的视频。由于具有恶搞、娱乐、洗脑等特点，鬼畜视频近年来在以“90后”“00后”等为核心的网生代群体中颇受欢迎。曾经，雷军的“are you ok”鬼畜视频火遍大江南北，在网络上疯传。此后，小米开始将B站作为一个重要的营销阵地，而雷军则通过小米官方号来发布鬼畜视频和音频。目前小米公司B站官方号已经有超过70万个粉丝，视频数量也达到200余个，内容涵盖发布会、N次元小米等。

5. 抖音的差异化价值

得益于内容丰富化、表达个性化、形式互动化、时间碎片化等诸多优势，短视频逐渐成为主流内容形态，再加上移动互联网及智能手机的普及，短视频步入高速发展的轨道。从目前主要短视频的成立时间看，快手成立于2011年3月，腾讯微视成立于2013年9月，美拍成立于2014年5月，小咖秀成立于2015年5月，而2016年9月才上线的抖音却后来居上，主要归功于其主打音乐类短视频的差异化定位。

抖音是一款音乐创意短视频社交软件，由今日头条进行孵化。与以生活记录、趣味段子为主要内容的快手等综合类短视频平台不同，抖音切入音乐垂直领域，以流行音乐搭配酷炫的特技效果，强调的是视频内容与音乐节奏的配合。相比于快手的“记录真实生活”“看见每一种生活”，抖音的Slogan为“记录美好的生活”，其更适合企业和品牌做宣传推广。以adidas neo为例，2018年该品牌入驻抖音，3月正式开展品牌主页合作，开始精细化运营抖音号。截至2019年7月，其已经积累105.8万的粉丝，发起的话题“时尚起来没玩没了”“我要一个脑洞抱”“好动挑战赛”分别获得6.8亿次、3.2亿次、716.6万次的播放总量。

6. 小红书的差异化价值

小红书是年轻人的生活方式平台和消费决策入口，致力于让全世界的好生活触手可及。在小红书里，用户通过短视频、图文等形式标记生活的点滴。截至2019年3月，小红书用户数超过2.2亿，并持续快速增长，其中70%的用户是“90后”。

成立于2013年6月的小红书，从早期的以出境游购物攻略内容切入，逐步拓展为涵盖美妆、护肤、读书、旅游、美食、健身等多个领域的国内最大的购物笔记分享社区，并衍生出以内容营销和内容电商为主体的“种草文化”。当用户产生购物倾向，小红书社区里其他用户的体验测评可帮助用户进行消费决策，促进购买行为的完成。用户收到商品或体验服务后，在社区记录、分享，又能够吸引其他用户的互动、点赞、评论等，完成内容生产的过程，从而构建完整的消费路径闭环。

2019 年 7 月 30 日，小红书 App 在包括华为、OPPO、魅族等手机厂商的安卓应用商店遭遇集体下架，无法下载安装，但已下载的用户仍可正常使用小红书 App。近年来，全国网信系统持续加大网络监管执法力度，包括网易云音乐、喜马拉雅、哔哩哔哩、即刻等 App 都曾因为内容涉嫌违规而被下架。作为内容电商行业的明星产品，小红书 App 被下架不过是内容电商行业的一个缩影。在快速发展的过程中，种草社区面临的一系列问题，小红书也未能幸免。真实性是用户成功种草的基础，商业广告如何能在以真实性为特色的社区平台得以妥善的处理和权衡是小红书亟须解决的首要问题。

知识链接

种草

“种草”是当下很流行的一个网络用语，是指“分享推荐某一商品的优秀品质，以激发他人购买欲望”的行为，或自己根据外界信息，对某事物产生体验或拥有的欲望过程，也是指“把一件事物分享推荐给另一个人，让另一个人喜欢这件事物”的行为，类似网络用语“安利”的用法。

“种草”广泛存在于社交媒体上，以年轻用户为主。艾瑞咨询发布的《种草一代·“95 后”时尚消费报告》，将“95 后”称为“种草一代”。小红书、B 站等知名网络平台都有大量的种草内容，像“体验晒单”“定期盘点”“种草好物”“良心推荐”等都是常用的标题，这些分享使用体验的人则被称为“博主”或“达人”等。

任务拓展

近年来，随着新媒体的崛起，越来越多的旅游企业意识到新媒体营销对于旅游宣传推广的重要性，但是，面对微信、微博、抖音、小红书、马蜂窝旅游等品类繁多的新媒体平台时又不知该如何入手。思考：在做内容营销和活动推广时，旅游企业该依据怎样的标准来选择不同的新媒体营销渠道？

任务反馈

不妨从这些繁杂的问题里跳出来，回到用户旅游需求被激发、产生旅游动机、购买旅游产品、旅游体验和旅游分享的过程来看，一个完整的旅游流程包括旅游种草阶段、旅游产品对比阶段、旅游产品预订阶段和旅游经历分享阶段。结合自身的旅游经历，各小组讨论思考在旅游的不同阶段用户的网络媒体使用行为习惯，并将讨论结果填写到表 6-2 中。

表 6-2　　旅游的不同阶段用户的网络媒体使用行为习惯

旅游流程	用户的网络媒体使用行为习惯
旅游种草阶段	通过微信、微博等 KOL 的推荐产生旅游兴趣； 被小红书上的某篇网红打卡地吸引； 被抖音上分享的奇特旅游目的地景观所吸引，比如：穿楼而过的重庆轻轨、中国龙光影效果的西安大雁塔等； ……
旅游产品对比阶段	
旅游产品预订阶段	
旅游经历分享阶段	

拓展阅读

《借鉴网红出海案例，旅游行业也能做出“出海爆品”》

国内视频博主李子柒在海外平台爆火的现象引起了热议。李子柒或许不能再造，但 KOL 的影响力或许能为国内旅游企业带去一些海外营销的新思路。

扫描二维码，阅读全文

《抖音短视频：对旅游营销的启示》

分析抖音在旅游营销上的成功因素，并提出旅游抖音营销的三点建议。

扫描二维码，阅读全文

《旅游营销江湖的“东邪”“西毒”“南帝”“北丐”》

东部的宋城、西部的袁家村、南部的张家界、北部的老君山是我国旅游营销中的四个标志性案例，它们的营销逻辑、模式等值得借鉴学习。

扫描二维码，阅读全文

任务四　旅游微博营销

任务导入

“话题”是微博上的热点、个人兴趣和网友讨论等内容的专题聚合页面，是微博中最重要的一种兴趣主页。微博用户可以进入话题参与讨论，同时话题页面会自动收录含有讨论话题词的相关微博。新浪微博还会随时更新热门话题列表，并将最热门的话题放在醒目的位置推荐给用户关注。

任务执行

以四人为一个小组，打开手机里的新浪微博 App，进入“微博热搜”里的“话题榜”，观察并分析讨论：

1. 最近有哪些热门话题？

2. 这些热门话题被大量转发、评论和点赞的原因是什么？

知识讲解

一、我国微博平台的发展现状

（一）微博的诞生

微博，即微博客（Microblog）的简称，是指一种基于用户关系的分享、传播和获取相关简短实时信息的广播式的社交媒体和网络平台。

最早也是最著名的微博是美国的 Twitter。2006 年 3 月，博客技术先驱 blogger 创始人埃文·威廉姆斯（Evan Williams）创建的新兴公司 Obvious 推出了 Twitter 服务。Twitter 是一种鸟叫声，创始人认为鸟叫是短、频、快的，符合网站的内涵，因此选择了 Twitter 为网站名称。

（二）中国微博平台的发展历程

2007 年，微博社交网络概念被引入中国，“饭否”“叽歪”“做啥”等网站相继开通微博服务，所提供的服务借鉴参照了美国的 Twitter。2010 年，新浪、搜狐、网易、腾讯四大门户网站也相继推出微博服务，引爆社交网络媒体，所以 2010 年也被公众称为“微博元年”。由于微博使用起来简单、便捷、可互动，因此微博的用户数量成呈几何级数快速增长，再加上名人、明星等广受网民关注的人物相继在微博上开通了账号与网民零距离接触，催化了微博“爆炸式”效应，使得大量用户从开心网、校内网转向微博阵地。

2014 年 3 月，新浪微博以优质的服务和独大的影响力，先后击退其他运营网站所提供的微博平台，将原“新浪微博”更名为“微博”，并于美国纳斯达克上市，从而奠定了新浪微博在国内微博平台中的主导地位。因此现在人们常说的微博泛指新浪微博，包括本书所指的微博均是新浪微博。

（三）新浪微博的发展现状

新浪微博数据中心发布的《2018 年微博用户发展报告》显示，截至 2018 年 12 月，微博月活跃人数增至 4.62 亿，日活跃用户增至 2 亿。其中，微博头部用户（即粉丝规模>2 万或月阅读量>10 万的用户）增至 70 万，同比增长 37%；微博大 V（即粉丝规模>50 万或月阅读量>1 000 万的用户）增至 4.73 万，同比增长 60%。

微博月活跃用户中，30 岁以下的用户超过八成，其中 18～22 岁和 23～30 岁用户群体最多，分别占 35%和 40%。在性别上，男性用户占比 57%，女性用户占比 43%。2018 年，来自三四线城市的用户占微博月活跃用户的 56%，相比 2017 年，来自四线及以下城市的用户占比持续上升，继续保持市场下沉趋势。

从用户行为看，微博月活跃用户已经有93%来自移动端。微博用户的兴趣主要集中在明星、美女帅哥、动漫等泛娱乐大众领域。同时，文学、情感、股票等也是微博用户的主要兴趣标签。2018年微博关于围观世界杯的参与讨论人数达到1个亿，用户总互动超过10亿，移动短视频播放总量超过170亿。微博活跃用户的使用习惯趋向于移动化，移动消费时间的碎片化成为普遍现象。

二、微博营销概述

（一）微博营销的概念

微博营销，是指企业或非营利组织利用微博这种新兴的社会化媒体影响大众，通过在微博上进行信息的快速传播、互动、分享以及反馈，从而实现市场调研、产品推介、品牌传播、客户关系管理、危机公关等功能的营销行为。通常可将微博营销分成两类，一类是组织微博营销，另一类是个人微博营销。组织包括公益组织、政府、企业机构等；个人包括认证和非认证用户、知名人士、明星等。在微博上，企业和个人非常活跃，因此从某种程度上讲，可将微博营销划分成企业微博营销和个人微博营销。

1. 企业微博营销

与个人微博营销不同，企业微博营销的参与主体是企业，企业的最终目的是盈利。通过微博内容的更新，企业可以让粉丝能够更快地了解企业的最新产品信息或者提高企业的知名度。通过微博平台，企业可以与自己的忠实粉丝建立直接的联系，不仅可以宣传企业，还能通过有奖活动、直播等形式实现产品的进一步曝光。

2. 个人微博营销

从营销主体的角度出发，单独的个体、个人是微博营销的主体，这些个人可以是明星、大V或草根。无论营销主体本身的知名度有多高，主体可以随时随地将自己的想法通过微博平台进行发布，同时得到粉丝的关注与转发。通过微博平台，明星可以将自己的喜好让更多的粉丝了解，大V可以提供更多的心灵鸡汤或专业知识给关注他的用户，草根可以让更多的人知晓自己的动态。

大V、草根

大V是指在微博平台上获得个人认证、十分活跃且拥有众多粉丝的微博用户，通常把拥有的粉丝数在50万以上的博主称为网络大V。

草根指的是在互联网上，相对于政府机构的民间组织、相对于名人大V的平民百姓、相对于意见领袖的普通大众、相对于专业新闻从业者的业余记录者。

（二）微博营销的传播特点

微博用户可以随时、随地对信息进行发布、阅读、转发或者评论，提高了用户的参与度。通过微博进行营销，企业可以与客户建立一个全新的桥梁，客户可以与企业进行互动，增加客户的参与热度。同时企业可以收集客户的反馈，对企业产品的改进、服务的提升具有更好的促进作用。

1. 微博营销的独特性

微博营销的独特性体现在以下几个方面。第一，内容短小精炼。140个字符以内字数的限制决定了微博的内容必须短小精炼，不可有累赘的语言描述。同时发布微博内容时，用户还可以上传图片，图片的内容没有任何限制。第二，费用低廉。无论是个人微博营销还是企业微博营销，成本都较为低廉。只需具备网络、电脑或者移动端这些基本的条件，用户就可以进行微博营销。第三，互动性较强。作为微博主，其可以有针对性地对粉丝做出精准营销。博主在与粉丝进行话题互动中，建立了一种及时的沟通渠道，话题的建立、转发、评论这些功能增强了营销主体与粉丝之间的互动性。

2. 微博营销的不确定性

微博营销也存在不确定性，体现在以下几个方面。第一，粉丝的数量和质量决定了营销的效果。作为明星或者大V，自身拥有的粉丝数量较多，庞大的粉丝数量是粉丝质量的基础。对于一些草根，本身的影响力、号召力不强，营销的难度相对较大。第二，网络存在海量的信息，更新速度较快。海量的信息在不断更新，重要的信息随时都可能被淹没在海量的信息之中，这对于营销的效果影响比较大。第三，文案撰写困难重重。一个简短的文字段落要在吸引广大粉丝注意的同时实现转发、评论，对营销主体的写作水平有很高的要求。

三、旅游微博营销概述

（一）旅游微博营销的含义

随着微博在国内受关注的程度越来越高，众多旅游相关的企业和官方机构都分别开通了微博账号。文化和旅游部对旅游微博的发展也相当重视，强调各级旅游行政管理部门以及旅游企业应加强重视，用好微博工具。

旅游微博营销是指旅游组织将微博作为一种工具，以微博平台作为基础，开展产品促销、信息收集、服务供应、文化宣传、互动交流等活动，进而达到增加收益、扩大影响力、了解网络舆情等目的。

（二）旅游微博营销的优势

1. 体验式营销

随着旅游者消费观念的升级，旅游不再是走马观花式的“打卡”游，游客开始注重旅游的参与性和体验性。而旅游微博的出现刚好契合了体验式营销的需求，注重价值的传递、系统的布局、内容的互动、准确的定位。通过及时的内容更新，微博官方发布游客感兴趣的话题，与微博粉丝积极互动交流。而游客或者微博官方发布旅游图片、旅途感受、旅途视频，来分享旅游体验，为客户选择旅游目的地提供了参考的依据。同时这些游客或者微博官方所发布的微博，还可以让粉丝或潜在的客户参与其中，亲身体验旅游的娱乐与休闲功能。如图6-1所示。

2. 传播成本低

传统营销方式的成本较高，这是因为营销开支包含的类目较多，主要有以下几个：第一，直接推销费用，主要包括直接销售人员的工资、福利、差旅补贴及培训费用等；第二，广告费用，主要包括媒体广告成本、产品说明书的印刷费等；第三，仓储费用，主要包含租金、维护费、折旧、保险等。而微博营销，既不需要直接推销费用，也不需要广告费用，更不需要仓储费用，营销成本基本可以等于零。例如：故宫淘宝微博于2019年6月6日发表的微博，对故宫的文创产品“古琴折扇”的营销成本基本为零，当天就获得了278位粉丝的转发和238条留言，点赞数也达到了1 226个。如图6－2所示。

图6－1　马蜂窝旅游发布的意大利旅行照片

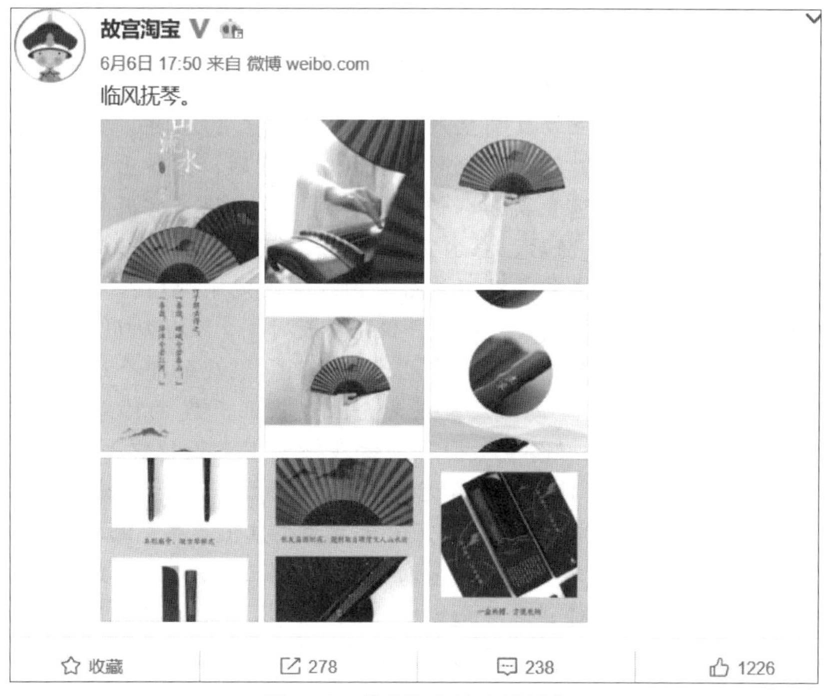

图6－2　故宫淘宝的古琴折扇

3. 传播范围广

微博有机地融合了手机短信和微博的优势，突破了手机短信的点对点传播，并继承了手机短信的短小精悍的特点。微博的短小精悍吻合现代人的阅读习惯，吸引了一大批群众利用碎片化的时间来参与，同时以图片、视频和音乐等形式呈现，内容更为直观。因此微博在大众面前的魅力得到大幅提升。此外，微博的开放性，不仅为微博提供了更多的互动话题，还可以让喜欢某博文的用户可以及时跟帖和转发，这样就可以扩大微博的公共话语空间，也扩大了微博的传播范围。

四、旅游微博营销的策略

（一）提高粉丝质量，扩大粉丝规模

1. 要避免伪粉丝的虚假繁荣

很多旅游微博的粉丝数量很多，但实际质量却不高，主要表现在粉丝的活跃度很低，因为大部分粉丝为伪粉丝。所以，旅游机构必须注重博文的质量，以获得真正有价值的粉丝，切实提高旅游微博的营销能力。具体做法有：提高博文的原创率，丰富博文的表现形式，以粉丝较为喜欢的图片、视频等形式来呈现博文。同时要杜绝通过技术手段刷粉丝、刷评论、刷转发以提高微博知名度的行为。

2. 注重与微博粉丝之间的互动

通过与粉丝随时随地的互动，微博营销改变了传统营销中企业对消费者的单向传播关系。微博营销不是灌输式的推销，而是以用户需求为上，真诚与粉丝沟通，积极解决粉丝遇到的问题，始终致力于建立一种可持续发展的关系。企业与粉丝之间良性的互动关系，能促进企业形象的树立。

同步案例

海尔和故宫淘宝的官方微博

海尔官方微博是以粉丝互动反哺生产的忠实践行者。2016 年，有用户在故宫淘宝官方微博下@海尔官微，建议海尔制作一款外观是宫殿、宫牌上写着“冷宫”的冰箱。该用户同样@了其他家电品牌，但并未得到回应。海尔官微转发了该用户的评论，表示要“考虑一下”。随后，海尔官微管理人员联系了公司的冰箱定制部门，并将网友们的转发、评论、点赞数据汇总给他们。冰箱定制部门人员经过快速开会讨论后，在一天之内给出了冰箱设计图，并仅用 7 天时间完成了从用 3D 打印机生产到将冰箱送到该用户家中的整个过程。在“冷宫冰箱”诞生的整个过程中，用户进行创意输出，海尔负责创意变现，用户成为企业新产品开发的协助者。海尔做出“冷宫冰箱”后，网友的积极性备受鼓舞，纷纷在微博下评论留言，继续提出创意。而海尔也不负众望，在经过筛选和调研后，又相继推出了剑网 3 概念家电、Hello Kitty 定制家电、哆啦 A 梦洗衣机等来自用户创意的个性化产品。海尔对用户创意的积极反馈无疑是催发用户创意生产力，帮助企业在与粉丝的交互中更好地为其服务的最好助推器。当然，用独特创意与高级审美吸粉无数的故宫淘宝官微也应网友提议做出了“冷宫”冰箱贴，一时间在淘宝上大卖，而原微博也带来了近 2 万的转发与 3 000 多条的评论，网友纷纷脑洞大开，提出创意，用户交互的潜力可见一斑。

3. 借力热点话题增强粉丝黏性

很多粉丝都非常关注微博的热点话题，若旅游微博能够结合自身的品牌特点，借势热点话题进行内容营销，一定能获得更多粉丝的关注，增强粉丝的黏性。具体包括以下两点。第一，筛选热点。新闻每天都有发生，热点也是此起彼伏。如何选择热点事件呢？旅游微博应该结合旅游行业的特点来选择旅游微博。第二，结合自身的品牌和产品特性来切合热点。旅游行业主要是为旅游者服务，要注意在一些热点事件中，为游客提供解决问题的建议和办法。例如：知名旅游博主“日食记”在 2017 年 6 月 1 日儿童节这天发布了专为俘获宝宝味蕾的椒盐猪蹄的教学视频，获得了 41 987 位粉丝的转发、8 669 条留言，点赞数高达 49 920 个。如图 6－3 所示。

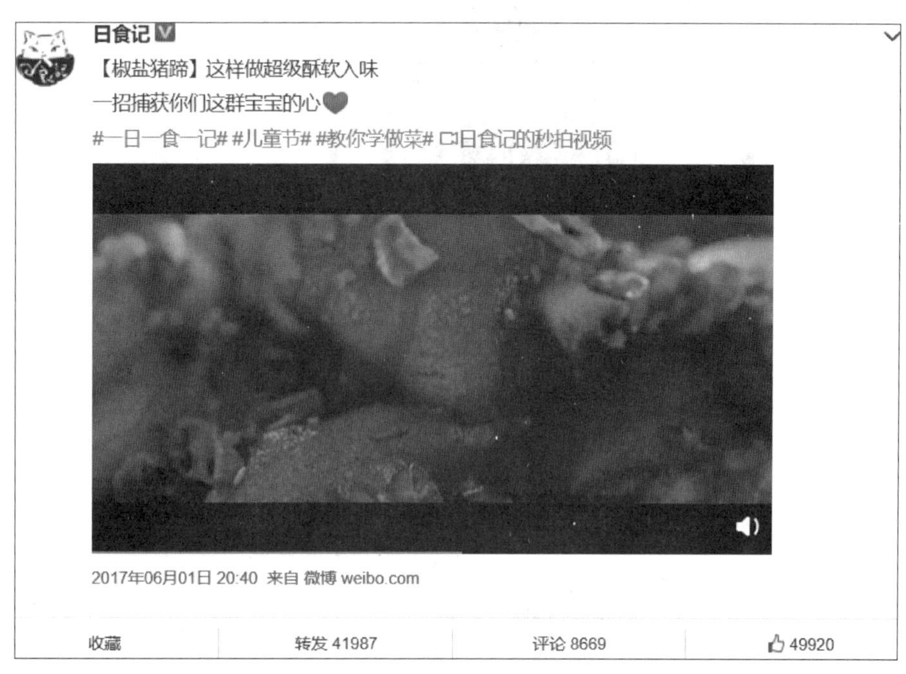

图 6－3　日食记儿童节的美食教学视频

4. 利用抽奖活动吸引粉丝参与

抽奖中心是微博自带的营销功能，可以通过这个功能进行抽奖，由系统随机抽取中奖者。利用微博的抽奖活动来增加粉丝，是一种非常常见的方式，当然也是一种比较费钱的涨粉手段。旅游机构在运用这种方式涨粉时需要设置相应的规则，如：必须关注该微博，而且对已经发表的博文进行评论，并且@好友再转发等。这样不仅增加了粉丝数量，还扩大了微博的传播范围。珠海长隆官方微博发布的抽奖送门票活动如图 6－4 所示。

（二）提高博文质量，创新呈现形式

1. 以内容为主要切入点，提高博文的质量

企业微博营销要以内容为王，没有优质的内容，再多、再好的微博营销技巧也是没有用的。世界上最大的传媒集团之一维亚康姆的创始人萨默・雷石东曾指出，传媒的主要载体是内容，也是影响传播效果最重要的因素。因此，微博营销必须注重博文的内容，才能吸引粉丝的关注，进而吸引粉丝进行有效的互动。

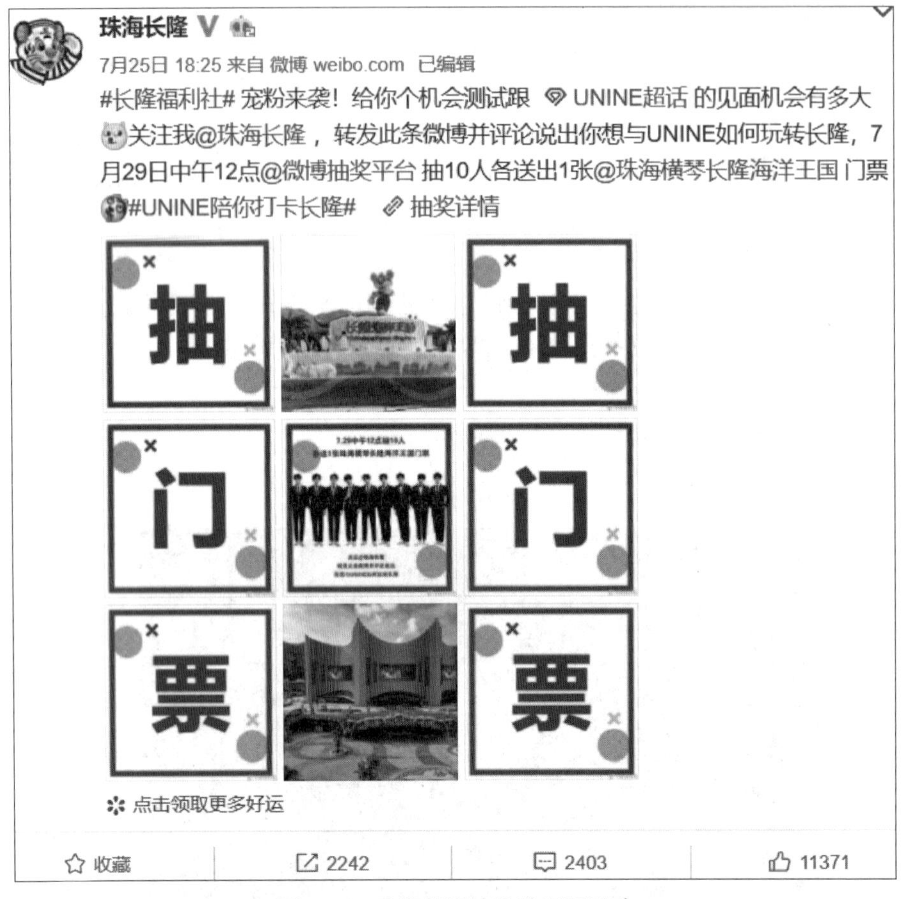

图 6－4　珠海长隆抽奖送门票活动

基于此，旅游微博的内容应该包括以下几个方面。一是企业的品牌故事、企业经营发展历程等。这些内容应该放在微博的首页，以此内容为基石，让粉丝加深对旅游机构的认知，达到粉丝的价值观与企业保持高度一致，提高粉丝的忠诚度。但此类博文的数量不宜太多，否则会让粉丝觉得此微博有做广告的嫌疑。二是旅游行业最新的服务信息、促销信息、旅游事件。旅游微博通过对这些信息的即时传播，让粉丝对旅游行业有更加深入的了解，满足粉丝对行业关注的需求。这类信息要注重其时效性，过于陈旧的信息就不要再发布，同时根据事件的进展，要及时更新内容。三是娱乐八卦、美食、心灵鸡汤等休闲内容。这部分内容的数量应该占到绝大多数，让粉丝在该微博中，不仅可以获得有价值的旅游信息，还可以让粉丝在此处找到休闲放松的港湾。这类博文每天都可以发布，而且要注重当前粉丝的工作和生活状态，以提高博文对粉丝的吸引力。

2. 以呈现形式为提升点，吸引用户的眼球

对于微博这一及时性极强的传播方式，粉丝主要利用碎片化时间来阅读博文，因此博文的内容必须形象、简单明了和新颖，否则很难吸引粉丝的关注。

具体可以采用的方法有以下几个。一是以拟人化的形式呈现企业的品牌形象。企业微博利用拟人化形象，以平易近人的方式去接近用户，和用户之间形成更多的交流和互动。卡通形象拟人化拉近了企业和用户之间的距离，也让内容更加深入人心，如

微博“我是江小白”的拟人化形象“江小白”和“故宫淘宝”的600岁网红萌萌哒形象等。二是丰富博文传播的形式。图片作为一种呈现方式，不仅能表达文字想呈现的内容，而且视觉的冲击力和感染力比文字来得更加直接，更加强烈。所以在博文发布时，要注意图文结合。视频作为一种比较新颖的博文传播形式，也是一种视听合一的传播，能让粉丝亲眼见到事物发展的点点滴滴，就像事物在自己身边发生的一样，故其博文的内容更加简单、直观，也让粉丝更加容易理解。因此，这也让现在的视频微博粉丝评论数、粉丝转发数以及点赞数高于图文微博相应数据的3～4倍的重要原因。此外，新兴的音乐微博，不仅给粉丝提供了一个渠道去发表自己的音乐作品，也让其他粉丝可以听到一些优秀的原创音乐。这样就可以实现旅游微博功能的多样化，而且可以实现微博与粉丝双赢的局面。

任务拓展

新浪微博数据中心发布的《2016微博旅游数据报告》显示，全国5A景区微博影响力排名前十位的分别为：故宫博物院、横店影视城娱乐频道、黄山、峨眉山景区、乌镇旅游、广州长隆欢乐世界、崂山风景区官方微博、江西龙虎山景区、山西皇城相府景区和武当山旅游局。搜索故宫博物院、横店影视城娱乐频道、黄山这三个景区的微博，查看它们的微博运营数据情况，如粉丝数量、官方微博简介、最近1个月的微博内容等。

知识链接

旅游景区微博影响力

旅游景区微博影响力是指在新浪微博这个传播平台上，旅游景区的新浪官方微博通过各种技术手段、信息传递交流和沟通手段，对关注自身的用户和潜在关注者的思维、行为、态度等方面产生的影响。

任务反馈

通过粉丝数量、微博内容（如景区基本信息、日常活动、基础设施、旅游攻略、心灵鸡汤等）、博文呈现形式（如图文、视频、音频、直播、微访谈、VR虚拟旅游等）、微博转发评论点赞数、微博的创意等方面，对故宫博物院、横店影视城娱乐频道、黄山这三个景区的微博进行对比，各小组讨论这三个景区微博各自的优缺点。

拓展阅读

《旅者说丨刘奇：带着微博去旅行》

微博生活及旅游事业部总经理刘奇认为，微博旅游正在构建中国最大的旅游自媒体内容生产、内容分发的内容创业平台。

扫描二维码，阅读全文

《微博进化：社交赋能旅游营销新生态》	微博中旅游爱好者人群规模的增长为旅游行业粉丝经济的欣欣向荣提供了土壤。	 扫描二维码，阅读全文
《故宫淘宝把微博营销玩得如此“风骚”》	故宫博物院开设的“故宫淘宝”店铺配合微博营销，不仅赢得了大量消费者的喜欢，还带动了故宫文创产品的销售。	 扫描二维码，阅读全文

任务五　旅游微信营销

任务导入

我们每天都在使用微信，但你真的了解微信吗？微信改变了我们通信的习惯，改变了我们的生活方式。企鹅智酷发布的《2018 微信数据报告》显示，微信的各项功能使用频次大幅提升：用户每天发送消息 450 亿次，同比增长 18%；每日音视频通话 4.1 亿次，比三年前增长 570%。在社交方面，2018 年相比 2015 年，人均加好友数量增长 110%，朋友圈日发布视频数量增长 480%。从用户的年龄层分析，“00 后”晚睡晚起爱熬夜，晚上 10 点以后开始活跃；“90 后”起床最晚，使用公共交通最频繁，阅读偏好从娱乐八卦转向生活情感；“80 后”热爱阅读和工作，关心国家大事；55 岁以上用户早睡早起爱养生，爱刷朋友圈、阅读和购物。

任务执行

以四人为一个小组，分组讨论在没有微信的时代和出现微信之后对个人生活和学习两个方面产生的影响和改变。比如：微信出现之前，主要是通过书籍、报纸获取知识和信息，但出现微信之后，主要是通过各种微信公众号获取知识和信息。将讨论结果补充到表 6-3 中。

表 6-3　微信出现之前和出现之后的对比分析

微信出现之前	微信出现之后
通过书籍、报纸获取知识和信息	通过各种微信公众号获取知识和信息

一、微信营销概述

（一）微信营销的定义

腾讯公司对微信的定义是："微信，是一个生活方式。"从传播学视角来看，微信是一个信息传播的平台。在这个信息传播平台上，内在传播、人际传播、群体传播、组织传播、大众传播均得以实现。因此，从这个角度来看，微信不仅是一种通信工具，这种融合了几乎所有类型传播的全媒体传播方式还开启了一个全新的营销时代。在这个平台上，从企业推送信息，到企业与用户的交流互动，再到交易的完成，已经可以形成商业的生态闭环。

在网络经济时代，微信营销是伴随着微信的火爆而产生并兴起的一种网络营销方式，是企业通过公众号向已关注的用户及潜在消费者推送图文消息等相关营销信息的网络营销活动。

（二）微信公众平台和个人微信、微博的区别

1. 微信公众平台和个人微信

对个人和企业而言，微信的用途并不相同，个人开通的微信叫个人微信。个人微信可以和手机通信录绑定，使用户可以邀请通信录里的好友用微信进行交流沟通，还可以通过朋友圈互动。

微信公众平台是腾讯公司在微信的基础上增加的功能模块。通过这一平台，企业、媒体、政府机构等可以打造自己的微信公众号，并在微信公众号上以文字、图片、语音等多种形式实现和特定群体全方位的沟通互动。

本书所讲的微信营销是指企业、媒体或个人等通过微信公众平台注册微信公众号进行营销推广的行为，又称为微信公众号营销。

2. 微信公众平台和微博

微信和微博都属于社会化媒体营销平台，也是人们使用比较多的两个社交平台。它们的区别在于：第一，微信公众平台隶属于微信生态圈，所有的传播基本上都局限在微信朋友圈，而微博是一个公共空间，制造话题后的扩散速度比微信快很多，因此微博话题找准了，很快就能靠内容进行话题传播；第二，微信更注重用户的质量和活跃度，提倡和目标人群做持续的精准服务，在服务的基础上做用户圈层内的口碑传播，这样能够定位到有效的目标人群而实现精准化营销。

微信和微博本身是两个完全不同属性的产品，将微信运营和微博运营做对比，是为了通过了解两者不同的属性找到不同的运营策略，将各自的优势最大化、效果最佳化。营销平台不仅有微信和微博，这是一个多元化的营销时代，要学会一系列的营销手段，打组合营销拳才能使营销的效果最大化。

（三）微信公众号的账号管理

1. 微信公众号的三种类型

微信公众号可分为三种类型：微信订阅号、微信服务号和微信企业号。它们之间的比较分析见表 6－4。企业需要根据自身需求、用户情况来选择相应的账号类型。

表 6-4　　微信订阅号、微信服务号与微信企业号的功能对比

公众号类型 比较项目	微信订阅号	微信服务号	微信企业号
适用主体	个人、媒体、企业、政府或其他组织	媒体、企业、政府或其他组织	企业、政府或其他组织
消息显示位置	折叠显示在用户的订阅号文件夹里	直接显示在微信对话列表中	直接显示在微信对话列表中
推送消息	最多每天 1 次	最多每月 4 次	最多 200 次/分钟
消息的保密性	可以转发和分享	可以转发和分享	可以转发和分享，也可以对消息进行加密，加密的消息禁止转发和分享
关注时验证身份	可以被任何用户扫描关注	可以被任何用户扫描关注	只有通信录成员可以关注
自定义菜单	通过认证之后可以使用自定义菜单	无须认证即可使用自定义菜单	无须认证即可使用自定义菜单
高级接口权限	不支持	通过认证后支持	通过认证后支持
微信支付功能	无微信支付功能	通过认证后支持微信支付功能	通过认证后支持微信支付功能
定制应用	不支持定制应用	不支持定制应用	支持定制应用，多个应用聚合成一个企业号

2. 微信公众号的选择标准

微信公众号的订阅号、服务号、企业号这三种类型各有所指向和侧重点，个人、媒体、企业、政府等在选择公众号类型时可以借鉴以下两个标准。

第一，根据账号特点和优势而定。订阅号的优势在信息的传递和互动上，每天 1 次的信息发布量既满足了运营者的需求，也便于与用户之间的互动。订阅号多适用于个人、媒体机构、政府机构等，以实现消息推送、信息分享和反馈，如骑驴、带你游遍英国等。服务号的优势在于能建立稳固的服务模块，为用户提供具体的服务。服务号多适用于以服务为主的酒店、景区、电商企业等，如华住会、长隆旅游、途牛旅游网等。企业号最大的特点是供企业内部使用，用于维系企业和员工、企业与上下游供应商的关系。由于是内部沟通和交流，因此企业号较前两种而言保密性更好。企业号一般适用于构造较复杂的大型集团性企业，如阿里巴巴、东方航空等。

第二，根据自身的需求情况而定。一般情况下，不论是企业微信公众号还是个人微信公众号，订阅号是必须开通的。至于是否开通服务号视情况而定，当然目前个人还无权开通服务号。决定是否开通服务号的前提是评估一下自身是否有更多的服务要提供给用户，以及是否有必要通过微信来提供。以“同程旅游网”微信公众号为例，同程旅游官方微信提供了酒店预订和火车机票预订的入口，还有在线客服等功能。同程旅游的微信公众号以服务为主，刚好与以产品销售为目的的官网和 App 程序形成互补，扩大了销售渠道。

二、旅游微信营销概述

（一）旅游微信营销的定义

旅游微信营销是指各个地方旅游政府部门及旅游企业等通过建立微信公众号，以

移动端和电脑端为接收终端，实现旅游信息和数据管理、旅游信息投递、与用户及时交流互动的营销方式。通常，旅游微信营销既可以通过公众号后台的推送功能、咨询反馈功能，也可以通过微信群、微信扫码、朋友圈等，来向潜在关联者传播旅游信息、提供出行攻略、推介地方美食等，进而实现树立良好的产品形象、旅游企业形象和旅游目的地形象的营销目标。

（二）旅游微信公众号的分类

根据清博指数统计的旅游微信公众号排行榜，2019 年 7 月排名靠前的十大旅游类公众号分别为英国报姐、原来是柒公子、地球知识局、环球旅行、苏州微生活、深圳潮生活、魔都上海、骑驴、中国国家地理、广州潮生活 V。可以发现，除了“中国国家地理”之外，其他 9 个公众号全部为旅游自媒体号。

进一步梳理这个榜单前 50 名的旅游微信公众号发现，按照运营主体的不同，可以将它们分为以下几类（见表 6－5）：第一，旅游网站的官方公众号，如中国国家地理、携程旅行网、马蜂窝旅游等；第二，旅游政务机构的公众号，如北京旅游、江苏微旅游、洛阳旅游；第三，旅游目的地的公众号，如微故宫、长隆旅游、芜湖方特等；第四，旅游自媒体公众号，如英国报姐、原来是柒公子、地球知识局、环球旅行等。

表 6－5　　旅游微信公众号的分类

类型	示例
旅游网站的官方公众号	中国国家地理、携程旅行网、马蜂窝旅游、租租车、驴妈妈旅游网、同程旅游网
旅游政务机构的公众号	北京旅游、江苏微旅游、洛阳旅游
旅游目的地的公众号	微故宫、长隆旅游、芜湖方特、开元酒店、东呈酒店、维也纳酒店
旅游自媒体公众号	英国报姐、原来是柒公子、地球知识局、环球旅行、苏州微生活、深圳潮生活、魔都上海、骑驴、广州潮生活 V、Feekr 旅行、香港最前线、品城记、周末做啥、杭州潮生活、广州吃喝玩乐、行旅之途、Lulu 的旅行日记、吃喝玩乐在长沙、带你游遍英国、周末去哪玩、长沙吃喝玩乐、南京吃喝玩乐、重庆潮生活、武汉本地宝、成都同城会、成都潮生活、Enjoy 上海、背包旅行、蒙古圈、发现新西兰、借宿、旅行雷达、你好杭州、深圳吃喝玩乐 V、丽江读本

三、微信公众号的平台定位

要运营好一个微信公众号，最重要的工作就是做好平台的定位，包括服务的行业、面对的受众群体、平台的性质和未来的变现模式。

（一）行业领域的定位

1. 从名称和头像上入手

名称和头像是微信公众号留给用户的第一印象，当用户关注某个微信公众号时，首先映入眼帘的就是这方面的信息。因此，名称和头像是最能体现行业领域特征和品牌价值的部分，好的名称和头像能够使微信公众号脱颖而出。

公众号命名的技巧包括以下几点。第一，品牌一致，重复刺激。如果个人或品牌已经有了一定的社会影响力和知名度，建议沿用广为熟知的名称。如 Airbnb（爱彼迎）、黄山、南京博物院等。第二，字数要短，便于搜索。如果没有品牌积淀，建议名称尽量简短、亲切、好记。如果公众号的名称符合用户搜索习惯和搜索需求，就能获得一部分基于搜索的关注量。第三，提供标签，增强记忆。名称能够体现出独特的差异化认知，从而有效降低品牌记忆的成本。例如：曾经的“毒舌电影”和“严肃八卦”，将我们熟悉的领域进行创意的形容和定位；“大忘路”和“猜火车”，使用我们熟悉的场景化的词语；“我走路带风”和“差评”，使用口语化的方法。另外，需要注意的一点是，用生僻字和英文作为公众号的名称，会使传达成本上升。

公众号的头像象征品位、印象和信任度，也是传达给用户的第一印象。公众号头像设计的技巧包括以下几点。第一，头像应与公众号的名字或定位相关，起到补充作用。例如：“故宫淘宝”，头像就是一个皇帝卡通人物的形象；“插座学院”，头像就是一个插座；“我走路带风”，头像就是一个走路的行人；“不二大叔”，头像就是一个漫画大叔；“乌鸦电影”，头像就是一只乌鸦。第二，头像就是品牌的 Logo。例如：飞猪、马蜂窝旅游、亚朵生活、携程旅行网等。第三，将公众号名字全称或几个字放到头像上。例如：微故宫、颐和园、成都生活、借宿等，其中“微故宫”的头像很特别，用红色宫殿的图案将“宫”这个文字象形化。第四，头像应尽可能做到元素少，对比强。头像元素不能太复杂，需要有很强的颜色对比。这是因为头像本身显示尺寸就很小，而且会和其他公众号头像一起出现，如果需要点击显示大图，显然就不太符合其出现的场景。微信公众号的头像示例如图 6-5 所示。

图 6-5　微信公众号的头像

2. 从公众号功能介绍入手

公众号功能介绍是显示在微信公众号首页页面上的一段文字，这段文字介绍篇幅虽短却非常重要，这是因为很多新用户在关注某个公众号之前会阅读这部分内容。公众号功能介绍文字有以下几点编写建议。第一，对于用户关注预期不明确的公众号，建议采用个性化的文案，让用户在关注前，就能够产生足够的好奇。例如：胡辛束，“少女不死心”；新世相，“每天最后一分钟的人生学校，我们终将改变潮水的方向”；十锤星人，“娱乐有理，八卦无罪”。第二，对于用户关注预期很明确的公众号，建议采用描述性文案，让用户的关注预期得到二次确认，以便用户关注后的运营。例如：苏州微生活，“1000 万苏州人的生活家园”；带你游遍英国，“一个在英国无所事事的孩纸，每天发布歪果仁那些无节操的趣事、文化”；乌鸦电影，“同样的电影，不同的解读”。如图 6-6 所示。

胡辛東

胡辛東

少女不死心 | 微博@胡辛東

新世相

每天最后一分钟的人生学校，我们终将改变潮水的方向。

苏州微生活

1000万苏州人的生活家园。

带你游遍英国

一个在英国无所事事的孩纸，每天发布歪果仁那些无节操的趣事、文化。

图 6-6　公众号的功能介绍

（二）粉丝群体的定位

1. 功能定位

这里的功能其实指的是效果，具体来说就是该微信公众号能为受众群体提供什么样的服务，产生什么样的效果。如果是做美食的，就要把公众号定位于美食专家；如果是做旅游的，就要把公众号定位于旅游达人；如果是做摄影的，就要把公众号定位于摄影达人。这样做的优势会给用户留下更专业的印象。用××美食、××旅游、××摄影这类格式命名的微信公众号基本上都采用的是功能定位，如“环球旅行”“Feekr 旅行”“菜菜美食日记”“单反入门知识摄影技巧”等。

2. 群体定位

微信的圈层性决定了这是一个相对封闭的社交平台，主要限于朋友、熟人圈子的传播。因此，我们在定位受众时，尽量要使群体更细分、更精准，尤其是在头部公众号效应越发明显的今天，做小范围的垂直精准营销往往比对所有人的撒网式推广更为有效。例如：民宿类公众号“借宿”，将用户群体定位于对民宿有情怀的用户；美食类公众号“君之烘焙”，将用户群体定位于烘焙爱好者；旅行类公众号“小疆有话说”，将用户群体定位于对新疆的人和事感兴趣的旅游爱好者；文化类公众号“六神磊磊读金庸”，将用户群体定位于金庸迷。

3. 地域定位

地域定位是针对区域性的公众号而言的，就现在来看，很多公众号都是针对全国范围布局的。但采用区域性定位，因受众群体是本地人，在内容上可以深耕细作，反而能够形成更好的圈层效应。例如："发现新西兰""南京吃喝玩乐""魔都觅食记""广州吃喝玩乐"等，如图 6－7 所示。

发现新西兰

新西兰新媒体门户|高颜值海外原创大号|提供旅行、留学、移民、投资资讯|海外视角生活美学杂志。

南京吃喝玩乐

分享南京吃、喝、玩、乐、游、购，让更多的朋友了解南京，爱上南京。

魔都觅食记

专门介绍上海好吃，好玩的，不关注会后悔哦。

广州吃喝玩乐

广州吃喝玩乐，你的生活玩乐全指南。

图 6－7　微信公众号的地域定位

（三）平台性质的定位

微信公众号的运营表面上看目的各不相同，但认真分析一下，无非有三个：品牌宣传、销售转化和用户服务。但这几个目的也不是独立存在的，也就是说公众号的内容会涵盖这三个方面，但一定要明确运营的公众号主要负责解决的是什么问题，发的每一篇内容是否正在解决这个问题。比如，某个公众号的运营目的是销售转化，而所发布的内容却一直在追求点击量和分享量，这就会导致该公众号没有实现应该实现的价值。同理，如果某个公众号的运营目的是用户服务，而所发布的内容没有考虑用户的真实需求，只发一些企业的官方资讯，内容哪怕再精彩，站在企业的层面，该公众号的内容依然没有发挥出价值。

同步案例

"新氧"公众号

"新氧"本身是一款美容整形的 App。"新氧"公众号承担了销售转化的运营目的，即为其 App 带来下载量。从运营目的倒推，公众号一定要有粉丝基数；再进行倒推，公众号的文章一定要有传播力，这样才能通过内容带来新增关注。因此，"新氧"的内容选题不是自己的平台和产品怎么样，因为这样的内容无法起到很好的拉新作用。"新氧"将其选题的主旋律定位为明星有没有整容。比如，《苏有朋把自己整成林峯！为什么男人这么爱动下巴?!》《撞脸景甜，却能连续 8 年力压刘亦菲、杨天宝进入的全球百美面孔榜?》等文章极具传播力，篇篇阅读量达 10 万十，让"新氧"收获大量的新增关注，为 App 的下载量提供了强有力的支持。

如何找到适合公众号的运营目的，则需要结合公众号的特点以及企业自身的属性进行综合分析。"新氧"之所以选择这样的运营目的，很重要的原因是：对于美容微整形这个行业，无论是 App 的下载，还是最终的获客，在百度等传统渠道上的营销成本现在都非常高，但对于公众号的运营环境而言，反而因为其话题性强，圈层契合度高，有了获客成本上的相对优势。"新氧"这个案例，值得深度的思考。

（四）变现模式的定位

运营微信公众号的最终目的就是获利，变现的模式主要有广告变现、电商变现和知识变现三种。

1. 广告变现

广告变现的第一种方式是成为流量主，向广告主收费。这类盈利方式是按照广告点击次数计费的。目前，很多公众号尤其是影响力较大的公众号基本上都在依靠这一模式吸金，向社会各界公开招租广告，很多有需求的企业、运营者似乎也很认可这种方式，大规模地参与。

广告变现的第二种方式是硬广告。比如长隆旅游、芜湖方特、每日优鲜等基本上发的都是硬广告。还有一种硬广告是由甲方提供一篇文章，在乙方的账号上推送。比较常见的是 P2P 金融产品、化妆品、外语学习类等。硬广告比较简单粗暴，广告费用也最为低廉，缺点是影响阅读体验，转发率会很低，而且容易掉粉。粉丝对广告有天然的排斥，强硬粗暴的广告植入，在影响阅读量的同时也会伤害用户体验，想要高转化，又不想伤害用户，软文广告不失为一种有效的推广方式。

广告变现的第三种方式是软文广告的植入。对于有内容创作能力的公众号来说，大部分接的广告都是软文性质的，需要甲乙双方深度沟通后才能落实。和硬广告相比，软文广告对文章质量要求非常高，精妙之处在于把产品卖点和有料的内容结合在一起，在讲故事的同时顺利过渡到产品上，不伤害用户，黏性比较高，所以推广效果好。这其中的代表有 GQ 实验室、顾爷、深夜发媸、新世相等优质公众号。

2. 电商变现

除了广告外，公众号还可以自己卖货。按货品的不同，目前市场上的电商主要有两类：内容电商和服务电商。

如果说淘宝、京东是交易电商，那么另一种电商模式也就是内容电商也正以井喷之势开始崛起。越来越多的人在看帖子、看公众号文章、看视频的过程中产生购买行为。内容电商主要是通过情景化的方式引出产品，以内容作为流量入口，顺势将流量导入有赞、微店等电商平台以及小程序，以刺激消费行为。例如，Papi 酱的淘宝店开张 36 分钟后，店里 3 款产品共 297 件魔兽主题印花短袖 T 恤全部售罄。与内容电商卖商品不同的是，服务电商售卖的是一种服务，其公众号更多的是承载一个 App 的功能，以服务号形式居多，如滴滴出行、租租车、小猪短租、马蜂窝旅游等。

3. 知识变现

随着知识经济的兴起，通过知识变现的形式也越来越丰富。知识变现的第一种形式是付费课程。2016 年是知识付费元年，唯库、千聊、荔枝微课、知乎 live、喜马拉雅 FM 等平台都在提供知识付费的课程。课程变现非常适合专业度比较强的公众号，目前有微课模式、专栏收费模式。比如“余点的 Queen 主义”开设的线上课程，第一期收费 99 元/人，有 1 500 人付费；第二期收费 68 元/人，也有 2 300 多人参与。

知识变现的第二种形式是粉丝打赏。组织主体类的公众号是无法拥有赞赏功能的，个人主体类的公众号通过开通原创声明获得赞赏功能。文章对用户的帮助越大，打赏的用户数越多。通常，这类文章是提高粉丝某项技能、普及某领域知识等的文章。比如：半佛仙人运营的两个公众号“仙人JUMP”和“半佛仙人”由于另辟蹊径揭示很多社会、商业、科技的真相而拥有一批忠实粉丝，每篇文章打赏人数维持在300人左右。赞赏的特点是金额少、不稳定，而且对原创内容有一定的要求，因此，对于具备持续创作优质内容、个人特色鲜明的公众号主来说，赞赏还是能获得一些额外收入的。

知识变现的第三种形式是付费社群。付费社群就是经过付费才能进入的微信群，通过付费社群的形式来筛选优质粉丝用户成为会员，并重点服务好这些优质用户。这种类型的社群一般都会提供固定的权益，如免费课程、定期的知识分享，邀请大咖来上课或者答疑解惑，甚至赠送各类资料等。“罗辑思维”早年做的会员制社群，第一期的会员就卖出5 500个名额，轻松入账160万元。公众号“彬彬有理”也是以付费社群形式盈利，铂金会员每年付费539元，钻石会员每年付费1 599元。

知识变现的第四种形式是IP变现。这也是品牌和内容变现的最高级形态。由于这些公众号粉丝巨多，品牌知名度较高，因此已经形成独有的IP形象和价值，就可以实现IP衍生产品的变现。例如，出版书籍的公众号有：“混子曰”，其出版的《半小时漫画中国史》；“蕊希”，其出版的《只能陪你走一程》等。

任务拓展

使用微信关注表6－5整理出来的35个旅游自媒体公众号，以表格的形式记录这些公众号的名称、头像、功能介绍，进一步思考并记录它们的功能定位和群体定位。

任务反馈

各小组思考并探讨如果自己运营个人旅游类公众号，公众号的功能定位和群体定位，以及公众号的命名、头像和功能介绍。

拓展阅读

《如何注册“微信公众号”？只要五分钟》

手把手教你如何注册开通微信公众号。

扫描二维码，阅读全文

《六年，公号改变命运》

回顾了这六年来通过公众号运营改变命运的黎贝卡、沙小皮、罗振宇、六神磊磊等人物的故事。

扫描二维码，阅读全文

《公众号七岁：现在做，疯了吗?》

很多人都在问，今天开始做公众号是不是太晚了。这篇文章给出了“两个晚，三个不晚”的解答。

扫描二维码，阅读全文

任务六　抖音短视频营销

任务导入

抖音挑战赛是抖音为品牌独家定制的高品质话题，融合了抖音开屏、KOL/明星、发现页、消息页（抖音小助手）等全流量资源入口，并运用“模仿”这一抖音核心的运营逻辑和 UGC（User Generated Content，用户生成内容）共同生产扩散，实现品牌营销价值的最大化。

任务执行

以四人为一个小组，打开手机里的抖音短视频 App，在搜索框里输入“跟着抖音玩西安”，点击“话题”找到“#跟着抖音玩西安”挑战赛的入口，点击进入，观察并分析讨论：

1. 挑战赛里的抖音短视频从拍摄的内容来看都有什么特征?

2. 点赞量在 100 万个以上的抖音短视频都有什么特别的地方?

知识讲解

一、短视频的发展概述

1. 短视频的兴起和发展

2011 年 4 月 11 日，美国的 Viddy 正式发布了首款移动短视频社交应用产品，视频时长限制在 30 秒之内，用户可以使用该平台进行视频的拍摄、美化、编辑，视频制作完成后可以分享到 Facebook、Twitter、YouTube 等社交平台上。Viddy 在上线不到一年的时间，用户数量就达到 2 600 万左右。短视频风潮被引爆之后，国外的 Vine 软件和 Instagram、Givit 等许多类似的短视频社交应用，都以短视频分享为主要手段参与到争夺用户的竞争之中。

国内短视频应用虽然推出时间晚于国外，但发展迅速且竞争激烈。2013 年是我国移动短视频元年。2013 年的 9 月腾讯微视正式上线，可以拍摄时长为 8 秒的短视频，产品定位为年轻人的短视频社交应用，可以在腾讯旗下其他社交平台进行分享发布。

2013 年 8 月，新浪微博客户端 4.0 版本上线，内置“秒拍”功能，用户下载安装该应用，即可在手机微博发布框唤起“秒拍”应用，可以实时分享长度为 10 秒的短视频。2014 年 5 月，美拍正式推出，用户可以根据平台自带的滤镜特效等功能美化编辑视频，给用户带来了良好的体验，上线 9 个月后用户规模突破 1 个亿。2013 年“GIF 快手”从制作、分享 GIF 动图的纯工具性应用转型为移动短视频社区，随后更名为“快手”。2016 年 9 月今日头条旗下的短视频应用——抖音正式上线，并于 2017 年 11 月 10 日以 10 亿美元购买并合并北美音乐短视频社交平台 Musica. ly。

2018 年开始，经过几番鏖战之后，短视频应用市场上依旧活跃的基本就剩下快手和抖音及其头条系的火山小视频和西瓜视频。2018 年，抖音的国内日活跃用户数达到了 2.5 亿，月活跃用户数更是突破了 5 亿。而快手在 2018 年年底日活跃用户数也突破了 1.5 亿。这期间，腾讯强力复活了微视 App，一方面加大补贴，又引入明星和当红综艺为微视造势，另一方面又接入微信这一巨大流量入口，但市场上两大巨头的格局依旧难以改变。QuestMobile 发布的《中国移动互联网 2018 半年大报告》显示，2018 年上半年微视日活跃用户数仅为 347.3 万，比起同期抖音 2 亿的日活跃用户数依旧差距巨大。

2. 短视频的定义和特点

目前对于短视频的认定，行业内还没有统一的标准，艾瑞认为，短视频是指播放时长在 5 分钟以下的网络视频。根据《2017 短视频行业大数据洞察报告》分析其定义，短视频意味着视频的长度不到 15 分钟，主要依靠移动智能终端实现快速拍摄和美化编辑，是一种新形式的视频，可以在社交媒体平台上实现实时共享和无缝连接。本书对短视频的定义是：在各种新媒体平台上播放的、适合在移动状态和短时休闲状态下观看的、高频推送的视频内容，时长为几秒到几分钟不等，内容涵盖技能分享、幽默搞怪、时尚潮流、社会热点、街头采访、公益教育、广告创意、商业定制等主题。

短视频具有创作门槛低、社交属性和碎片化的特点。短视频与长视频相比，除了拥有时长上的缩短这一特点外，在内容创作和互动性上也比长视频更强，加上碎片化消费与传播的特性，消费者和用户都会更喜欢这样一种社交方式。和直播视频相比，短视频更便于进行全网内容的分发，其传播性更强。短视频在拍摄的技巧和内容的编辑等方面的要求都不是很高，普通用户可以参与短视频内容的制作，创作门槛低；社交属性是对于短视频内容的互通性、偶然性、及时性和冲击性等因素而言的，短视频已经成为用户在进行图文社交后的另一种新的社交方式，让人们更加主动愉悦地去观看它；在移动互联网时代下，短视频传播信息的碎片化特征，更便于用户利用碎片化的时间进行视频内容的消费、传播和分享。

二、抖音短视频的发展概况

1. 抖音短视频现状概述

抖音是 2016 年 9 月上线的一款支持拍摄短视频和添加音乐功能的原创短视频社交软件，用户可以通过视频拍摄快慢的调整，使用特效、滤镜、场景切换等技术使视频更具有创造性、娱乐性。经过两年的发展，抖音已经从一个小众的音乐类视频原创的社区变成数亿级用户的大型社区平台。抖音平台于2019年1月29日发布的《2018年抖音大数据报告》显示，抖音国内日活跃用户数达到2.5亿，月活跃用户数突破5亿。

2. 抖音短视频内容分类

根据新榜（www.newrank.cn）2019年7月的抖音号排行榜数据信息，将抖音短视频的内容进行如下分类，并列出各个分类下影响力排名前五的抖音号，见表6-6。

表6-6　抖音短视频内容分类

排名 分类	TOP1	TOP2	TOP3	TOP4	TOP5
娱乐类	陈赫	小沈龙	暖男先生	浙江卫视	薛之谦
才艺类	Papi 酱	惠子 ssica	李雨霏	小霸王	线条君
搞笑类	多余和毛毛姐	祝晓晗	钟婷 xo	阿纯	鬼哥
旅游类	地球村讲解员	租租车 App	毒角 SHOW	微观农村	老班长杰少
美食类	麻辣德子	浪胃仙	家常美食教程	夏妈厨房	懒饭
文化类	CGTN	一痕老师	网不红萌叔 Joey	曾仕强留声机	意大利的伯妮
萌宠类	金毛蛋黄	大 G	柯铭	豆儿哥	羚彦加油站
二次元	萌芽熊	唐唐	一禅小和尚	尊宝粑粑	狗哥杰克苏
游戏	一条小团团	张大仙	LOL 陪玩酱	林颜	第五人格 25 狗
家居	修板凳的师傅	设计师阿爽	培学长手工教程	生活有妙招	好莱客全屋定制
健康	仲昭金·快减重	李佳薰老师	丁香医生	小蝌蚪妈妈	姗珊瑜伽
企业	小伶玩具	今日头条	抖音小助	UU 跑腿	美团外卖
体育	NBA	Allen 有知识	能能叔	U'style 月色	路人王篮球
教育	商业小纸条	卢战卡	恋与 YOYO	樊登读书 VIP 精选	明 sir 反骗局
科技	老爸评测	金十数据	燃烧的陀螺仪	基地边缘	创业找崔磊
汽车	玩车女神	老丈人说车	大师说车	南哥说车	大中华区总裁
情感	路边小郎君	悟禅	博哥威武	你的子笺子凛	小彭
时尚	李佳琦 Austin	柚子 cici 酱	PUNK _ 朋克	豆豆 _ Babe	大鹿鹿
社会	懂车侦探	许君聪	初心行动	井胧	金银花

三、抖音短视频的旅游营销价值

（一）抖音短视频开启旅游营销新战场

随着时代的进步和技术的发展，网络内容的形态也逐渐升级，从初期的以文字为主转向图文并茂，再到近几年的短视频的崛起，成为影响用户旅游决策的重要因素。例如，西安的永兴坊、重庆的洪崖洞、张家界的天门山、武汉的黄鹤楼等景区在抖音短视频上被用户熟知，吸引了众多游客前去观光旅游。

重庆旅游发展委员会的数据显示，2018年五一小长假期间，重庆市接待境内外游客总数为1 735.75万人次，同比增长21.6%，旅游收入为112.48亿元，同比增长

30.5%。洪崖洞共接待游客14.2万人次，同比增长120%，在全国旅游景点中，其受欢迎程度仅次于北京故宫。抖音短视频内容精简、富有创意、传播迅速，除了重庆之外，西安也是抖音内容形态的获益者。最具代表性的案例是在抖音上走红的西安永兴坊“摔碗酒”，其内容本身就十分具有创意，再配上一曲欢快又洗脑的《西安人的歌》，在网上迅速蹿红，吸引游客不远万里、千里迢迢地赶到这个景点就为体验喝完酒摔碗的快感。

抖音上的西安摔碗酒和重庆洪崖洞如图6-8所示。

(a)

(b)

图6-8 西安摔碗酒和重庆洪崖洞

上述案例充分体现出抖音短视频对用户目的地选择的影响，同时，由于短视频内容制作门槛低、无须消耗大量的成本，众多旅游企业及相关机构被吸引参与抖音短视频的制作。以马蜂窝旅游网为代表的旅游服务平台积极尝试开展旅游营销，一些地方旅游机构也开始入驻抖音平台。

（二）抖音营销适合旅游业应用的因素

1. 优质的内容

旅游类抖音短视频的优质内容主要表现在以下两个方面。第一，景点本身极具特色。无论是重庆的“洪崖洞”、马鞍山的“怪坡”还是西安的“摔碗酒”，要么景观设计极为震撼、奇妙，要么情景活动有趣、好玩。因此，一个成功的“网红”景点首先要有成为“网红”的潜质。第二，多元融合，妙趣无穷。抖音的“抖”来自软件内嵌的丰富特效，“音”体现为可供选择的海量神曲，大多数作品具有节奏感强、魔性十足的特点，能带给受众新奇、炫酷的视觉感官体验。旅游营销人员将旅游场景与科技元素、艺术元素融合在一起，为视频增添了现场感和艺术感，让视频极富创造性。

2. 契合的用户

《2019短视频营销白皮书》显示，18～35岁的用户在抖音短视频中占比高达78%，且以一、二线城市的居民为主。这部分用户有钱有闲，是出游的主力军，同时，他们中的大多数是互联网“原住民”，善于创造，乐于分享，对互联网产品的参与意愿很高，有着较为强烈的社交需求。一方面，他们通过拍摄和上传短视频来吸引关注，同时带动别的用户之间的视频创意比拼。相比于传统营销模式，动态短视频社交模式呈现出更强的交互性和参与性。在旅游类视频里，用户能够更加生动、全面地了解景区的全貌。另一方面，观赏视频的用户在评论区实现与播主的互动。评论是抖音用户原创内容中极其重要的组成部分。企鹅智酷2017年发布的报告指出，超过一半的抖音用户会看评论，21.8%的用户会参与评论互动。在旅游类视频的评论区，用户会对视频内容和质量进行点评、询问景区的名字和位置、交流旅游体验心得等。评论区的互动不仅具有第三方推荐的信任优势，还让评论本身成为优质的体验内容。

3. 共生的机制

抖音利用优秀的产品和模式设计创建了一个可实现互利共生的生态圈。在旅游营销场景下，利益相关者包括抖音运营方、旅游地、播主及观赏用户等多个主体。在抖音平台上，所有参与者都能满足需求和创造价值。观赏用户在免费观看视频、参与互动的过程中贡献了自己的时间和注意力，创造了流量。播主为抖音提供视频内容和吸引流量，因自己成为关注焦点或意见领袖而获得心理满足感。在运营初期，平台会对提供优质内容的播主提供一定的补贴。而对于粉丝量达到十万甚至百万级别的大咖号，他们还可以选择与商家合作以寻求流量变现。旅游目的地成为网红之后，游客量和旅游收入显著增加，平台运营方也将获得不菲的投资和广告收入。目前，抖音与旅游营销的融合已经开始进入更为成熟的新阶段。2018年4月，西安市旅游发展委员会与抖音短视频达成合作，双方计划将基于抖音的全系产品，通过文化城市助推、定制城市主题挑战、抖音达人深度体验、抖音版城市短片来对西安进行全方位的包装推广，用短视频来向全球传播优秀传统文化和美好城市文化。据悉，旅游已成为抖音刚发布的“美好生活计划”的重要组成部分。在抖音搭建的共生平台之上，旅游营销具有无尽的想象空间。

四、旅游目的地抖音短视频营销策略

1. 以目的地自身建设为主、传播为辅

打铁还需自身硬，对于旅游业建设也是如此。旅游宣传和营销一定是在良好的旅游市场环境、产品特色的基础上进行的。对于抖音上走红的目的地，不论是成都街头还是厦门鼓浪屿、西塘古镇、浪漫土耳其，当地对旅游业建设与发展都是相当重视的。至于一些偶然性走红，但自身建设不佳的目的地，必然会随着众多游客到来后，因产生的预期与现实间的落差感而淡出人们的视野。因此，应当将线上、线下传播相结合。

首先，线下结合节日举办一些有特色的活动、话题和挑战赛等，打造高质量的旅游活动。其次，将活动的设计核心以旅游者为主，充分结合线上短视频媒介，进行即时、持续性传播。最后，在不同的热度时期拟定不同的营销策略。

2. 重塑多元特色，打破旅游目的地刻板印象

对于旅游目的地来说，其应该结合当地旅游资源，充分挖掘旅游资源的内涵与特色。一些旅游目的地由于独有的历史底蕴、地理位置、宣传内容等，在人们心中产生了固有的形象。旅游目的地需要在特色产品的基础上，重塑多元特色，开发多维度、多层次的吸引物产品，以满足更多消费者的需求。这些想法震撼人心不是必要条件，只要富有新意，就有可能得到认同。

3. 注重用户参与性，维护粉丝社区群关系

旅游市场也符合“二八定律”，即 20%的顾客可以创造 80%的价值。因此，旅游目的地应当注重培养粉丝社区群，将其转化为忠诚型消费者，这将会为平台产生累积效益。首先，旅游目的地应当注意粉丝的维护，与其进行互动，根据粉丝的个人特征预测他们的喜好，进行有针对性的内容设定。其次，旅游目的地对作品情况进行动态监测，分析其受到高关注度的原因，关注用户的评论，找到激起其讨论的关注点。最后，到了粉丝量强大且稳定阶段，旅游目的地则通过抖音短视频新增的投放广告形式，利用抖音短视频平台的同款推荐小窗口，恰当进行利益转化。

4. 建立旅游目的地、平台、政府三方合作机制

旅游目的地的网络营销，需要借助与平台、政府的相互合作，合力打造城市品牌形象。政府应负责整合营销，一方面，一旦出现热点话题，应当充分把握机遇，以举办活动、全民参与等形式持续性地进行宣传，在此期间，政府应当给予旅游目的地充分支持并合理控制，双方相互配合；另一方面，与新媒体平台合作，着力打造、推广阶段性特色的产品或服务。

5. 把控传播质量，杜绝虚假、夸大事实

网络传播中难免会有很多虚假信息，但是，对于旅游目的地来说，合理地包装产品，进行宣传推广营销，才是在市场长期生存的王道。一旦为了营销效果过度虚假宣传，甚至扭曲事实对社会造成不良的影响，都将随着时间推移而不攻自破。比如，宝鸡周原景区用妲己、纣王等反面人物进行网络传播，在抖音上得到众多质疑，陕西旅游集团却借此持续传播报道，最终对社会风气造成了不良的影响。虽然该景区借抖音火了一把，但最终结局以道歉收尾，这从景区的长远发展来看是得不偿失的。

任务拓展

抖音短视频、头条指数和清华大学城市品牌研究所在 2018 年 9 月发布的《短视频与城市形象研究白皮书》数据显示，截至 2018 年 3 月，抖音上关于西安的视频量超过 61 万条，播放总量超过 36 亿次。据西安市旅游发展委员会最新公布的数据，2018 年上半年，西安接待海内外游客 11 471.75 万人次，同比增长 45.36%，旅游业总收入同比增长 56.32%。思考：抖音短视频为什么能带火西安这座城市？

任务反馈

城市热门视频在传播内容方面遵循“BEST 法则”，即 BGM（城市音乐）、Eating（本地饮食）、Scenery（景观景色）、Technology（技术感设施），四类深入城市生活毛细血管的符号，组合成了立体的城市形象。各小组从“BEST 法则”角度来查看抖音中关于西安的热门视频，并讨论这些多元符号的聚合将自己心目中的西安塑造成了怎样的城市形象。

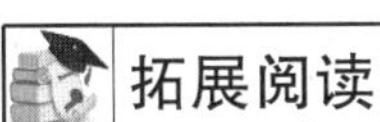

拓展阅读

《丽江“石榴哥”抖音爆红：走红凭运气，但优秀靠实力》

很多游客来丽江的唯一“艳遇”，竟然是一个男人，一个卖着很圆润的石榴的、有点圆润的男人。

扫描二维码，阅读全文

《如何利用抖音重塑城市名片》

关于“如何打造城市名片”，历经了前移动互联网阶段、移动端图文阶段和移动端短视频阶段的三次进化。

扫描二维码，阅读全文

《“抖音之城”西安》

昔日汉唐故都长安，已成为一座时髦的抖音之城。

扫描二维码，阅读全文

项目测评

【知识/技能评价】

1. 什么是新媒体？新媒体、自媒体、全媒体和融媒体之间是什么关系？
2. 新媒体行业红利的本质是什么？新媒体平台都会经历哪些红利期？
3. 有哪些知名的新媒体平台？它们的差异化价值是什么？
4. 微信公众号的差异化价值对旅游营销的启发是什么？
5. 什么是旅游微博营销？有哪些旅游微博营销策略？
6. 微信公众号的变现方式有哪些？
7. 重庆、西安和成都是抖音上最火的三座网红城市。以重庆为例，探讨：抖音短视频从哪些方面可以提升旅游城市的品牌形象？

项目实训

【实训背景】

故宫博物院是中国最受欢迎的景点，2018 年的游客量超过 1 700 万。在过去很长一段时间里，故宫博物院离大家很遥远，游客只有到北京走进紫禁城才能一睹它的风貌。但在过去的几年里，故宫却变得越来越年轻，出了很多文创产品，受到了“80 后”“90 后”，甚至“00 后”的喜欢。2018 年 12 月还发生了真假口红的“宫斗剧”，先是故宫博物院文创旗舰店推出了 6 款口红，颜色采自故宫的 6 种国宝，外观图案设计则来自宫廷后妃们的服饰和绣品。随后，故宫淘宝也发布了口红、眼影等故宫仙鹤系列彩砖。于是这两个机构谁才是正宗的故宫口红打起了口水仗。抛开口水仗的部分，我们见识到了故宫的带货能力。据统计，2018 年故宫文创产品的年销售额突破 15 亿元。

600 岁的故宫晋升为新一代的网红的背后，新媒体的作用功不可没。故宫博物院在新媒体平台的传播中，利用新媒体的传播优势结合故宫文化形成了故宫自己的传播风格，其卖萌、接地气的形象打破了在传统媒体中严肃古老的刻板形象，重新建构了新的媒介形象，激发了文化的动力，得到了大批年轻人的关注与追捧，成功地让故宫走下“高冷”的神坛。故宫博物院做到了把新媒体的“新”与传统文化的“旧”完美融合，给传统文化注入了年轻的活力，把故宫的传统文化带入大众的生活，实现了传统文化“活”起来。

【实训目的】

通过实训，加深对新媒体营销概念和内涵的理解。通过对故宫博物院新媒体营销案例的分析，使学生具备企业新媒体运营的基本技能要求，并激发他们对旅游新媒体营销工作的兴趣。

【实训任务】

1. 访问故宫博物院运营的新媒体渠道，包括：官方网站、天猫淘宝店铺（故宫博物院文创旗舰店和故宫淘宝）、官方公众号、官方微博号、官方抖音号。

2. 收集并整理近年来故宫博物院在这些新媒体平台上的活动素材，如纪录片、网络综艺节目、HTML5、网络动画、漫画、跨界联名合作等。

3. 思考故宫博物院在新媒体环境下构建的新的公众形象是什么。

4. 从话语形象、视觉形象和文化传播者形象这三个角度分析故宫博物院在新媒体环境下构建的新公众形象的特征。

【实训反馈】

以四人为一个小组，围绕故宫新媒体营销之路开展讨论，共同搜集资料形成故宫新媒体营销案例分析报告，并制作 PPT 上台汇报。

参考文献

［1］Kantar. 2019 年中国社会化媒体生态概览白皮书［R/OL］.（2019－08－05）.

http://www.199it.com/archives/916899.html.

[2] 抖音短视频，头条指数，清华大学城市品牌研究所．短视频与城市形象研究白皮书 [R/OL].（2018-09-14）. http://www.199it.com/archives/771662.html.

[3] 宋青．故宫系列文化产品的新媒体营销策略研究 [D]. 济南：山东大学，2018.

[4] 孙铭．故宫博物院在新媒体环境下的媒介形象建构研究 [D]. 北京：北京邮电大学，2019.

[5] 接丹丹．移动短视频视域下城市形象传播策略分析——以抖音为例 [J]. 传媒，2019（11）.

模块四
旅游电子商务运营管理

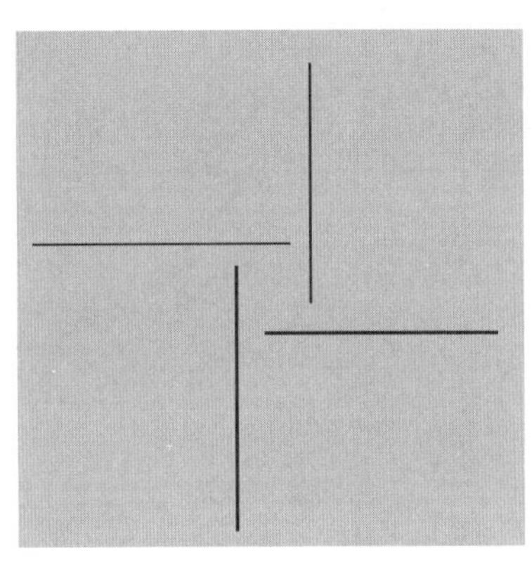

项目七　旅游电商平台运营管理

项目概述

随着时代的发展，近年来国内的旅游市场散客化、自由行现象越来越普遍，越来越多的游客出行选择自由行或自助游。为顺应消费者使用行为习惯的改变，各旅游企业也在纷纷开通自己的移动端旅游电商平台。本项目首先阐述了常见的旅游电商平台，尤其是基于微信的各种移动端微店；然后，对微信公众号连接微店的移动电子商务平台的产品运营、活动运营、内容运营和用户运营分别做了理论和实际操作的讲解和演示。

项目目标

知识目标：理解微店的概念和常见的平台类型；理解微店 App 和微店店长版 App之间的区别和联系；理解微店首页设计和产品详情页设计的基本原则；理解微店中微客多、搜索关键词推广的概念；理解旅游电商平台内容运营的含义；理解旅游电商平台内容运营的六大核心要点；理解客户关系管理的概念和意义。

技能目标：能够掌握微店连接微信公众号的移动电子商务平台的操作能力；能够从产品运营、活动运营、内容运营和用户运营四个角度对移动电子商务平台进行运营和管理。

素质目标：提升学生对旅游电子商务平台运营工作的理解和职业热爱；培养学生的创意创新思维和团队协作精神；培养学生积极主动的工作态度和抗压能力；提高学生分析问题的能力。

任务一　旅游电商平台运营概述

任务导入

除了选择与携程旅行网、飞猪旅行网合作开设线上销售平台之外，近年来，随着智能手机的普及，越来越多的旅游企业还通过各种移动端微店 App 搭建直销渠道来进行旅游产品的销售。

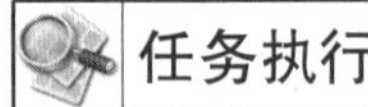

任务执行

以四人为一个小组，分组讨论：

1. 你都使用过哪些微店？

2. 这些微店各自具有什么特点？

知识讲解

一、常见的旅游电商平台

旅游企业可以通过官方网站建设 PC 端的电子商务销售平台，也可以通过飞猪旅行网、去哪儿网等在线旅游服务平台搭建第三方旅游电商平台。除此之外，旅游企业还可以通过微信公众号连接微店构建移动端旅游电商平台。微店，又称移动端店铺，是一种能够让人们在手机 App 里浏览的同时进行购买，且通过各种移动支付手段进行支付而完成交易的手机 App 平台。

对于消费者而言，微店是一个新型的电子商务平台，主要基于微信，同时兼有 PC 端综合性购物网站功能。它提高了消费者随时随地购物的灵活性，并且通过当今最具传播性和影响力的交流工具——微信来完成购物流程，支付方式安全快捷，有保障、风险低。以下是一些常见的微店平台。

（一）口袋购物微店

口袋购物微店（www. weidian. com）于 2014 年 1 月 1 日上线，由北京口袋时尚科技有限公司开发，是一家致力于帮助有梦想的人更轻松地创业的基于社交关系的电商平台，也致力于为消费者提供有用、有趣、有态度的商品和购物体验的购物电商平台。

口袋购物微店最大的优势是没有任何门槛，不收取任何费用，而且操作简单，且功能日趋完善。至今口袋购物微店已吸引 7 200 万商家入驻，海量的商家、近 14 亿件商品，构成了微店生态圈极其重要的一环。口袋购物微店首页界面如图 7－1 所示。

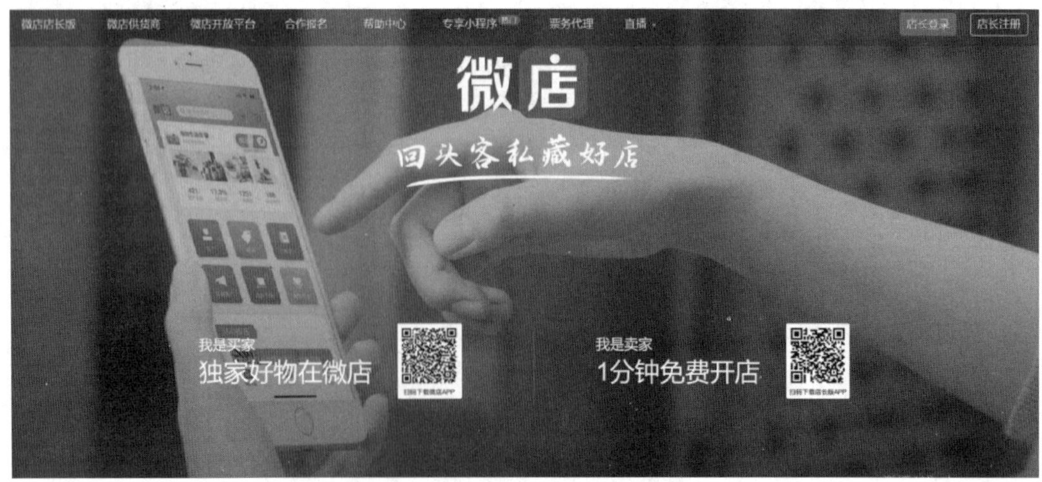

图 7－1　口袋购物微店首页界面

（二）微信小店

2014 年 5 月 29 日，微信公众平台宣布正式推出基于微信支付通过公众号来售卖商品的“微信小店”，可实现包括开店、商品上架、商品管理、货架管理、订单管理、维权等功能。微信小店后台管理界面如图 7－2 所示。

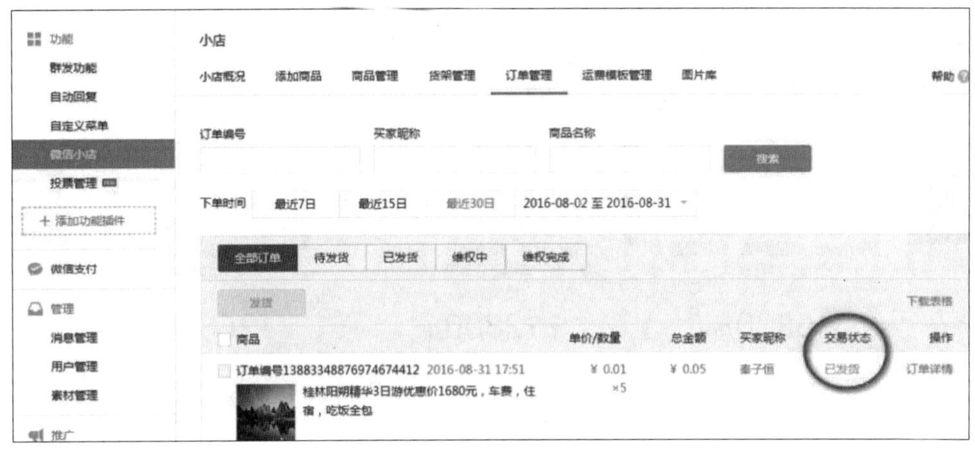

图 7－2　微信小店后台管理界面

并不是所有用户都可以使用微信小店功能，只有申请微信认证和微信支付的微信服务号才可以使用微信官方平台的微信小店功能，且开通微信支付功能需要缴纳 2 万元的保证金，这对于个人和小商家来说，无疑是一个比较高的门槛。

（三）微盟旺铺

微盟（www. weimob. com）是一个专门针对微信公众号提供营销推广服务的第三方平台。通过微盟的微商城，用户可以轻松管理自己的各类微信信息，对微信公众号进行维护、在线发优惠券、抽奖、打造微官网，通过“小程序＋公众号”构建一体化微商城，助力企业快速进入移动社交电商新时代。

但微盟旺铺的微商城只有 15 天的免费试用时间，要想升级解锁享受到更多的服务功能，需要购买微盟旺铺的标准版和高级版功能。微盟微商城的标准版和高级版升级界面如图 7－3 所示。

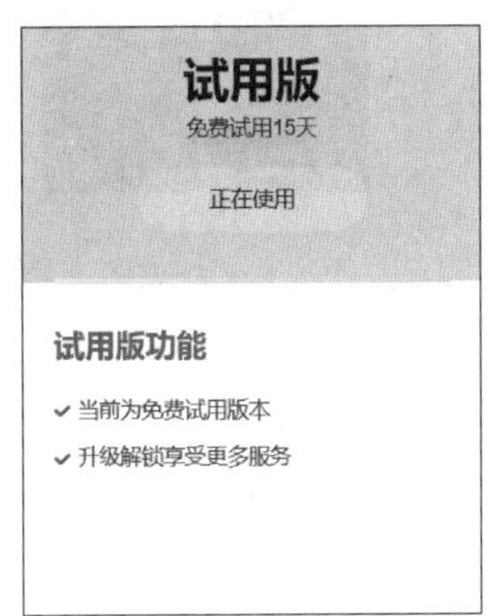

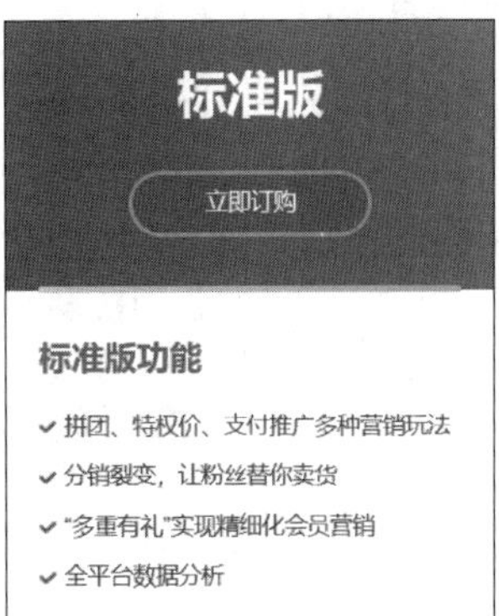

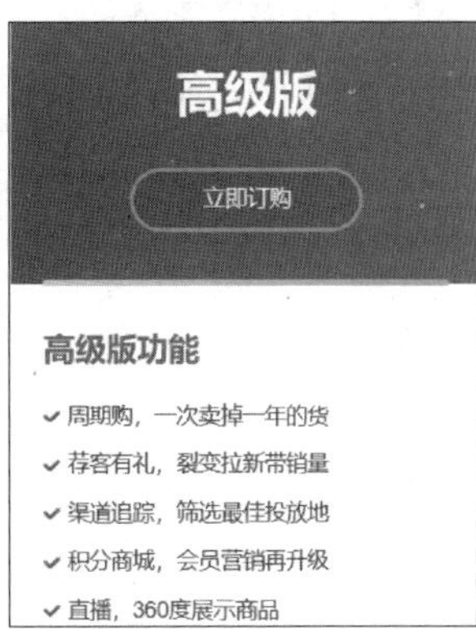

图 7－3　微盟微商城的标准版和高级版升级界面

（四）有赞

有赞微商城（www.youzan.com）是面向商家的线上开店系统，帮助商家搭建网上店铺，支持拼团、砍价、优惠券、分销员、会员储值等上百种营销工具，以及客户管理、数据分析、行业洞察等多种功能。

有赞微商城的功能虽然强大，但并不提供免费的版本，商家需要根据自身的情况，选择购买功能和价格不等的微商城基础版、专业版和旗舰版等版本。有赞微商城的基础版、专业版和旗舰版介绍及费用如图7-4所示。

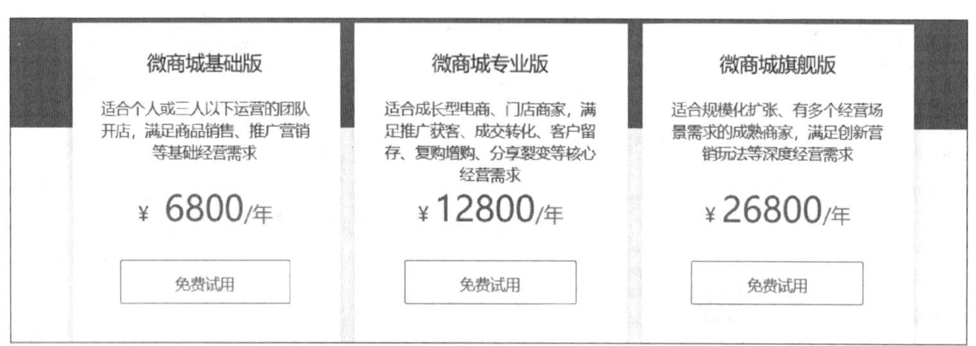

图7-4　有赞微商城的基础版、专业版和旗舰版

二、旅游电商平台基本操作

鉴于各电商平台的入驻要求、收费标准不同，综合考虑教学实践的可操作性，我们选择口袋购物微店（简称微店）来搭建旅游企业的移动电子商务平台。

（一）了解微店

1. 认识微店App

微店App作为一个买家市场，有着非常大的优质买家流量，平台主要提供地域特色美食、手作烘焙、母婴、服饰、美妆护肤、户外旅游等多品类产品。微店App首页界面如图7-5所示。

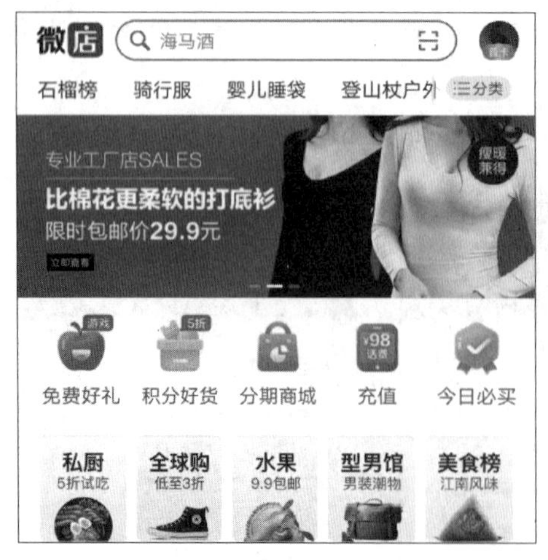

(a)

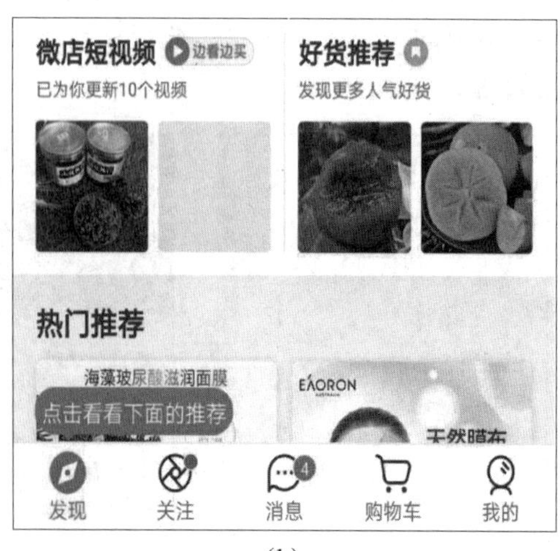

(b)

图7-5　微店App首页界面

2. 认识微店店长版 App

微店店长版 App 是提供给商家在手机上开店的工具。店长版 App 向商家提供了完善的电商系统、多样的营销工具、丰富的货源市场和众多的服务市场。

（1）完善的电商系统。

微店店长版 App 为商家提供免费的集开店、营销、成交、管理客户及提现于一体的全流程电商系统（如图 7-6 所示），可帮助商家轻松、快捷地完成手机开店的操作。

图 7-6 微店店长版 App 电商系统

（2）多样的营销工具。

微店店长版 App 借助社交网络的流量优势，提供拼团、砍价、抽奖等微信裂变营销工具，帮助商家快速获客；同时，通过限时折扣、限时秒杀、新客专享等营销工具提升客户收藏和成交转化率。微店店长版 App 提供的多样的营销工具如图 7-7 所示。

图 7-7 多样的营销工具

（3）丰富的货源市场。

针对自己没有货源，但还是想经营线上生意的店长，微店店长版 App 为这类小卖家提供一个货源市场，让他们可以尽情选择自己想代理的商品进行售卖。微店店长版 App 提供的丰富的货源市场如图 7-8 所示。

(a)

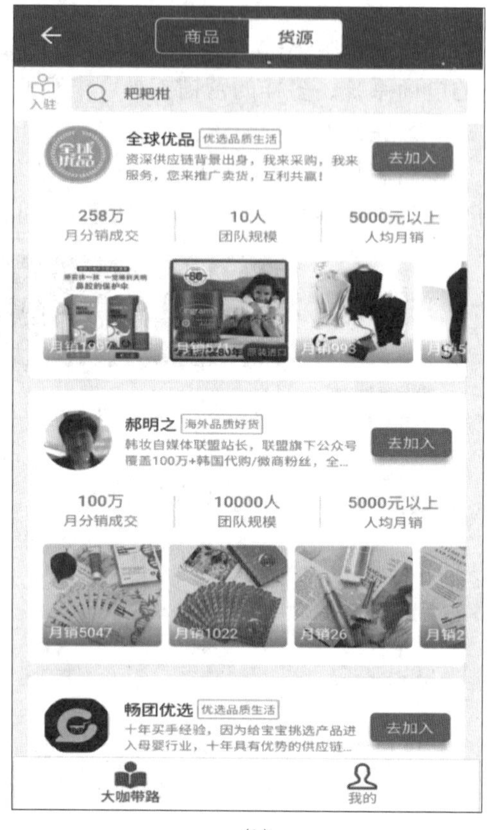

(b)

图 7-8　丰富的货源市场

（4）众多的服务市场。

除了基础功能以外，微店还联合数百家外部服务商打造微店服务市场，为微店店长提供具有平台一键搬家、小程序、引流等功能的第三方增值服务。微店店长版 App 提供的众多的服务市场如图 7-9 所示。

图 7-9　众多的服务市场

（二）微店注册

1. 注册账号

登录微店官方网站，点击“店长注册”进入微店注册界面，输入手机号、密码等注册信息。微店注册账号界面如图 7－10 所示。

图 7－10　微店注册账号界面

2. 选择主体类型

微店可选择的主体类型有：个人、企业、个体工商户/个人独资企业三种类型（如图 7－11 所示）。其中，个人类型适合个人商家，注册完成后只需实名认证即可；企业类型适合企业商家，注册时需提供企业营业执照、公共账户和法人身份证等信息；个体工商户/个人独资企业类型适合个体工商户、个人独资企业，注册时需提供工商营业执照和法人身份证等信息。

图 7－11　微店主体类型的选择

3. 填写相关信息

选择主体类型后，上传店铺头像，填写店铺名称和店铺介绍（如图 7－12 所示），其中店铺头像和店铺介绍在后期店铺装修的过程中可以再次修改。

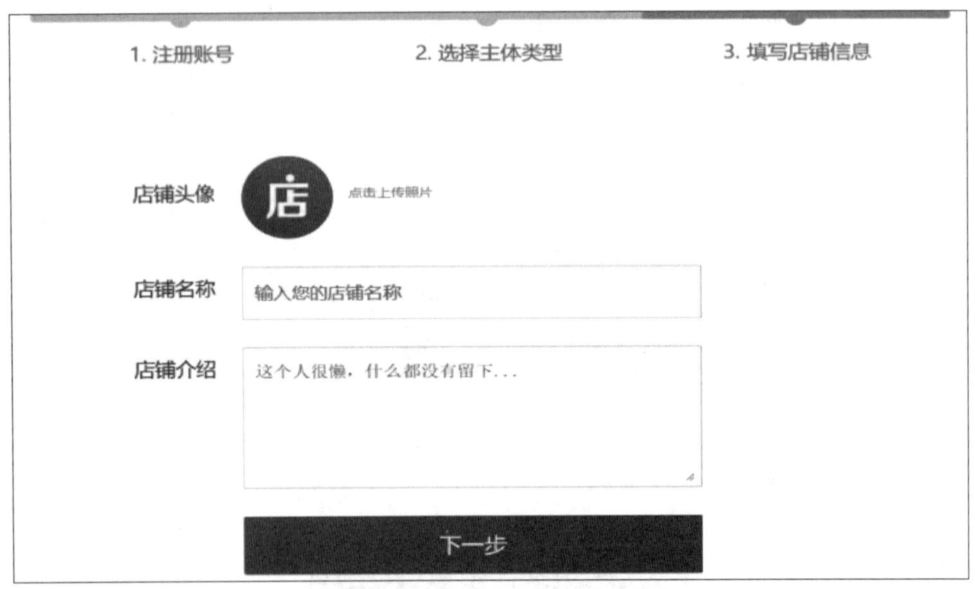

图 7－12　填写微店店铺信息

（三）资质认证

店铺注册完成之后，要做的第一件事就是资质认证，这是开始任何一个电商平台线上生意的基础。

1. 具体操作流程

微店的资质认证页面如图 7－13 所示。

（1）找到微店店长版 App 首页的“店铺头像和店铺名称”位置；

（2）进入之后找到“店铺资料”和“店长资料”；

（3）点击“店长资料”，找到“实名认证”和“证件认证”；

（4）点击“店铺资料”，找到“微店开店证明”和“特殊行业认证”。

2. 其他注意事项

资质认证涉及不同的行业和类目，会有不同的要求。以下是几个需要特别注意的地方，大家可根据自己所售卖商品的类型进行相关认证。

（1）实名认证和证件认证。

实名认证和证件认证，需要输入自己的身份证信息及上传身份证证件照来进行认证。这部分的认证是每个微店店长都需要做的，只有做好以上两步认证，才能在微店上正常进行上传商品、售卖及提现等商业性经营行为。

（2）特殊行业经营认证。

特殊行业经营认证是指预包装和散装食品、餐饮制售食品、初级农产品、普通出版物等行业需要进行认证，不认证会影响正常经营，会出现无法在微店 App 中被买家搜到、被平台下架商品等情况。

(a)

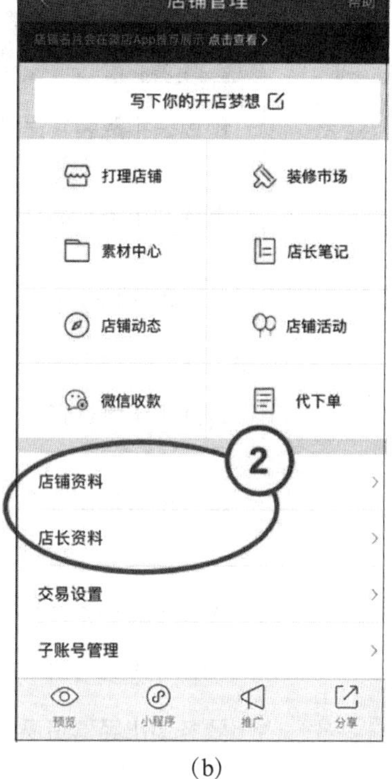

(b)

(c)

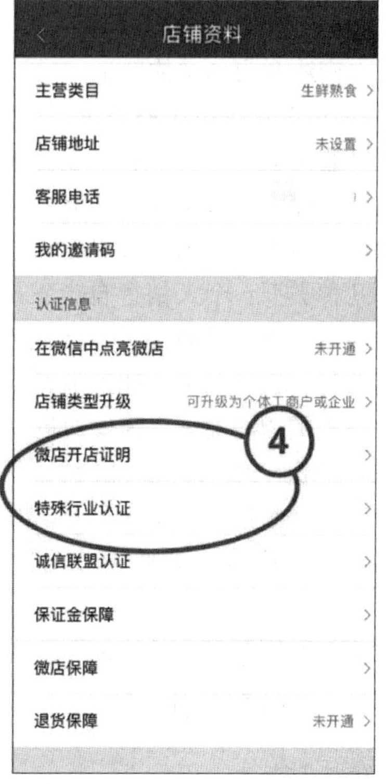

(d)

图 7-13 微店的资质认证页面

特殊行业经营认证页面如图 7－14 所示。

图 7－14　特殊行业经营认证页面

（3）电商法和市场主体登记。

《中华人民共和国电子商务法》（简称《电子商务法》）自 2019 年 1 月 1 日起实施，表明国家开始对电商平台经营的卖家有所规范，也受到很多卖家的关注。那么，在微店平台里不同商家类型是如何界定并实施登记的呢？

①《电子商务法》第十条明确规定，电子商务经营者应当依法办理市场主体登记。除了以下几种类型：个人销售自产农副产品、家庭手工业产品；个人利用自己的技能从事依法无须取得许可的便民劳务活动和零星小额交易活动；依照法律、行政法规不需要进行登记。也就是说，如果不属于以上情况，要依法办理市场主体登记。

②除以上类型的商家，需要通过以下流程进行操作：

首先，点击“微店开店证明”，保存并打印；然后，带上身份证件、“微店开店证明”，前往当地工商行政管理部门，现场填写“开户申请表”，即可申请办理；最后，领取办理好的营业执照，在“店铺类型升级”中选择第 1 类进行上传证件就完成了。

店铺类型升级与微店开店证明页面如图 7－15 所示。

图 7－15　店铺类型升级与微店开店证明

任务拓展

微店的商家不再以平台为中心，而是下载手机 App 客户端，通过微博、微信这样的沟通渠道，直接联系到客户，从而带来销量。作为移动端的新型产物，任何人通过手机号码或微信号即可在微店上开通自己的店铺，并通过一键分享到其他社交平台来宣传自己的店铺并促成交易。微店降低了开店的门槛并简化了复杂的流程，并且不收取任何费用。

任务反馈

各小组讨论自己运营个人旅游微店的功能定位和群体定位，以及微店的命名、头像和功能介绍，并注册开通个人微店店铺。

拓展阅读

《盘点社交电商的四大玩法》	社交电商四大玩法分别是：拼团类社交电商、会员制社交电商、内容类社交电商和社群社交电商。	 扫描二维码，阅读全文
《个人微信公众号开微店的具体方法》	详细讲解和演示了个人微信公众号如何开设微店的流程和操作步骤。	 扫描二维码，阅读全文

任务二　旅游电商平台产品运营

任务导入

微店店铺开通后，除了对微店进行命名、更换头像和功能介绍外，还要对微店的首页进行设计，它是微店设计中的重中之重。在设计微店首页前，店主要了解微店首页的主要功能并对微店框架有一个大致的构思，整理出清晰的设计思路，然后根据商品属性和目标人群的定位确定微店首页的设计风格。

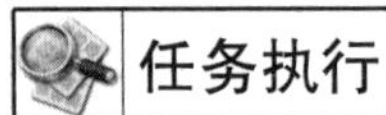

以四人为一个小组，查阅微店上优秀商家的店铺首页设计，结合自身商品属性和目标人群的定位，讨论微店首页的设计框架和风格。

一、旅游电商平台首页设计

（一）微店首页的主要功能

微店首页主要由店铺招牌、微店公告、焦点大图、商品分类、商品展示五大部分构成。设计这五大部分时，需要注意以下内容。

1. 店铺招牌

店铺招牌是店铺文化的浓缩。店铺招牌由于在店铺首页最上方，位置比较显眼，属于店铺装修中最为关键的地方之一，因此一定要精心设计。

首先，店主需要考虑的是店铺招牌要给顾客传达什么样的信息；其次，店主需要对店铺风格进行定位，并使店铺招牌与之保持一致；再次，页面要简洁明了，字数不要过多；最后，店铺招牌要突出主体，千万不能喧宾夺主。

2. 微店公告

微店公告以文字来说明店铺优势、商品卖点、促销信息或服务内容等。只要是能增加顾客对店铺的信任度且便于顾客浏览的相关信息，店主都可以将其展示在微店公告中，但文字必须简洁、清晰，要让顾客一看就懂，而且不会消磨顾客的耐心。

旅游微店首页示意图如图 7-16 所示。

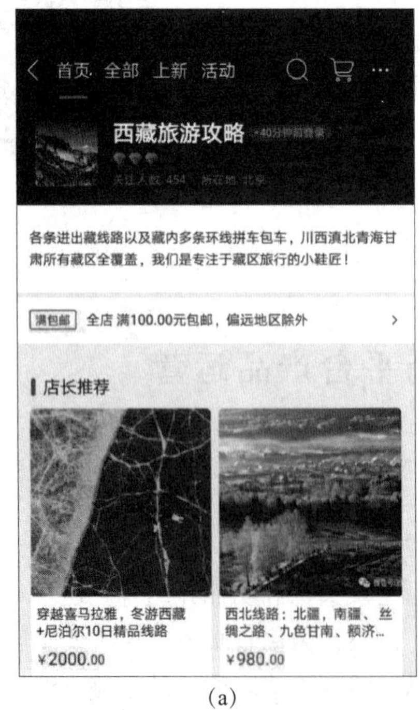

(a)

(b)

图 7-16 旅游微店首页示意图

3. 焦点大图

无图不成焦点，焦点必须有图片。可以说，焦点大图也是图片内容的一种展现形式。具体来说，焦点大图设计就是由一张图片或多张图片将商品自动轮番播放展示在首页上。因为图片是动态的，所以具有一定的视觉吸引力，容易引起顾客的注意。

4. 商品分类

在店铺首页中，店主可以根据商品的特点将商品划分为几大类，并根据类别对商品进行排序。

一般来说，如果顾客有需求，进入店铺后首先会点开首页中的“商品分类”模块，然后根据商品类型选择符合自己需要的区域，从中寻找所需的商品。商品分类的布局很重要，店主一定要根据顾客浏览和购买习惯对商品进行分类，以便顾客快速找到所需的商品，提升顾客的购物体验。

旅游微店商品分类示意图如图 7 - 17 所示。

(a)　　　　　　　　　　　　　　　　(b)

图 7 - 17　旅游微店商品分类示意图

5. 商品展示

商品展示一般分为“限时折扣”“店长推荐”和“全部商品”三个模块。

(1) 限时折扣。

在这个区域内展示给顾客的商品，全部都是店铺内的促销商品。对于顾客来说，当店铺有促销活动时，点击进入此模块后，第一时间就能找到商品促销区，浏览和购买商品比较方便。

(2) 店长推荐。

在这个区域内展示的大多是店铺新上的商品，或者是店铺的爆款。对于店主来说，有了这个区域，顾客会特别关注其中的商品。该区域在帮助店铺推广新品的同时，也方便顾客购买所需的商品。

(3) 全部商品。

在这个区域内展示的商品是店铺内所有的商品。一般来说，顾客大多不会直接到这个区域内浏览商品，因为这里的商品太多，顾客没有太多的时间去寻找。但是，如果页面的大多商品符合顾客的品牌选择和需求，那么很多顾客也会在此区域内逐一浏览，以便发现更多符合自己需求的商品。

(二) 微店首页的设计要求

在开始装修微店首页之前，首先要站在用户的角度去分析移动端购物用户的使用习惯和购物环境，并思考如何通过页面装修引导消费。

1. 清晰的导购思路

用户在看手机的时候会比较放松，页面如果在4秒内不能吸引到他，那么就会被无情地刷走，因此拥有一个清晰的导购思路是非常重要的。微店首页的设计核心是模块化，官方对页面模块的数量也是有限制的，因此要利用有限的板块创造更多的价值。一般来说，微店的首页是由店铺招牌、海报、分类入口、优惠券和单品展示等几个部分组成的。

旅游微店导购示意图如图7-18所示。

(a)

(b)

图7-18 旅游微店导购示意图

2. 首页同一板块内不要超过3种颜色

在设计学中有一条“7秒定律”，即有研究表明，人们关注一个商品的时间通常为7秒，而这7秒的时间内影响70%的人购买的第一要素是色彩。因此，设计微店首页界面时所选颜色不要超过 3 种，这 3 种颜色可以看作是主色、辅助色和点缀色。背景色尽量以浅色调为主，因为在移动端上浏览时，浅色的背景色更能突出商品本身，使买家的注意力集中在商品上。

3. 注意细节的设计

微店的首页大多是以“豆腐块”的形式展现的，范围有限，因此在选择图片时尽量使用半身图或局部特写图，避免视觉上的不清晰。但如果全部都用半身图或局部特写图的话，页面就会显得单调而乏味，可以适当穿插一些全景图，有意识地调整页面的节奏，使整个页面更和谐。此外，在页面面积较小的情况下，巧妙地进行图文的搭配能让画面看起来更高大上，还能避免因为杂乱而产生的廉价感。

二、旅游产品详情页的设计

（一）产品详情页的主要功能

旅游产品的详情页是对旅游产品的行程、线路特色、费用、行程须知、注意事项等方面内容的详细介绍。好的产品详情页可以激发游客的旅游欲望，树立顾客对店铺的信任感，打消顾客的疑虑，促使顾客下单，是提高旅游产品转化率的重要入口之一。

旅游产品详情页示意图如图 7－19 所示。

(a)

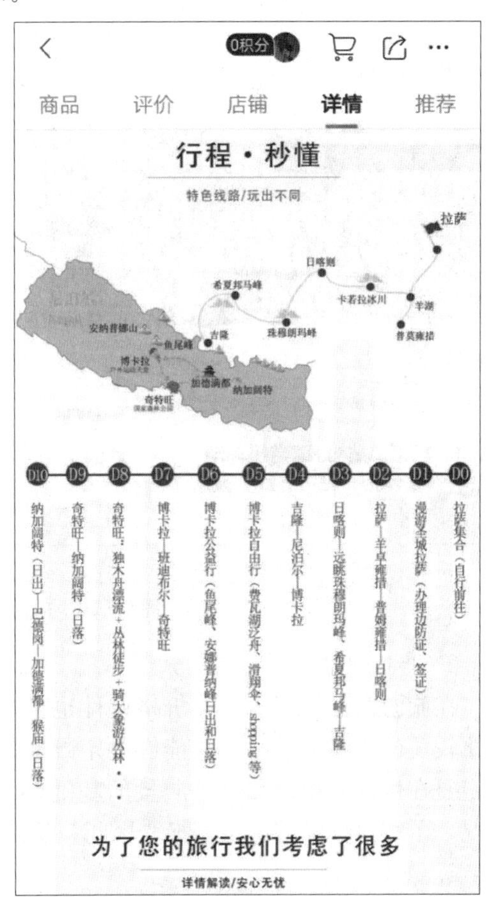

(b)

图 7－19　旅游产品详情页示意图

（二）产品详情页的设计要求

不同类型的旅游产品，顾客的需求程度是不一样的，因此顾客对产品详情页图片内容的需求程度也是不一样的。产品详情页设计的好坏会直接影响顾客的购买决定，所以要设计出一个能吸引顾客、留住顾客的产品详情页，店主一定要结合自己经营的旅游产品特点来进行设计。

1. 产品主图

在旅游产品详情页中，旅游产品的主图设计尤为重要。这是因为顾客在店铺浏览旅游产品时，最先看到的图片就是产品的主图，其基本尺寸要求是 640 像素×640 像素。设计旅游产品主图时，图片要清晰，主体与背景要主次分明，图片中的文字大小要适中、简洁明了、突出卖点。只有这样，旅游产品的主图才更具美观性，更加吸引人。

旅游产品主图示意图如图 7－20 所示。

(a)

(b)

图 7－20　旅游产品主图示意图

2. 产品价格

在旅游产品详情页中，价格设计也是非常重要的一环，因为顾客在购买旅游产品时比较关注产品的价格，它能够决定顾客是否购买该产品。在旅游产品定价时，店主一定要在保证旅游产品服务质量的基础上，根据目标顾客群来分析其收入、旅游消费情况，了解目标顾客的价格接受区间，从而设置比较合理的产品价格。

3. 产品描述

在旅游产品详情页中，产品描述能起到吸引顾客、提高产品成交率的作用。产品详情页应当与产品主图、产品标题相契合，必须客观、真实地介绍旅游产品的详细内容，如线路行程安排、线路特色、费用细则等。在进行旅游产品描述时，要图文并茂，且图多字少，图片一定要美观大方，文字内容一定要尽量简短，突出产品的特点和卖点。

旅游产品描述示意图如图 7－21 所示。

图 7－21　旅游产品描述示意图

任务拓展

商品详情页是旅游微店中最容易与用户产生交集和共鸣的页面，详情页的设计极有可能会对用户的购买行为产生直接的影响。因此，商品详情页的设计会涉及运营层面，要在美观、实用的基础上，将要表达的信息尽可能直观地呈现。

任务反馈

各小组讨论自己微店旅游产品详情页的风格、产品描述、产品主图等，并通过美图秀秀或 Photoshop 等制图软件进行产品的编辑、上架工作。

《微店基础篇：微店新版装修和模板位置指导》	新版微店的装修和模板设置教程。	 扫描二维码，阅读全文
《美图秀秀里的隐藏功能，90%的人都不知道》	Photoshop 门槛太高，介绍美图秀秀的使用和修图技巧。	 扫描二维码，阅读全文
《微店运营的干货分享》	从微店的定位、基本功能、运营心得等角度进行干货分享。	 扫描二维码，阅读全文

任务三　旅游电商平台活动运营

旅游电商平台商家想要提高自己店铺的销售量，除了依靠店铺商品的自身优势之外，还可以借助一些促销手段，提高产品的销量。

任务执行

以四人为一个小组，分别登录微店官方网站和手机移动端的微店店长版 App 查询了解微店都有哪些实用的营销推广活动。

知识讲解

一、电商平台优惠活动

（一）新客专享价

新客是指未在店铺中下过单的用户。为了吸引新的顾客，电商可以将部分产品设置成新客专享价以低于实际销售的价格，但需要限定新客每人购买的产品数量。

1. 新客专享价的操作方法

登录手机移动端的微店店长版 App，点击“营销推广”，选择“新客专享价”。如图 7－22 所示。

(a)

(b)

图 7－22　新客专享价设置界面

(1) 添加商品。

① 商品的选择。选择的商品需为自营、非下架删除的商品。所有型号的商品的价格都是 0.01 元，在商品列表里面设置为不可设置的状态。

② 添加商品的数量。每次最多选择 10 个商品一起设置。如图 7－23 所示。

(2) 设置打折。

折扣设置范围比例为：0.1～9.9 折，折扣设置保留一位小数点。折扣后的商品最小金额不得低于 0.01 元。商家填写折扣比例后，系统会自动算出新客价格。如果商品的原价产生变化，则新客价格也会随之变化。

(3) 删除活动商品。

如果要取消新客专享价的活动，只需删除新客专享价中的商品即可。

2. 新客专享价的使用规则

在微店中设置“新客专享价”的使用规则是：第一，设置了新客专享价的商品，只有店铺新客购买商品时才可以享受优惠价；第二，新客专享价可以叠加优惠券、店铺满减、满送、满包邮等；第三，新客专享价商品没有有效期，删除活动商品即为取消活动。

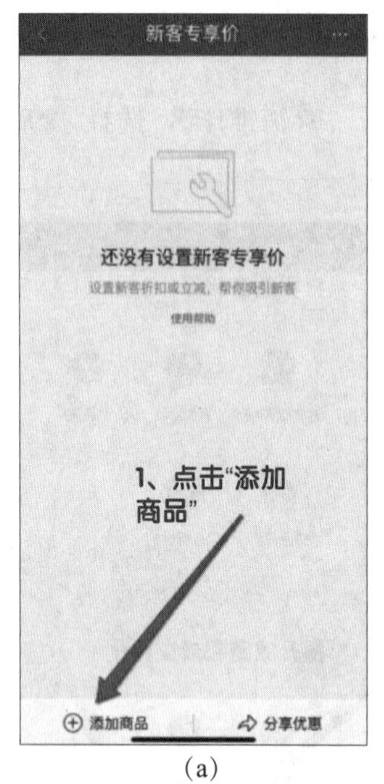

(a) (b)

图 7 - 23 添加新客专享价的商品

(二) 优惠券促销

优惠券是指消费者购买商品或者参与某项促销活动时，可以享受到的某种特殊权益的凭证。优惠券可分为实体券（纸质券或者卡）和电子券两种形式。其中利用电商平台发放的优惠券为电子券，它是通过计算机软件生成的标记特殊权益的符号。优惠券促销示意图如图 7 - 24 所示。

(a) (b)

图 7 - 24 优惠券促销示意图

1. 优惠券的操作方法

登录手机移动端的微店店长版 App，点击“营销推广”模块中的“优惠券”，再点击“添加优惠券”进行优惠券的编辑。如图 7－25 所示。

(a)

(b)

图 7－25　优惠券的设置界面

（1）优惠券的领取。

设置优惠券时，将优惠券设置为在店铺中公开领取，就能够让用户在店铺的首页中找到并公开领取这张优惠券。

（2）优惠券的删除。

优惠券创建后无法修改，只能删除。删除后，消费者不能领取，但是已经领取的优惠券，消费者在有效期内依旧可以使用。

2. 优惠券的营销价值

（1）千人千面促销。

打造高质量、高活跃度的促销体系，并且可以根据粉丝分组或会员分组的不同发行不同的优惠券，实现千人千面的促销。

（2）连接线上和线下。

利用电子优惠券打通线上和线下，比如，通过微信扫描获得电子优惠券，将消费者最关心的优惠活动数字化和游戏化，驱动消费行为并保护价格体系。

（3）社会化的传播。

利用电子优惠券开展基于社交关系的社会化媒体传播，每发行和传播一张优惠券，就相当于发展了一个潜在的顾客。

（三）限时秒杀活动

限时秒杀是商家在某一预订的活动时间，大幅降低活动商品的价格，买家只要在这个时间里成功拍得此商品，便可以用超低的价格买到原本很昂贵的物品。限时秒杀示意图如图 7－26 所示。

(a)

(b)

(c)

图 7－26　限时秒杀示意图

1. 限时秒杀的操作方法

登录手机移动端的微店店长版 App，点击“营销推广”模块中的“限时单品秒杀”，再点击页面底部的“添加秒杀活动”转至商品列表页，选择参加活动的商品，不支持批量设置，只能对单个商品进行设置。如图 7－27 所示。

（1）型号设置。

商品的型号可多选，最多添加 30 个型号，所选商品不同型号的最低价格作为参考原价，所选型号均以同一价格秒杀。选择型号点击“确定”后，自动跳转至设置各型号的活动库存页面，商品活动库存为设置的各型号库存的总和。

（2）活动库存。

活动的库存量为设置的商品各型号的库存总和。

（3）参考原价。

所选商品不同型号中的最低价格作为参考原价。

(a)

(b)

图 7－27　限时秒杀的设置界面

（4）秒杀价格。

秒杀价格是商品参与活动时的统一活动价。秒杀价格应该大于 0 元而小于产品的原价。

（5）时间设置。

时间设置包括开始时间、持续时间和结束时间的设置。开始时间不得早于当前时间，必须距当前时间 15 天之内，国外用户需以北京时间为准；对于持续时间，用户可以选择 15 分钟、30 分钟或 1 小时～24 小时；结束时间是根据开始时间和持续时间由系统自动计算。

（6）限购数量。

限购数量为必填项，数值在 1～10 之间。如果卖家限购数量设置为 3，买家提交订单未支付，会占用限购名额，此时买家还可购买 2 次，订单关闭后进行释放。

（7）是否设置验证码。

设置验证码后，买家需通过图形验证码校验才可下单。验证码是为了防止个别用户通过恶意软件、外挂等方式参与秒杀活动，从而影响正常参与秒杀活动的用户。建议在活动商品价值较高时设置验证码校验。

（8）是否支持修改或删除。

活动添加完成后，不支持修改，可删除。可分享的活动页面是指秒杀活动除分享可见之外，在HTML5及买家版商品详情页面均可展示。

2. 买家端展示的活动页

买家在手机移动端的微店版App点击对应的限时秒杀商品，会显示活动倒计时、是否包邮和限购数量等信息。同时，支持商品评论功能的展示，买家可点评及查看其他买家对该活动商品的评论信息。

二、利用微客多营销推广

（一）什么是微客多

微客多是微店官方推出的一款帮助商家进行店铺推广、商品销售或服务的营销工具。微客多通过对广告主商品或服务关键词的搜索或是通过在微店系列应用及平台展示的方式，将商品或服务展现在流量的展位上，并在众多商品中脱颖而出。

登录手机移动端的微店店长版App，点击“营销推广”模块中的“微客多”，就可以进行店铺推广、商品精准推广和搜索关键词推广等操作了。如图7-28所示。

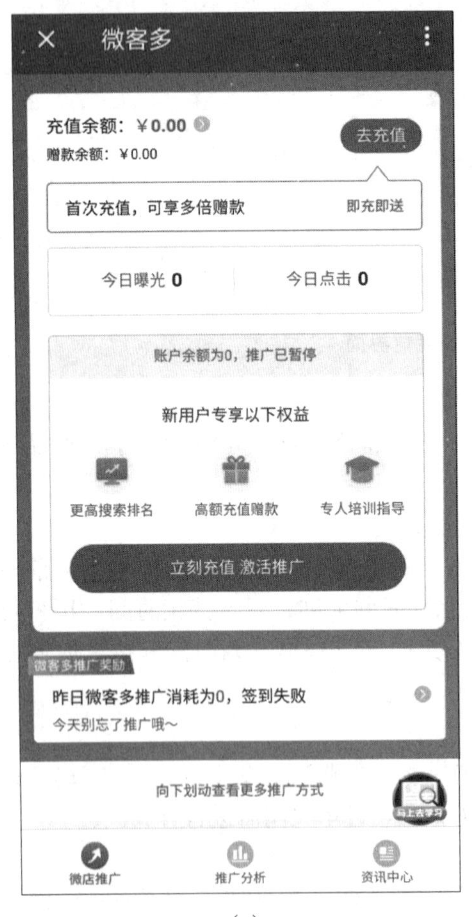

(a)

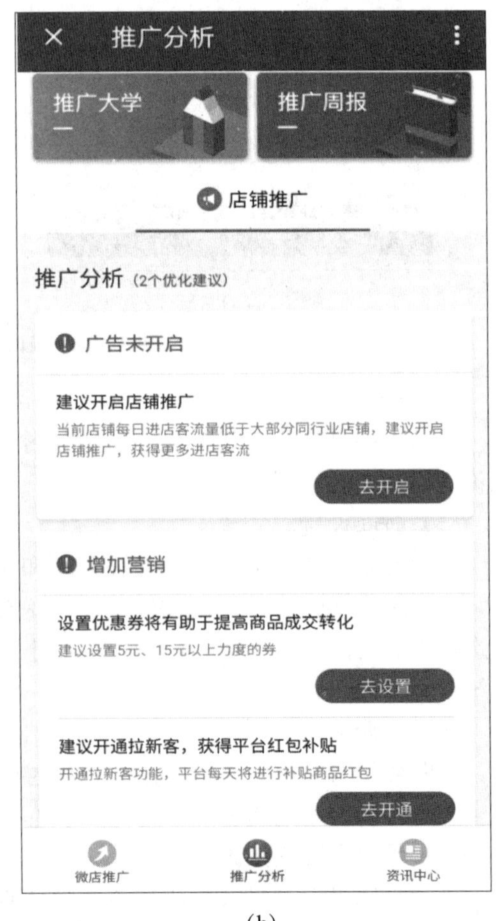

(b)

图7-28 微客多的设置界面

（二）店铺推广

店铺推广是按照点击计费的推广方式，由商家设置点击出价和日限额，设置成功后，店铺的商品会在微店 App 上精准地推广给潜在的购买客户。商家可以根据推广的实时数据及时地对店铺推广策略进行调整。买家点击广告后，系统会根据卖家设置的点击单价扣除相应金额的广告费。

店铺推广功能适合刚进入微客多的商家，轻松上手一键设置，进行全店铺的推广，为全店商品引流，快速带来销量。

1. 店铺推广展示位置

设置店铺推广后，店铺中的相应商品会出现在微店的首页热门推荐栏、购物车底部的“猜你喜欢”版块及微店 App 搜索结果页面列表等位置。如图 7－29 所示。

(a)

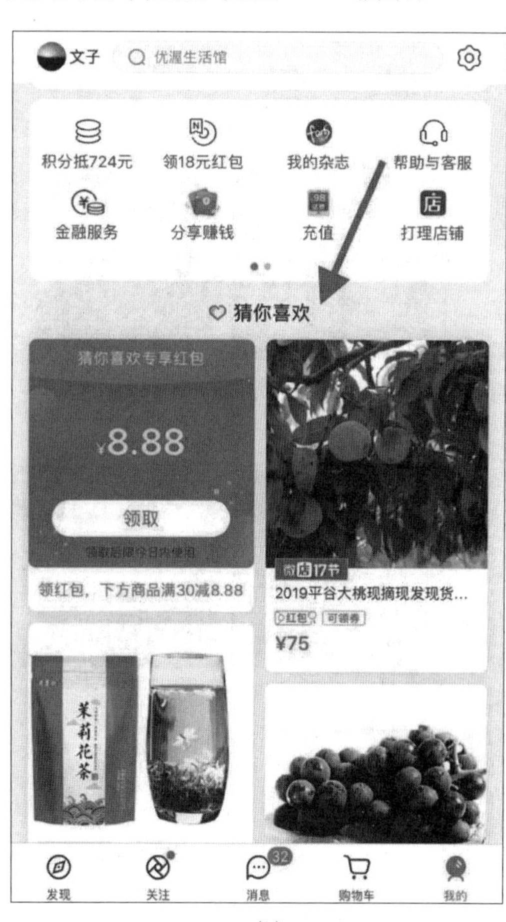

(b)

图 7－29　店铺推广的展示位置

2. 店铺推广操作流程

登录手机移动端的微店店长版 App，点击“营销推广”模块中的“微客多”，再点击“店铺推广”进入店铺推广设置页面：

（1）设置每日限额，最低设置 100 元；

（2）点击单价，也可以选择大数据给出的出价建议，大数据会给出 4 个出价建议，每个出价对应不同的排名，超过同类商品百分比越高，推广越有优势；

（3）点击确认推广，即完成店铺推广设置。

（三）商品精准推广

商品精准推广是按点击付费的推广方式，以单个商品为推广内容，可同时投放多个商品，投放的商品之间互不影响。商品精准推广主要是针对单个或者多个商品进行引流，适合为店铺打造主打爆款商品，帮助商家为主推商品做流量加持。

1. 商品精准推广展示位置

设置商品精准推广后，会根据买家的浏览、购买、收藏等习惯进行商品的精准推荐，覆盖首页、购物车、订单中心等多个资源位。如图 7－30 所示。

(a)

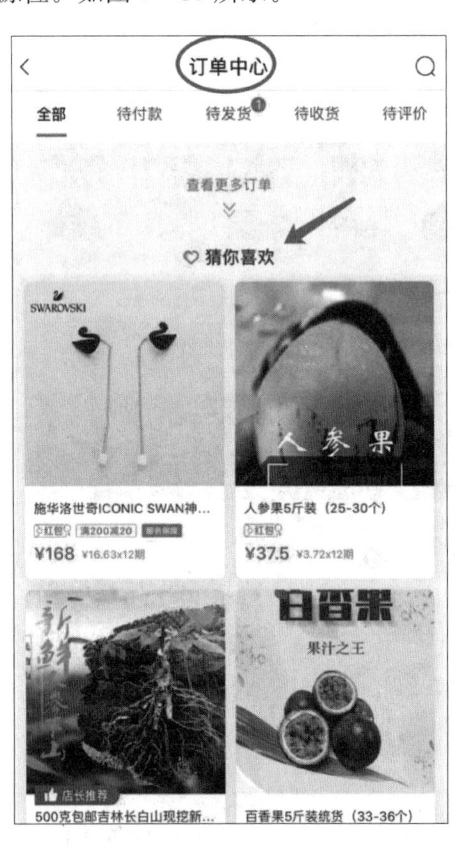

(b)

图 7－30　商品精准推广的展示位置

2. 商品精准推广操作流程

登录手机移动端的微店店长版 App，点击“营销推广”模块中的“微客多”，再点击“商品精准推广”进入商品推广设置界面。可以根据系统推荐进行“一键投放”设置，或在下方自主选择可投放的商品，设置单品的每日限额和点击单价。如图 7－31 所示。

（四）搜索关键词推广

搜索关键词推广是按点击付费的推广方式，是以特定的关键词为广告内容的推广

(a)

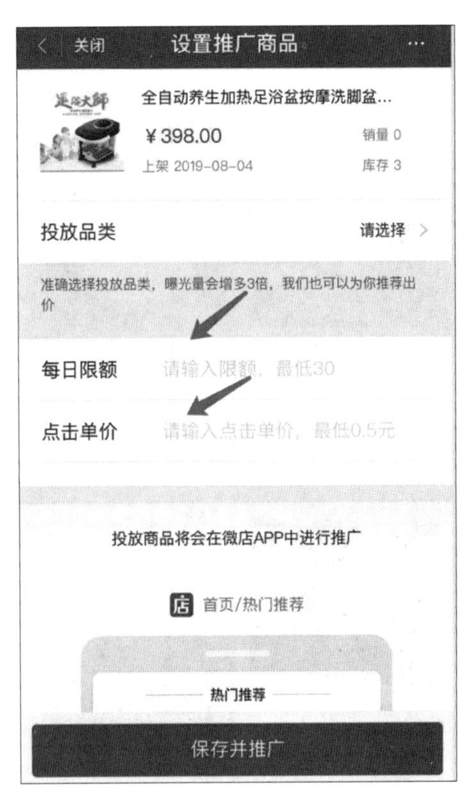

(b)

图 7－31　商品精准推广的设置界面

方式。商家只需要设置关键词和点击单价，当用户搜索对应关键词时，商家的商品将优先展示，从而获得有购买意愿用户的关注，实现精准引流、高效转化。

1. 搜索关键词推广展示位置

设置搜索关键词推广后，当用户搜索特定关键词时，会根据对关键词出价的高低进行商品的排序，并将搜索的结果在搜索页面中展示。如图 7－32 所示。

2. 搜索关键词推广操作流程

登录手机移动端的微店店长版 App，点击“营销推广”模块中的“微客多”，再点击“搜索关键词推广”进入关键词推广设置页面。

可根据系统中提示关键词的热度进行关键词的选择，热度越高，被搜索的概率越大。建议同一关键词下至少关联 2 个及以上商品。此外，建议针对不同的关键词设置不同的出价。出价越高，竞争力越大，可着重推广店铺中爆款商品的关键词，有推广的侧重点。

三、利用微信公众号营销

微信公众号是拉来新用户、带动老买家的必备工具。微信公众号的图文信息推广活动如果有足够吸引力的话，可带来很多对品牌感兴趣的新用户。公众号的粉丝目前没有上限数量，同时可以给粉丝分组，进行有针对性的营销和推广。有了公众号，粉丝也能通过自动消息回复、菜单栏等内容了解商品情况，进入店铺。

(a) (b)

图 7－32　搜索关键词推广的展示位置

（一）微店绑定微信公众号的设置

登录微店网页版（https://weidian.com），点击“营销推广”模块中的“公众号管理”。如果已有公众号，点击立刻绑定；如果还没有申请公众号，请登录微信公众平台（https://mp.weixin.qq.com），申请微信公众号。微店绑定微信公众号的设置界面如图 7－33 所示。

（二）微信公众号与微店连接的设置

在微店中绑定好微信公众号后，要实现用户从微信公众号的自定义菜单栏界面跳转到微店，从而实现产品的销售功能，就需要对微信公众号与微店的连接进行设置。

微信公众号与微店连接的设置界面如图 7－34 所示。首先，登录商家的微信公众号，进入后台页面，点击“自定义菜单”，进入自定义菜单界面。然后，通过点击“＋”来动态建立商家的微信公众号自定义菜单，比如，可以建立“进入店铺”菜单名称，将商家的微店网址作为菜单内容的页面地址，这样微信用户就可以通过点击商家微信公众号自定义菜单栏上的“进入店铺”子菜单直接进入商家的微店。

通过微信公众号与微店的连接，可以打通两个平台，充分利用微信公众号的营销功能为微店带来更多的产品销售。

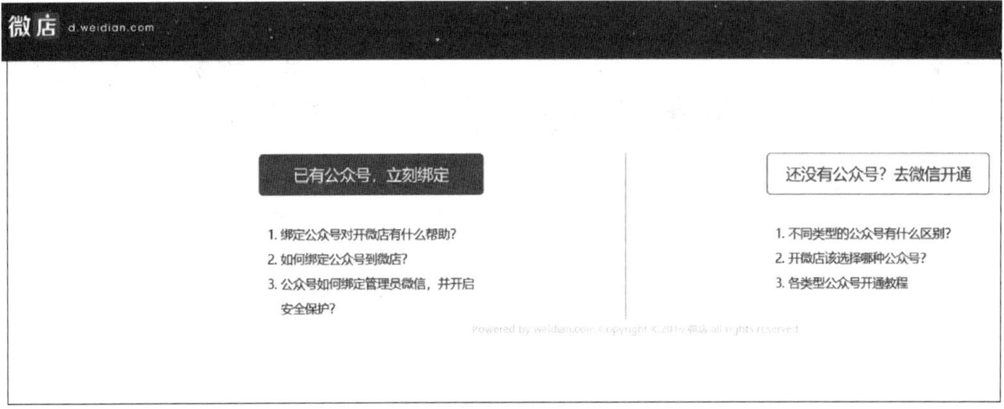

(a)

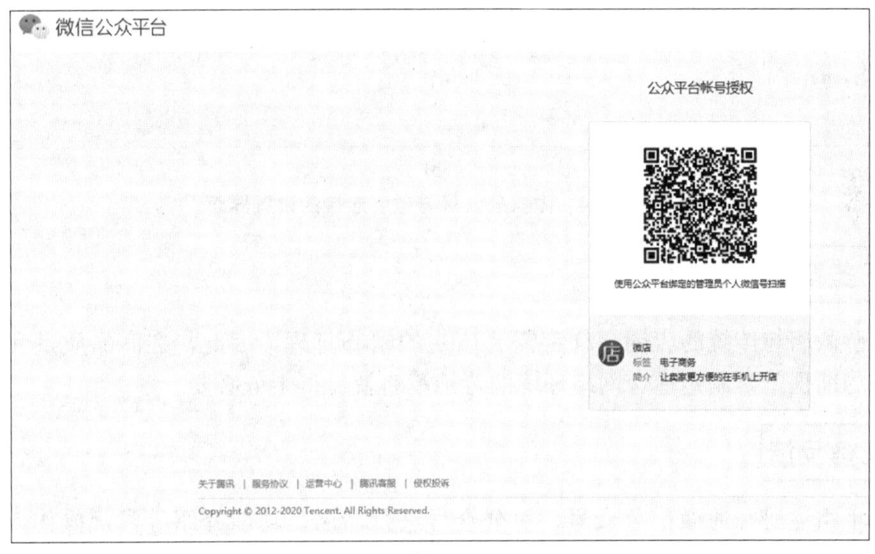

(b)

图 7－33　微店绑定微信公众号的设置界面

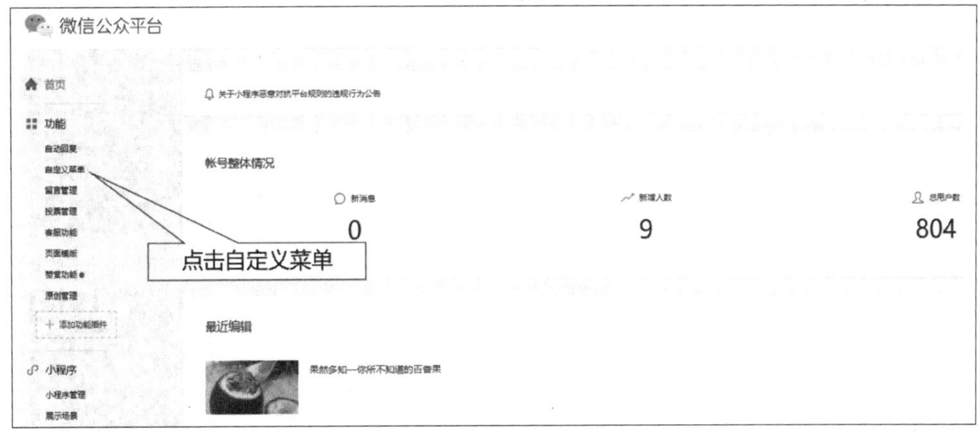

(a)

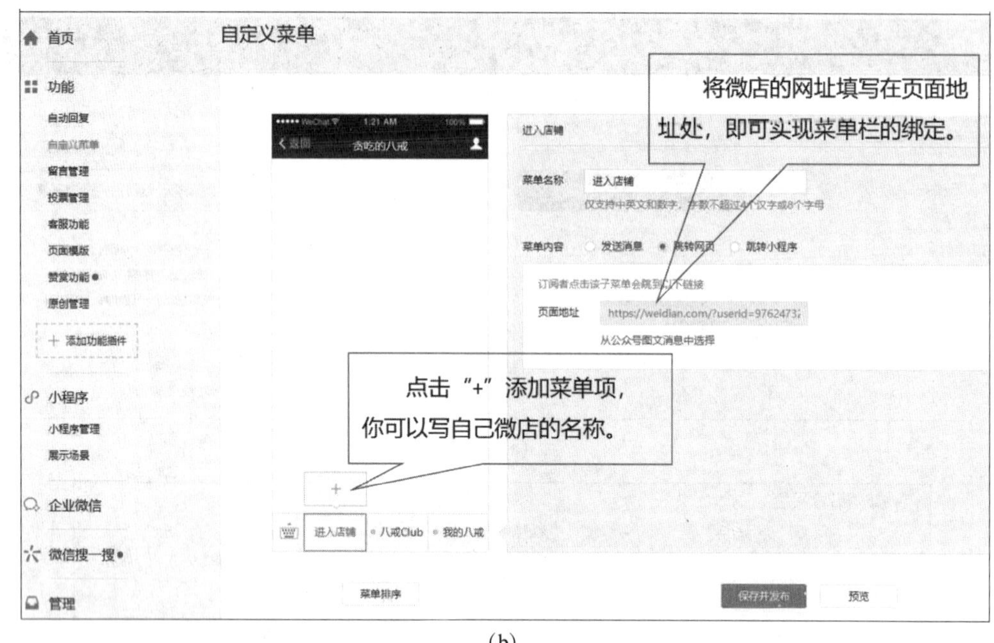

(b)

图 7-34　微信公众号与微店连接的设置界面

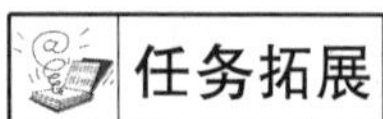

任务拓展

旅游微店与传统的店铺一样都需要店主的精心打理，因此，在商品质量和服务品质保证的前提下，制定适合网络环境的营销策略就显得十分必要。

任务反馈

各小组注册开通微信公众号，对公众号进行命名、功能介绍等常规操作，并将微信公众号与个人旅游微店进行绑定和自定义菜单的连接。

拓展阅读

《店铺红包技巧/干货：原来顶级商家这么玩》

你能想象"米马杂货"仅用1个店铺专享红包，就卖出了200多件商品吗?!

扫描二维码，阅读全文

《朋友圈推广技巧：引流转化》

通过"回头客说""限时折扣""组合套餐"等推荐工具，增加老客户转发朋友圈的概率，来切实提高引流转化的效果。

扫描二维码，阅读全文

任务四　旅游电商平台内容运营

很多微信店铺陷入“掉粉”的窘境，“掉粉”对于微信营销来讲可谓是一场灾难。粉丝大量流失，公众号长期无人关注，微店中的商品卖不出去，针对以上现象，运营者需要重视公众号内容，依靠高质量的内容来提升公众号的品质。

以四人为一个小组，分组讨论：

1. 哪些旅游类公众号的文章内容比较吸引你？
2. 你觉得这些吸引你的文章内容有哪些值得借鉴和学习的地方？

知识讲解

一、旅游电商平台内容运营概述

（一）内容运营的含义

在旅游电商平台的运营中，内容运营是指运营者通过微信、微博等新媒体渠道，以文字、图片或视频等形式将旅游企业信息友好地呈现在用户面前，并激发用户参与、分享、传播的完整运营过程。

内容运营是一项系统的运营工作，包括选题规划、内容策划、形式创意、素材整理、内容排版和内容传播等。可以发现，内容运营工作需要的是体系化的思路和完整的运营流程，而不是偶尔写一两篇阅读量高的文章而已。

（二）内容运营的作用

内容运营对于旅游电商平台运营的整体效果起着至关重要的作用。

1. 内容运营有助于提升产品知名度

旅游产品本身不会说话，需要通过内容进行表达。用户在体验旅游产品之前，只能通过企业官网或微信公众号等媒体浏览产品介绍、品牌新闻、用户反馈等内容，进而了解产品的详细信息。因此，优质的内容、多平台的宣传和精准的推送可以让更多的用户接触产品信息，从而提升产品的知名度。

“故宫淘宝”公众号

“故宫淘宝”是故宫博物院运营的一家以故宫为主题的文创类网店。其公众号

“故宫淘宝”从2013年9月上线以来，先后发布了与故宫相关的《舌尖上的故宫》《痴情顺治的人生传奇》等介绍性文章，文章阅读量1 000次左右。

2014年8月1日，“故宫淘宝”公众号推送了《雍正：感觉自己萌萌哒》（如图7-35所示），将传统严肃的故宫内容运营转向幽默、搞笑的年轻化内容风格，从此故宫走上了萌萌哒的内容运营之路。

(a) (b)

图7-35 《雍正：感觉自己萌萌哒》

2. 内容运营有助于提升营销的质量

旅游电商平台内容运营的主要目的之一是产品的销售转化，让用户愿意付费购买旅游产品。如果把内容运营看作一场球赛，在射门之前必须有盘带、传球等过程，也就是说，高转化率的文章或高参与度的活动只是转化工作的临门一脚，在此之前需要进行很多的铺垫工作。

例如，“长隆旅游”公众号是广州长隆旅游度假区的公众平台，主要围绕各种节庆做线上内容活动营销，2019年9月、10月分别针对中秋节、国庆节、万圣节推出丰富多彩的专题活动内容（如图7-36所示），达到了很好的产品销售转化效果。

3. 内容运营有助于提升用户参与感

用户的参与感来自持续的互动，设计具有话题性、创新性的活动内容，会引导用户的参与互动，提升用户对旅游品牌活动的参与度和好感度。

例如，“新西兰旅游局”公众号是新西兰针对中国旅游市场进行品牌形象宣传的重要媒体，2019年10月“新西兰旅游局”发起“分享镜头中的新西兰春日”活动

（如图 7－37 所示），引导游客分享新西兰美图和背后的故事与回忆，并从投稿的游客中抽奖赠送新西兰旅游局定制的咖啡杯和惊喜福袋等奖品。

（a）　　　　　　　　　　（b）

图 7－36　“长隆旅游”公众号销售转化

（a）　　　　　　　　　　（b）

图 7－37　“新西兰旅游局”游客线上参与活动内容

二、旅游电商平台内容运营的六大核心要点

（一）选题规划

旅游电商平台内容运营的第一个环节是选题。备受关注的“10 万＋文章”“百万级曝光”等内容多数是建立在扎实的日常运营基础之上的。否则，偶尔写出高阅读量的文章，也会因为日常内容积累少，不能保持高质量文章的输出，进而影响平台的口碑和后续的转化效果。

因此，内容运营必须先进行选题规划，策划出下一个阶段的主要内容选题和内容形式等，并填入类似表 7－1 所示的选题规划表作为内容运营总纲。

表 7－1　某旅游类公众号日常选题

内容选题	内容形式	拟定标题
旅游好物	图文	《旅行神器又出，高颜值便携电水壶，安全好用》
旅游攻略	图文	《适合一个人的旅行清单，全都美哭了！》
旅游摄影	图片	《原来情侣这样拍照，看得人直想恋爱》
当季美景	图文＋视频	《再过 30 天，婺源红，何以让全国人民倾倒?!》
旅游美文	图文	《这才是中国人该住的院子，惊艳中外！》
旅游养生	文章	《孙俪公开养生秘诀：生活方式对了，你就不累了》
旅游杂谈	漫画	《那个穿拖鞋的广东人，我们做朋友吧！》

（二）内容策划

选题规划做的是阶段性的内容计划，而内容策划做的是更为具体的内容设计。在写一篇微信文章或创作一条产品广告前，内容运营团队需要进行头脑风暴，探讨内容细节，并完成内容策划。

内容文案通常可分为 4 种形式，分别是广告宣传式、情感诱导式、活动促销式和观点表达式等。

1. 广告宣传式

内容运营的目的是宣传、推广含有品牌、产品或服务的信息，让阅读到这篇文案的读者能够接受和认可。因此，内容在某种程度上就是广告，只不过广告的植入有的明显些，有的隐晦些。我们把带有明显广告特性、侧重于宣传的软文称作广告宣传式文案，这类内容文案对企业品牌和形象的塑造、产品和服务销量的增长、消费者购买欲望的刺激具有很大的促进作用。广告宣传式内容文案举例如图 7－38 所示。

2. 情感诱导式

现在很多企业在进行营销和推广时讲究以人为本、体验至上，某种程度上突出了情感的因素。其实，情感体验是最容易深入人心的。做营销工作，如果能抓住消费者的情感，那就成功了一半。写软文也是同样的道理，只要抓住情感这个核心，以情感人、以情动人，就会很容易俘获一部分用户的心。情感诱导式内容文案举例如图 7－39 所示。

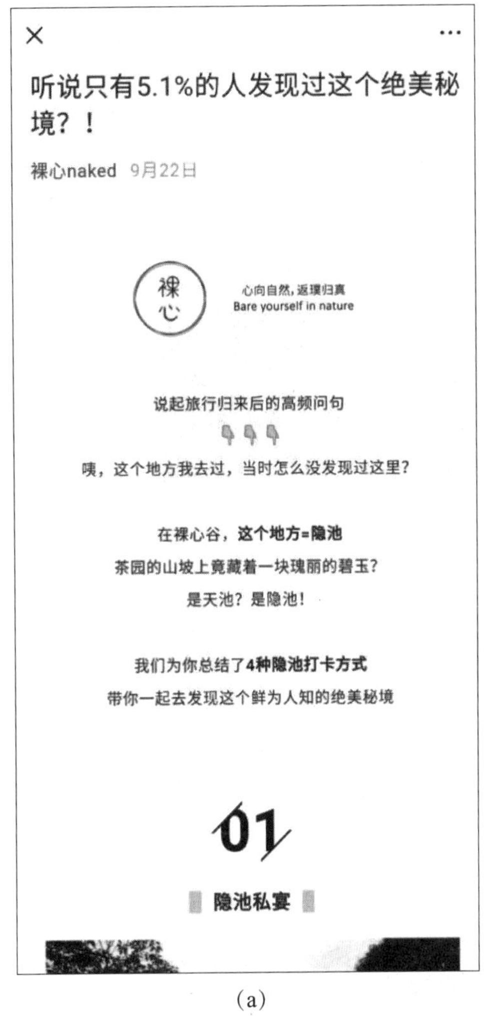

(a)

(b)

图 7-38　广告宣传式：“裸心 naked”公众号推文

3. *活动促销式*

做内容营销的关键在于调动消费者的参与感，所写文案要有利于用户的互动和参与。因此，企业可推出一些极具娱乐精神的活动，或赠送、抽奖等。这些活动一方面宣传了产品和服务，提升了企业的知名度和美誉度；另一方面极大地调动了用户参与的积极性和主动性，增强了用户对企业的忠诚度。活动促销式内容文案举例如图 7-40 所示。

4. *观点表达式*

从内容写作的角度看，软文就是一篇普通的文章，最基本的原则是可以完整地表达一个信息、一个观点，且能以最明确的语言来阐述文章的核心思想，解决用户关心的某些问题。也就是说，软文营销首先要能传达思想、表达观点、传递信息，让用户阅读之后有所收获，还需要对企业、产品起到宣传、推广的作用。观点表达式内容文案举例如图 7-41 所示。

(a)

(b)

图 7-39 情感诱导式："南京牛首山文化旅游区"公众号推文

(a)

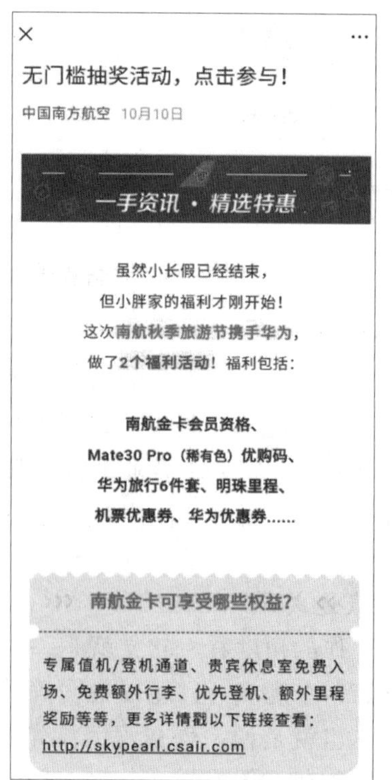

(b)

图 7-40 活动促销式："中国南方航空"公众号推文

(a) (b)

图 7-41 观点表达式："桔子水晶酒店"公众号推文

(三) 形式创意

内容策划完成后，运营者需要思考对应的呈现形式。用户总是对新鲜的、有创意的形式更感兴趣，如果某个账号的内容形式总是一成不变，用户的活跃度也会逐渐降低。因此，每一次发文章或做海报之前，运营者都需要思考以下内容：

(1) 可以写成一个故事吗?

(2) 可以写成一篇趣味新闻吗?

(3) 可以制作长视频或短视频吗?

(4) 可以做成一张长图吗?

(5) 可以用漫画的形式来呈现吗?

(四) 素材整理

内容形式敲定后，运营者需要进行素材的收集与整理，为后面的排版做准备。素材的收集和整理都有哪些常用的技巧呢?

1. 建立自己的素材库

在编辑微信图文的时候，大家可能习惯了临时找配图、找背景音乐和视频，但是这样找素材每次都会浪费很多时间，所以最好认真建立自己的素材库。这样便于素材的快速查找和灵感的获得以及有利于形成自己微信公众号的风格，提高微信公众号的辨识度。通常，可以将我们所积累的素材分为三种：

第一种是常用素材，是指无须再进行设计或改编的材料，重复使用率高，包括头图、导航图、二维码、表情、动图等常用图片和开头、结尾语等文字。

第二种是二次加工素材，是指从其他网站或文章中积累的需要加工后才可以使用的素材。例如，图片需要经过裁剪或添加文字等处理后才能使用，或者好的表情、动图需要重新拼接，音乐、视频需要再次剪辑等。

第三种是灵感素材，这类素材一般具有启发性和可模仿性。例如：好的文章标题、好的引导语设置、好的排版样式等可以供模仿改写的；好的句子、故事、热点文章等可以启发引用或创作的。

2. 常见的素材收集网站

这里需要说明的是，如果图片、文字等素材涉及版权的，要注意其使用说明。

常用的高清图片搜集网站推荐如下：

（1）LibreStock。LibreStock（librestock.com）是一个国外的无版权的免费图片网站，但需要通过英文关键词进行搜索。

（2）花瓣网。花瓣网（huaban.com）是一个优质的图片灵感库，这里有各式各样的图片，大家可以直接保存或收藏，还能通过花瓣网的超链接找到更多类似的主题图片，非常实用。

（3）站酷。站酷（www.zcool.com.cn）作为一个设计师互动平台，聚集了很多专业设计师、插画师、摄影师、艺术院校师生等设计创意群体，非常活跃。但是这上面的图片和作品都是属于原创作者的，大家可以浏览，如果要使用的话，还需要遵照平台规则并经过作者本人的许可。

（4）全景网。全景网（www.quanjing.com）是一个图片商城，虽然收费，但是其提供的图片小样便可以满足设计需求。同时，图片下方还有一个“相似图片”功能，利用此功能可以把相似的图片检索出来，提高了搜图的效率。

常见的GIF动图搜集网站推荐如下：

（1）Giphy。Giphy（giphy.com）提供的GIF材料非常全面，但是需要用英文关键词进行搜索。

（2）堆糖网。堆糖网（www.duitang.com）可用中文关键词进行搜索，且简单、易上手。

内容收集常用的网站有搜狗微信搜索、新榜和清博指数等。这三个网站可以提供微信热搜文章，也会有热点推荐，在根据热点写文章时可以搜索借鉴。

同时，文字类素材还可以去微博、简书、知乎等网站搜索，新闻热点可以去今日头条、网易新闻等网站搜索。

（五）内容排版

好的排版不但可以提升用户的阅读体验，增加文章的可读性，还可以形成个性化的风格。这是从形态上和其他微信公众号区分开来的关键。微信公众号自带的编辑器只能进行简单的内容排版，如果运营者希望有丰富的效果，或者想要提高排版效率，推荐使用秀米编辑器、135 编辑器等第三方微信公众号排版工具。

1. 秀米编辑器

秀米编辑器（xiumi. us）是相对来说容易上手的微信公众号编辑器，它的界面友好清新，推荐新手入门使用。秀米编辑器有很多贴心的设计，不仅可以满足新手的需求，而且可以自由编辑，满足更多设计的需求。秀米编辑器的首页界面如图 7 - 42 所示。

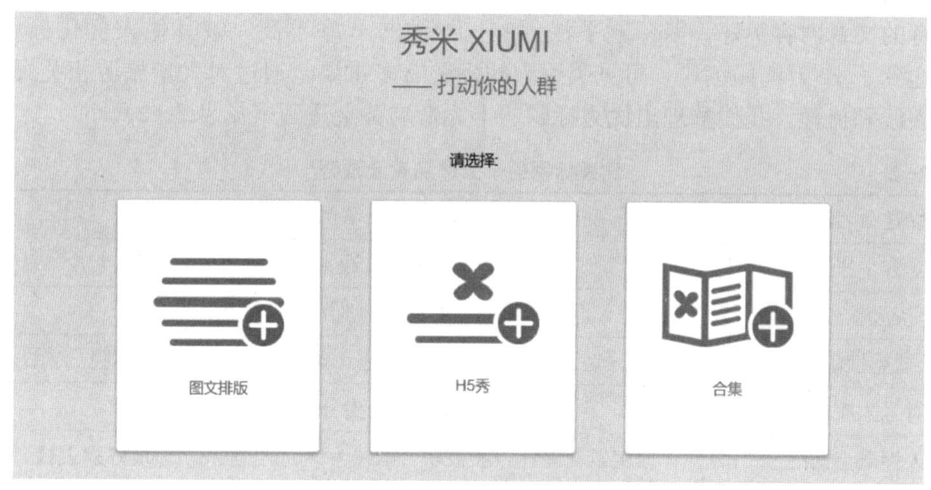

图 7 - 42　秀米编辑器的首页界面

2. 135 编辑器

135 编辑器（www. 135editor. com）是一款无须下载、打开即用的图文排版工具，主要应用于微信文章、企业网站（企业可个性化订制），以及邮箱等多种平台图文素材的排版。其模板版式非常丰富，基本的图文样式都有，而且更新速度非常快。另外，135 编辑器自带“一键排版”功能，适合新手操作。135 编辑器的编辑界面如图 7 - 43 所示。

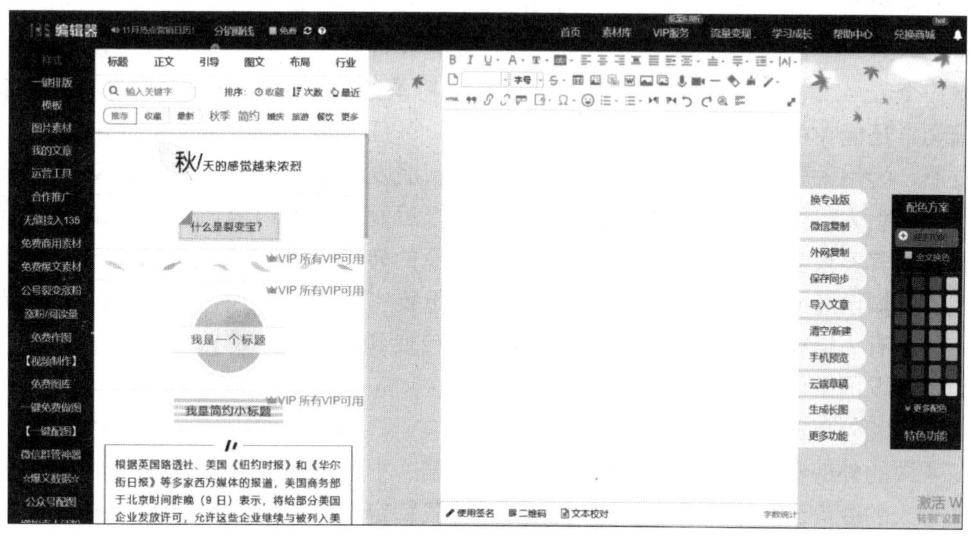

图 7 - 43　135 编辑器的编辑界面

（六）内容传播

内容运营并非发完微信文章或者发了微博就万事大吉，需要继续推广与传播，以期获得更好的内容运营效果。特别是对于粉丝数较少的账号，仅有为数不多的用户可以看到其推送的内容，传播效果有限。因此，内容运营者需要设计传播模式及便于传播的内容，引导粉丝将内容转发到朋友圈、微信群或更多渠道。

1. 通过优化标题来提高打开率

有的文章内容很好，但标题平淡无味，导致打开率不高，被其他人优化标题后，转载达到了10万的阅读量，可见吸引人的标题有多重要。通过对大量旅游相关爆款文章的阅读和梳理，我们整理出优秀标题的十大命名黄金法则（见表7-2）。

表7-2　优秀标题的十大命名黄金法则

标题命名法则	举例
数字法则	《30个正在消失的安逸古镇，愿余生不辜负》
傍大款法则	《比张家界还美的地方，竟然在这里!》
诱惑性法则	《这才是11月最美旅行地，我最想去第14个，你呢?》
对号入座法则	《2019旅行鄙视链至少分五级，你在哪一级?》
人性弱点法则	《美景0差评，屡被联合国评为No.1！但我劝你最好别去!》
对比法则	《月薪3 000和月薪30 000文案的区别!》
关键矛盾法则	《如何不花一分钱游遍全中国》
夸张法则	《共享单车，真是一面很好的国民照妖镜》
盘点法则	《盘点网红城市里的那些冷门打卡地》
追热点法则	《看了〈前任3〉超想去海岛｜哪些小众海岛最适合疗伤》

2. 通过朋友圈矩阵提高阅读量

要想提高微信文章的阅读量，最佳的手段还是要将文章扩散到朋友之间的消息和状态中，这其中首选朋友圈。一旦一篇文章被有大量好友的微信个人号转发了，每一个微信个人号就相当于一个有成百上千个真实粉丝的小微博。如果微信好友有交集，这篇文章还能在粉丝的朋友圈中形成刷屏现象。一旦一篇文章开始反复地出现在你的朋友圈，哪怕一开始你并不准备看它，但是看到朋友圈里面反复出现这篇文章，标题也非常吸引人，你就会忍不住点开，如果点开以后发现文章内容质量还不错，就会继续转发。其实很多爆款文章都是通过微信朋友圈的转发，人为制造出来的。将文章转发到朋友圈已经成为提升阅读量的重要手段。想要实现这个效果，就要打造朋友圈矩阵，让拥有一定粉丝数量的微信个人号将文章转发到朋友圈，覆盖更多人。那这些拥有大量好友的微信个人号从哪里来呢?

（1）和外部资源交换。

所谓的外部资源指的是其他微信公众号小编、小范围内有知名度并且微信粉丝达到几千人的微信个人号拥有者。当对方需要转载特定文章来曝光的时候，主动帮他转发朋友圈，达到相互传播的目的。

对于这样的微信个人号，要有意识地去结交，甚至建立微信群组，将身边粉丝数达到一定指标，如 500 人、2 000 人等的朋友加入进来，进群的人员再将身边粉丝数达到指标的朋友拉进来，这就形成了朋友圈矩阵。

（2）有意识地为微信个人号涨粉。

依靠外部资源交换的弊端是：大家所在的圈子不同，有些人覆盖的人群很可能并非微信公众号的目标人群，这就会造成无效传播；同时，这些微信个人号没有足够的利益驱动，让大家统一操作进行转发的难度较大。

如果在运营微信公众号的同时，有意识地给内部人员的微信个人号增粉，这样建立的内部转发朋友圈矩阵，粉丝覆盖更精准。

例如，目前有很多微信公众号会开展线上分享，通过微信公众号发布活动信息，要求粉丝将文章转发至朋友圈并截屏，加指定微信个人号为好发并发送截屏图片，由运营人员确认后邀请其进入微信分享群。如果是一场 500 人的分享，那么通过一次活动就可以让一个运营人员的微信粉丝数增加 500 人，开展 10 次这样的活动，好友就可以达到 5 000 人了。

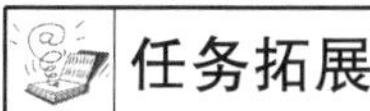

任务拓展

微信公众号的内容运营主要是指通过图片、文字、音频、视频等形式，采用创作、采集、编辑等手段生产内容来满足用户的需求，达到吸引并留住用户、为产品或品牌带来销售转化的目的。

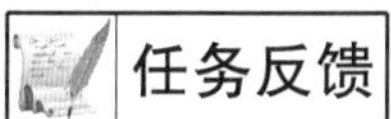

任务反馈

各小组结合自己店铺运营产品的特征，为其撰写一篇微信文章，达到产品宣传曝光、带来销售转化的目的。

拓展阅读

《朕有个好爸爸》	朕有个好爸爸叫玄烨，DUANG 地一下影响了我的整个人生！	 扫描二维码，阅读全文
《深氧一夏｜和最爱你的男人一起在这儿遇见“梅好”》	你可能知道哪天是母亲节，可你知道父亲节是几月几号吗？	 扫描二维码，阅读全文

任务五　旅游电商平台用户运营

任务导入

旅游电商平台用户运营是指以用户为中心搭建用户体系，开发需求产品，策划相关活动和内容。用户运营的价值取决于用户量和用户价值，用户运营的工作主要包括拉新、促活、留存和转化。

任务执行

以四人为一个小组，分别登录微店官方网站和手机移动端的微店店长版 App 查询了解微店都有哪些实用的用户运营方法。

知识讲解

一、客户关系管理与维护

（一）客户关系管理改善

CRM 是 Customer Relationship Management 的缩写，通常翻译为客户关系管理。要想持续增加店铺的销量，留住老客户，吸引新客户，就需要对客户进行管理。这时客户关系管理就开始发挥作用了。

客户关系管理是企业用来管理与客户之间的关系、选择和管理有价值客户及其关系的一种商业策略。客户关系管理的核心是以客户为中心，实现客户的价值管理，即通过满足客户个性化的需要，提高客户忠诚度，与客户建立起长期、稳定、相互信任的密切关系，降低销售成本，增加销售收入，并以此为手段来提高企业的利润以及客户满意度，以达到拓展市场、全面提升企业盈利能力和竞争能力的目的。

（二）客户关系管理的意义

客户关系管理作为一种新型的管理机制，被广泛运用于企业的市场营销、销售、服务与技术支持等与客户相关的领域。这一管理机制极大地改善了企业与客户之间的关系，全面提升了企业业务流程，降低了企业成本，通过提供更快速和周到的优质服务来吸引和保持更多的客户。因而，维护客户关系、做好客户关系管理对线上店铺的发展具有十分重要的意义，具体体现在以下 3 个方面。

1. 有效降低经营成本

在微信公众平台上经营店铺虽然比传统实体店的成本要低，但若是想让更多人熟知，仍需要大量的推广费用，除了硬广告，还有二维码、App、直通车等多种途径，但这些推广方式的成本也非常高。良好的客户关系管理可以大大降低经营成本，充分利用已掌握的客户资源，进行口碑推广。尤其是老客户，他们的口碑和行为（二次消费）就是最好的宣传，再加上他们对网店较为了解，不需要花太多的精力就可以带来新客户。

2. 增强企业竞争优势

比质量、拼速度、低价格，这些是线上店铺生存的常用手段。然而，最终真正能长久、持续创造收益的只有客户，客户才是一个店铺最大的资源。因此，客户资源的优劣、多少就成为竞争的决定性因素，如果拥有忠诚的客户，就相当于有了最大的竞争优势。

3. 获取更多客户市场

良好的客户关系管理一方面可以获得更多的客户，另一方面可以获得更多的客户份额。前者强调客户数量，后者强调客户质量和忠诚度，从某种意义上讲，后者比前者更为重要。客户份额营销的本质是忠诚营销、持续营销与深度营销。

客户份额是指自己的产品或服务在客户所有的该类消费中所占的比重。如 A 客户 20 个旅游产品中有 15 个全是在一家店中购买的，那么这家店就获取了这位客户 75% 的份额。客户份额越高，说明客户对该店的依赖感、忠诚度越高。

因此，客户关系的维护必须成为客服工作的主要内容，目的是能给店铺带来源源不断的客户资源。这在很大程度上节省了网店因宣传而需要增加的成本投入。注重客户关系的维护能够有效地降低网店的运营成本。

（三）客户关系管理的内容

维护客户关系是一门学问，越来越多的人开始着手客户关系维护的研究，使这门学问变得更加专业化、系统化。客户关系管理是一个不断加强与客户交流、不断了解客户需求，并不断对产品及服务进行改进和提高的过程。要实现客户关系管理，需要以客户为中心，以客户需求为导向，时刻将客户利益放在首位。

那么客户关系管理具体如何做呢？一般来讲需要从以下 4 个方面入手：

1. 客户信息管理

对于客服的销售而言，客户的资料是最为宝贵的财富。客服一旦掌握了客户的信息，就找到了服务客户的门道。客户资料越多，客服质量越高，销售渠道也就越多。所以，在客户关系管理体系中，对客户资料的掌握是相当重要的。

客户信息管理按照客户资料的完整性可分为四个等级，分别为基本信息、深度信息、购买信息、核心信息等，见表 7-3。

表 7-3　客户信息管理

基本信息	深度信息	购买信息	核心信息
姓名、联系方式、通信地址、登录 ID	性别、年龄、生日、爱好、购买需求	购买的产品、价格、总金额、次数	购买行为分析、潜在需求分析

以上四类信息是客服在实际工作中应该掌握的，这对提高客户对产品、店铺的忠诚度起着重要的作用。那么，客服该如何获取这些信息呢？至少需要做到两点：一是做个有心人，注意平时的观察和搜集；二是讲究一些沟通技巧和方法，与客户搞好私人关系。

对于客户的基本信息和购买信息的获得，主要靠平时的观察和搜集，可通过平台注册信息、客户订单、售后反馈单等，在这些单据中客户的姓名、通信地址、联系方式等基本信息都会出现，购买金额、购买单价、购买周期等也必不可少。

客户的深度信息和核心信息则需要通过更多、更深入的沟通来获得。深度信息在商品购买前后的聊天中也可间接获得，有的客户由于与客服聊得来，或者愿意与店铺保持长期的联系，就会建立起私人关系，说出自己的深度信息，留下更多联系方式，如 QQ 号、微信号、微博号等信息。核心信息是需要长期的统计、搜集和分析来获得，如客户需求的信息便是通过对购买行为的综合分析得出的。

2. 客户分组管理

管理学上有一个著名的定律——“二八定律”，即在任何事物中，最重要的、起决定性作用的因素只占其中一小部分，约 20%，其余 80%的尽管是多数，却是次要的、非决定性的。微商城、微店的经营同样如此，80%的利润来源于 20%的消费者。因此，对于客服来讲，精心维护好每一位客户，让每位客户 100%满意是事倍功半且很难做到的，更有效率的做法是学会抓住最有价值的 20%，进行有针对性、有侧重性的服务。

因此，应该对客户进行分组，区分客户的等级。微信公众平台后台用户管理分组设置界面如图 7－44 所示。在微信公众平台后台可对全部用户进行分类管理，分类标准根据自己的设置，单击“新建标签”按钮添加分类组。

图 7－44　微信公众平台后台用户管理分组设置界面

通常来讲，对客户进行分组是根据客户价值进行的，客户价值分为可量化客户价值和不可量化客户价值。可量化的价值标准自然是着眼于客户在店铺的消费情况，消费得越多、消费得越频繁，这类客户所创造的利润价值越高，自然级别也越高。不可量化客户价值可以理解为由于自身的购买能力有限，为店铺创造实实在在的销量可能有限，但却拥有丰厚的宣传、推广资源，可利用手中的渠道进行宣传和分享，以吸引更多的客户前来购买。这类客户由于有特定的标签，因此可划分一个特定的组。下面重点介绍可量化客户价值的等级划分，通常可分为 6 个等级，见表 7－4。

表 7-4 可量化客户价值的 6 个等级划分

客户等级	客户特征	服务方式
重要客户	长期合作的客户，既能保证购买量，又是产品粉丝；忠诚消费者，与店铺保持良好的、长期的关系	深度维护与这类客户的关系，培养情感，侧重于情感的维系
大客户	购买次数不多，但购买量和消费金额足够大的客户	深度了解这类客户的需求，挖掘更大的消费潜力，获得更大的收益
老客户	有多次购买经历的，并保持长期良好沟通关系的客户	巩固这类客户对店铺的信任感，并及时将店铺的活动告知他们
新客户	近期有至少一次购买经历，或有重复消费倾向的客户	重点介绍产品和自身的优势，并给予一定的优惠，促使二次消费
潜在客户	访问或咨询过店铺产品，但尚未产生实际交易的客户	激发这类客户的购买兴趣，让他们产生购买欲望，成为新客户
沉睡客户	仅有过一次购买经历，但后期没有再光顾过店铺的客户	通过优惠券的发送或上新的提醒，制造机会，唤醒用户

3. *客户互动管理*

对客户的维护很重要的内容就是与其保持畅通的交流，客服要尽可能地为客户创造条件，使得买卖双方、客户与客户之间有足够的互动。在这种互动中，客户关系得到了强化，店铺、产品信息也无形中得到了推广和传播。这样既达到了维护客户的目的，又实现了产品的推广，一举两得。

客服常用的互动平台有微信、QQ、微博等新媒体，这些平台已经成为客服与客户交流的主要平台。其中，最有效的方式是创建群，如 QQ 群、微信群或者其他社交圈等，将新、老客户加入群里集中互动，可满足一对一、一对多、多对多的多元交流需求。群具有天然的渠道属性，因为它集结了一群有温度的个人，群里的意见领袖再进一步代言，群的渠道价值就会瞬间爆表。群有着强互动关系，它是一个去中心化的组织，可充分利用个人的碎片化时间。在群里，除了群主有管理的权利之外，其他所有人的角色都是平等的。

客服可以通过群宣传新产品、店铺优惠等信息，让客户及时获取，而客户也可以在这里与其他的消费者讨论分享旅游产品的使用情况。客服主动创建互动平台有利于培养客户与商家的信任关系。当商家与客户之间形成了一种互相信任的关系之后，客服会发现自己的销售更加轻松，成绩也会十分突出。同样的效果还可以通过其他社交平台实现。总之，客服人员一定要将客户资源集中起来，建成一个集群，主动与他们进行交流，同时也鼓励各位客户分享自己的旅游产品使用体验。

4. *客户忠诚度管理*

在现实生活中，我们经常看到这样一种奇怪的现象，经营着同样商品的两家店铺，一家门前总是车水马龙，人来人往，而另一家却十分冷清，客户寥寥无几。在旅游电商店铺中也存在这样的情景，很大一部分消费者在网店的选择上具有集中性、重复性，即习惯在一家或少数几家店铺消费，没有特殊需求很少光顾其他同类店铺。

表面上看这是消费者的消费习惯使然，其实这是消费者出于对品牌、对产品的信任和满意度。我们将消费者习惯在同一店铺重复消费的行为叫作客户的忠诚度，因此，商家在着力经营客户关系的过程中要致力于提高客户的忠诚度。

在培养客户忠诚度上需要从两个方面入手：一是重视客户体验，提升客户满意度；二是善于打情感牌，给予客户一定的情感关怀。

（1）重视客户体验，提升客户满意度。

客户关系管理中有一个著名的三角定律，即“客户满意度＝客户体验值/客户期望值”，即客户期望值与客户满意度是成反比的。在虚拟的微信公众平台交易，客户对产品价值的感知，不仅仅来源于产品的实物展示，更重要的是来自产品的精神价值。这种反差往往会更大，因此，线上客服为客户提供服务，需要明确决定客户满意度的因素有哪些，是如何影响客户心理的。

归纳起来，决定客户满意度的因素主要有：第一，产品满意度，包括质量、价格、功能、设计、包装等；第二，客服服务满意度，包括服务的可靠性、及时性、连续性等；第三，客服行为满意度，包括客服的行为准则、广告行为、语言礼仪等；第四，网店形象满意度，包括网店网页画面设计和内容设计等。

（2）善于打情感牌，给予客户一定的情感关怀。

通过调查和分析，我们了解到客户对一个网店的依赖性和忠诚度往往与客服所提供的额外服务和超预期的回报密切相关。客户购买一款产品，除了对产品价值有较高的预期外，最让他们看重的便是客服能否提供更多的服务，如能否根据用户的喜好推荐恰当的商品、主动给予额外的奖励、发出专属优惠，这会让客户感受到那份独一无二的情感关怀。

这也决定了网店服务需要体现差异性和个性化，为客户提供超出常规需求之外的服务，让服务质量超出客户的正常预期，让客户感觉到备受关怀。此外，为提高客户满意度，客服也要注意细节，如服务态度、回复的速度、对产品的熟悉程度等都是影响客户满意度的因素。这在一定程度上考验着客服的综合能力。

二、社会化全员营销

（一）分成推广

分成推广是指利用老客户帮忙宣传产品带来订单，并给予其一定比例的分成推广佣金。

登录手机移动端的微店店长版 App，点击“营销推广”，选择“分成推广”。分成推广模式有全民推手模式和指定推手拉新客模式（如图 7－45 所示）。所谓全民推手模式，是指无须店长邀请，任一用户分享，若成交则都可赚取佣金。而指定推手拉新客模式是指，店长自主邀请推手，推手拉新客可赚取佣金。

（二）招代理

所谓招代理，是指开通微店的分销功能，成为微店生态系统中的供应商。开通微店分销功能后，可为店铺内自营商品设置佣金、招募分销商代理并推广商品，推广成功后自动向分销商支付相应佣金。

登录手机移动端的微店店长版 App，点击“营销推广”，选择“招代理”，选择主营行业，开通微店分销功能。然后设置佣金比例，根据销售业绩，可以把分销商划分为不同的等级，每个等级对应不同的佣金比例，销售成绩越好，获得佣金越高，以此激励分销商多劳多得。招代理、分销阶梯佣金设置界面如图 7-46 所示。

(a)

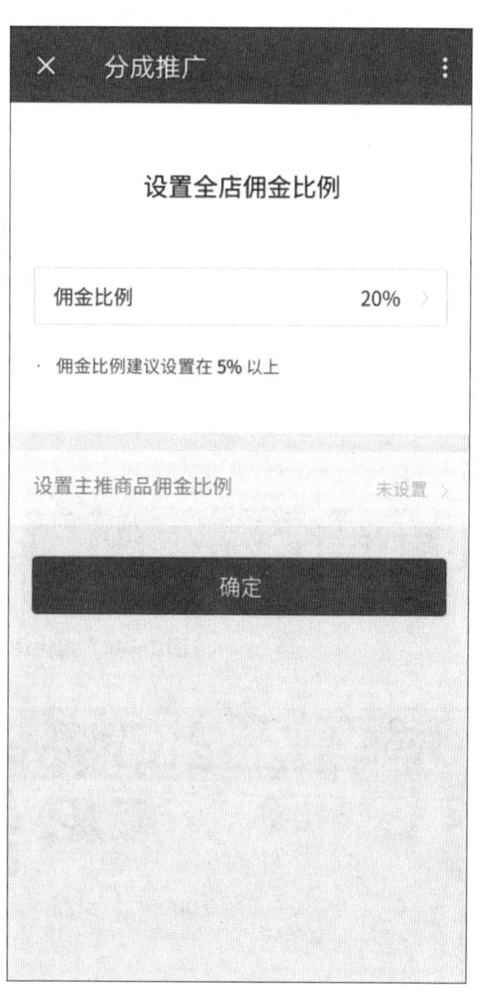

(b)

图 7-45　分成推广设置界面

三、会员裂变营销

（一）微店拼团

拼团是微店日常用来维系客户持续购买爆款产品的重要工具。微店通过拼团，一方面可以让忠诚老客继续购买；另一方面，由于拼团工具天然的裂变属性，在老客购买的同时带来新的客户。

登录手机移动端的微店店长版 App，点击“营销推广”，选择“拼团”，添加用来作为拼团的店铺产品，设置参团人数、拼团价格等信息。如图 7-47 所示。

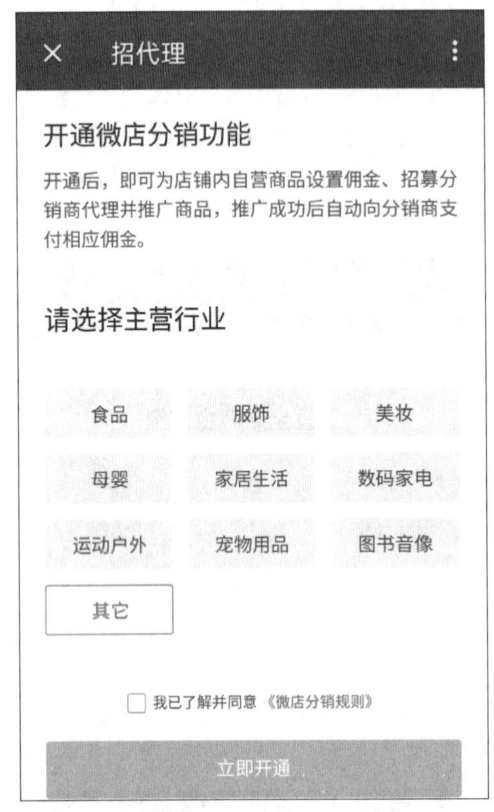

(a)

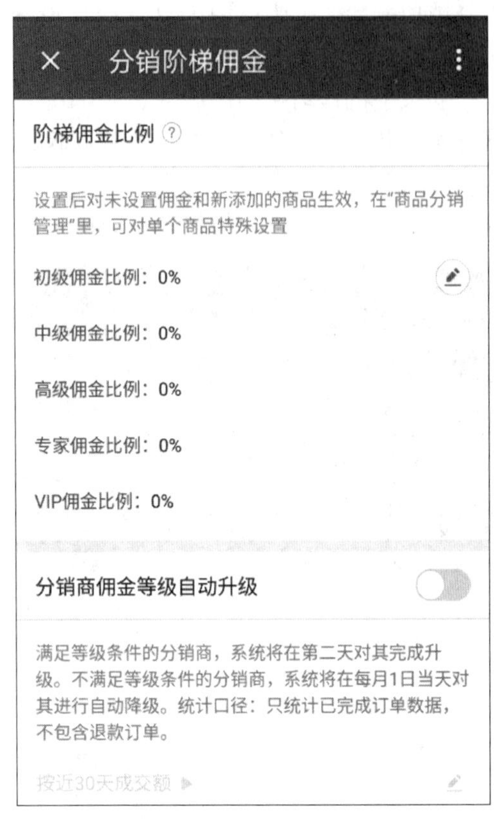

(b)

图 7-46　招代理、分销阶梯佣金设置界面

(a)

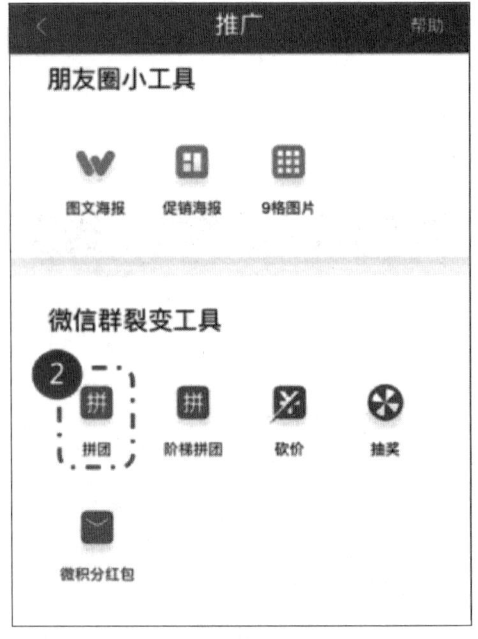

(b)

(c)

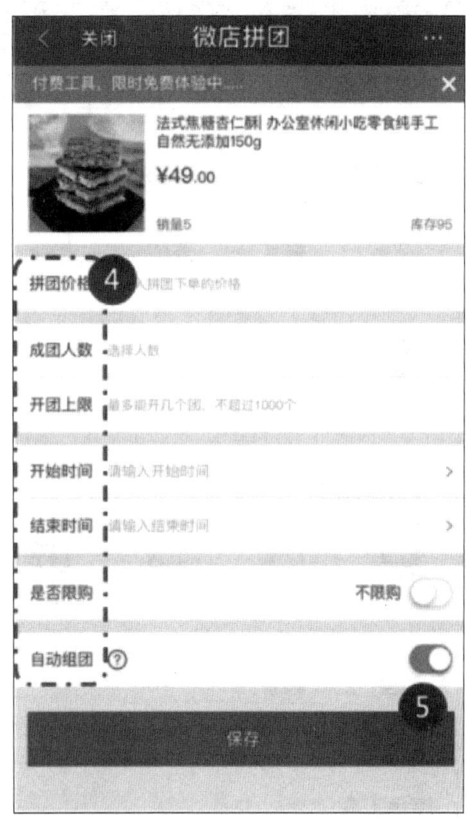

(d)

图 7－47　微店拼团的设置界面

(二) 疯狂砍价

微店疯狂砍价，是微店商家常用的营销工具，它能帮助店长借助社交力量，快速打开市场。微店疯狂砍价由商家发起，活动商品、砍价起点和能砍到的底价均由商家来设定。买家若想以低价来购买该商品则需要邀请好友来为自己砍价，每次砍价金额随机，砍得的低价仅由砍价发起人享有，其他帮砍人需重新发起自己的砍价活动。

登录手机移动端的微店店长版 App，点击“营销推广”，选择“砍价”，添加用来作为砍价的店铺产品，设置砍价人数和活动价格等信息。如图 7－48 所示。

任务拓展

社会化全员营销是以全部用户和员工为主体，实现单品爆款或者营销任务在社交圈中的传播和转化，并对转化进行识别和个人激励。

任务反馈

各小组选择店铺中的一款产品，登录手机移动端的微店店长版 App 进行“分成推广”社会化全员营销的设置，并通过微信朋友圈进行分享转发。

(a)

(b)

图 7-48　砍价活动设置界面

拓展阅读

《拼团技巧/干货：原来顶级商家这么玩》

如何通过拼团引爆店铺爆品，看完这位大咖是怎么做的，你就不会只有羡慕的份儿了。

扫描二维码，阅读全文

《砍价玩法：顶级商家这么玩》

“家有丑夫”通过一次砍价新品尝鲜活动，成功推出高价值“核桃油”，仅用 10 件活动商品就收获了 420 个客户参与。

扫描二维码，阅读全文

《朋友圈推广技巧：分享引流》	社交裂变无处不在，它藏在你的朋友圈，藏在你每一条高质量的分享中。让他们相信你这个人，他们自然愿意跟好友分享，而这就是裂变。	 扫描二维码，阅读全文

项目测评

【知识/技能评价】

1. 常见的微店平台有哪些?
2. 微店 App 和微店店长版 App 有什么区别与联系?
3. 根据《中华人民共和国电子商务法》，哪些商家类型不需要在微店办理市场主体登记?
4. 微店的首页设计和产品详情页设计分别有哪些要求?
5. 恰当的商品管理有助于用户快速找到所需的商品，那么旅游类的产品如何分类，以及在首页的哪部分显示，才能吸引移动端用户浏览呢?
6. 如何对不同的促销方式进行搭配，如满减、打折、优惠券等，才能使营销效果最大化?
7. 旅游电商平台内容运营的含义和作用分别是什么?
8. 旅游电商平台内容运营的六大核心要点是什么?

项目实训

【实训背景】

旅游业发展到今天已经进入一个比较成熟的阶段，旅行社的存在感也越来越有争议性。所有产业的迅速发展势必带来洗盘后的发展方向的预判和评估，传统的旅行社该何去何从?电商是否会代替旅行社?去哪儿网、携程旅行网、途牛旅游网、飞猪旅行网是否会给旅行社行业带来巨大冲击，甚至取而代之?

传统旅行社不可能将自己的电子商务做成如携程旅行网一样的旅游电商巨头，但也不能完全放弃自己的电商平台建设。旅行社完善电商平台建设的目的不在于一定要与旅游电商抗衡，而在于丰富自己的宣传和营销渠道。

【实训目的】

通过实训，加深对旅游电子商务平台建设和运营管理的理解。为某旅行社开通微信公众号和微店 App，并对该微信公众号结合微店的旅游电商平台进行运营管理，使学生掌握旅游电商平台的产品运营、活动运营、内容运营和用户运营的基本操作能力并切身体会旅游电子商务平台所带来的便捷性，进而激发他们学习旅游电子商务的兴趣。

【实训任务】

1. 以个人身份注册并开通某旅行社的微信公众号和微店平台。

2. 对该旅行社的微店首页进行装修设计，包括店铺招牌、微店公告、焦点大图、商品分类等。

3. 对该旅行社微店中的旅游产品进行设计，包括产品主图、产品价格、产品功能描述等。

4. 结合微店中旅游产品的特点，选择一款或多款产品做活动促销，如新客专享价、优惠券促销、限时秒杀等。

5. 将该微店绑定微信公众号，并通过微信公众号中的自定义菜单与微店进行链接，实现从微信公众号直接访问微店的功能。

6. 结合店铺旅游产品的特征，为其撰写一篇微信文章，达到产品宣传曝光、带来销售转化的目的。

【实训反馈】

以四人为一个小组，将运营的旅游电商平台实训任务形成 Word 文档，并提交给任课教师。

参考文献

［1］徐茜．微店运营推广：打造人气、促进销量 108 招［M］．北京：人民邮电出版社，2016.

［2］林海，徐林海．微店设计与装修［M］．北京：人民邮电出版社，2017.

［3］秋叶．新媒体运营实战技能［M］．北京：人民邮电出版社，2017.

［4］杨蕾．传统旅行社应对旅游电子商务冲击的策略探讨［J］．中小企业管理与科技，2015（34）.

项目八　旅游电子商务数据挖掘

项目概述

移动互联网、电子商务以及社交媒体的快速发展使得现代企业对数据的需要成指数倍增长。互联网数据中心（Internet Data Center，IDC）发布的《数字宇宙》(Digital Universe）研究报告显示，2020 年全球新建和复制的信息量已经超过 40ZB，是 2015 年的 12 倍；而中国的数据量则会在 2020 年超过 8ZB，比 2015 年增长 22 倍。数据量的飞速增长带来了大数据技术和服务市场的繁荣发展。IDC 亚太区（不含日本）最新关于大数据和分析（Big Data Analysis，BDA）领域的市场研究表明，大数据技术和服务市场规模将会从 2012 年的 5.48 亿美元增加到 2017 年的 23.8 亿美元，未来 5 年的复合增长率将达到 34.1%。该市场涵盖了存储、服务器、网络、软件以及服务市场。数据量的增长呈现出一种非线性的增长态势。

据 IDC 分析报道，亚太区出现了越来越广泛的大数据和分析领域的应用案例。在中国，无论是互联网企业、电子商务企业，还是电信、金融、服务业这样的传统行业，都或多或少地开始采用各种大数据和分析技术，开启了数据化运营之路，应用场景也在逐渐拓展，从结构化数据的分析，发展到半结构化、非结构化数据的分析，尤其是“两微一抖”、社交媒体信息分析受到相关企业越来越多的关注。

旅游行业有行业广、规模大、移动性强的特点，并且消费更注重体验，后续的潜在顾客也注重朋友圈内相关体验的评论，因此旅游业更加依赖大数据。当前，旅游业也在“新常态”下迎来了升级的挑战和变革的机遇。新常态对于一般的经济部门而言是经济发展速度放慢、人均 GDP 增速减小，很多传统行业在调整结构，但新常态对旅游行业却是推动其加速发展的。运用旅游大数据的关键，在于整合国内多途径的大数据源，形成旅游大数据生态，为国内旅游业提供大数据解决方案，促进旅游业的转型升级。

项目目标

知识目标：理解数据挖掘的概念和内涵；理解机器学习、数据挖掘之间的区别和联系；理解旅游数据挖掘的意义。

技能目标：能够运用 Python 语言从旅游网站上提取有用信息，并保存至本地存储；能够对中文文本进行文本分析，提取关键词，分析词频；

能够运用情感分析技术对游客对景区的网络点评进行舆情分析。

素质目标：提升学生对旅游数据挖掘工作的理解和职业热爱；培养学生的创意创新思维和团队协作精神；培养学生认真细致的工作态度和工匠精神。

任务一　旅游数据挖掘基础知识

任务导入

近年来，大数据和数据挖掘的概念频繁出现在各类媒体上，“曝光率”和“回头率”都非常高，在旅游业中也不例外，请阅读“第一财经”的这篇报道：

《旅游大数据，你看懂了吗?》

有时候，一句话、一张图片都会蕴含巨大的数字商机，但这是一门需要高度精准性的技术活儿，并非人人都看得懂大数据。

扫描二维码，阅读全文

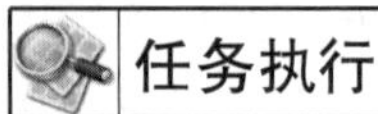

任务执行

以四人为一个小组，查阅大数据与数据挖掘在旅游业应用的案例，分组讨论：

1. 什么是数据挖掘？数据挖掘在电子商务业务上有哪些成功的案例？

2. 旅游业是否也需要进行旅游数据挖掘？

知识讲解

一、数据挖掘概述

（一）数据挖掘的定义

虽然有些数据挖掘技术非常新颖，并且看上去非常酷，但是数据挖掘本身并非一项新的技术。自从世界上第一台计算机发明并投入使用以来，各行各业的人们就一起通过计算机进行数据分析，并把结果应用到各自的领域。在计算机发明之前的数个世纪里，人们在没有计算机的情况下，同样分析数据，只不过速度要慢许多。戈登·林诺夫（Gordon S. Linoff）对数据挖掘的定义是：数据挖掘是一项分析大量数据以发现有意义的模式和规则的业务流程。

与传统的数据分析（如数据查询、制作报表、应用分析）不同，数据挖掘是在没有明确假设的前提下去挖掘信息、发现知识。数据挖掘所得到的信息应具有先知、有效和实用三个特征。数据挖掘的目标是从数据库中发现隐含的、有意义的知识。

（二）数据挖掘的功能

林杰斌、刘明德等学者在《数据挖掘与OLAP理论与实务》一书中认为，数据挖掘主要有以下五类功能：

1. 自动预测趋势和行为

数据挖掘自动在大型数据库中寻找预测性信息，以往需要进行大量手工分析的问题如今可以迅速、直接地由数据本身得出结论。

2. 关联分析

数据关联是数据库中存在的一类重要的可被发现的知识。若两个或多个变量的取值之间存在某种规律性，就称为关联。

3. 聚类

数据库中的记录可被划分为一系列有意义的子集，即聚类。

4. 概念描述

概念描述是指对某类对象的内涵进行描述，并概括这类对象的有关特征。概念描述分为特征性描述和区别性描述，前者描述某类对象的共同特征，后者描述不同类对象之间的区别。

5. 偏差检测

数据库中的数据常有一些异常记录，从数据库中检测这些偏差很有意义。

二、数据挖掘技术

通过整理各类文献，我们可以发现，数据挖掘技术一般包括关联分析、序列分析、分类分析、聚类分析、预测及时间序列分析等。

1. 关联分析

关联分析主要用于发现不同事件之间的关联性，即一个事件发生的同时，另一个事件也经常发生。关联分析的重点在于快速发现那些有实用价值的关联发生的事件。其主要依据是事件发生的概率和条件概率应该符合一定的统计意义。

2. 序列分析

序列分析主要用于发现一定时间间隔内接连发生的事件。这些事件构成一个序列，发现的序列应该具有普遍意义。

3. 分类分析

分类分析通过分析具有类别的样本的特点，得到决定样本属于何种类别的规则或方法。分类分析的主要方法有基于统计学的贝叶斯方法、神经网络方法、决策树方法及支持向量机等。

4. 聚类分析

聚类分析是根据物以类聚的原理，将本身没有类别的样本聚集成不同的组，并且对每一个这样的组进行描述的过程。其主要依据是聚到同一个组中的样本应该彼此相似，而属于不同组的样本应该足够不相似。

5. 预测

预测与分类类似，但预测是根据样本的已知特征估算某个连续类型的变量的取值的过程，而分类则只是用于判别样本所属的离散类别而已。预测常用的技术是回归分析。

6. 时间序列分析

时间序列分析研究的是随时间而变化的事件序列，目的是预测未来发展趋势，或者寻找相似发展模式，或者是发现周期性发展规律。

三、机器学习与数据挖掘的关系

机器学习（Machine Learning，ML）是一门多领域交叉学科，涉及概率论、统计学、逼近论、凸分析、算法复杂度理论等多门学科。其专门研究计算机是怎样模拟或实现人类的学习行为，以获取新的知识或技能，重新组织已有的知识结构，使之不断改善自身的性能。

数据挖掘是从海量数据中获取有效的、新颖的、潜在有用的、最终可理解的模式的非平凡过程。数据挖掘中用到了大量的机器学习界提供的数据分析技术和数据库界提供的数据管理技术。

汤姆·米切尔（Tom Mitchell）在 1997 年出版的 *Machine Learning* 一书中指出，从数据分析的角度来看，数据挖掘与机器学习有很多相似之处，但不同之处也十分明显，例如，数据挖掘并没有机器学习中所包含的探索人的学习机制这一科学发现任务，数据挖掘中的数据分析是针对海量数据进行的，等等。从某种意义上说，机器学习的科学成分更重一些，而数据挖掘的技术成分更重一些。

任务拓展

咨询一下你在旅行社、酒店、景区等旅游企业实习或工作的师兄、师姐，了解他们的公司有没有采用数据挖掘技术为公司业务的开展提供数据支持。

任务反馈

假设你在某旅行社工作，请写一份分析报告，向公司提出一个建议：成立一个旅游数据挖掘项目小组，为公司业务的开展和公司的决策提供数据支持。

拓展阅读

《数据挖掘与机器学习的应用》	数据挖掘与机器学习的应用有：垃圾邮件的判别、零售客户细分、电商猜你喜欢和推荐引擎等。	 扫描二维码，阅读全文
《大咖说｜吴志祥：人工智能在旅游业的应用与未来》	第三届中国文旅产业巅峰大会暨产业资源链接博览会上，同程旅游集团董事长吴志祥发表了主题为“人工智能在旅游业的应用与未来”的演讲。	 扫描二维码，阅读全文

任务二　电商数据挖掘工具

任务导入

张大方是朝阳旅行社的电商部经理，近日接到公司的通知，要在他的部门里成立一个旅游数据挖掘的项目小组，目的是分析商业数据，为公司的决策和业务开展提供数据支持。张大方是学旅游管理的，学过 Visual Basic 和 SPSS，对数据统计也有些了解，但对数据挖掘还是有些陌生，作为部门负责人，当然要对这个数据挖掘小组的业务有深层次的了解，所以他决定恶补一下相关知识。他发现部门实习生手中有本《旅游电子商务》，其中有一部分是对数据挖掘的介绍，倒也通俗易懂，于是，他用了三天的时间阅读了数据挖掘的内容，学习过后，心中对成立这一项目小组有了底。

任务执行

以四人为一个小组，分组讨论三种以上的大数据分析工具，思考哪种工具比较适合自己，并说明原因。

知识讲解

一、常见的数据挖掘工具

数据挖掘工具是使用数据挖掘技术从大型数据集中发现并识别模式的计算机软件。数据在当今世界中就意味着金钱，但是因为大多数数据都是非结构化的，所以拥有数据挖掘工具将有助于获得正确数据。下面介绍 5 款常用的数据挖掘工具。

（一）Rapid Miner

Rapid Miner 是一个用于机器学习和数据挖掘实验的环境、用于研究和完成实际的数据挖掘任务的数据挖掘工具。该工具是世界上领先的数据挖掘开源系统，以 Java 编程语言编写，通过基于模板的框架提供高级分析。

Rapid Miner 使得实验可以由大量的可任意嵌套的操作符组成，这些操作符在 XML 文件中是详细的，并且是由 Rapid Miner 的图形用户界面完成的。该软件的最便捷之处在于用户不需要编写代码，它已经有许多模板和其他工具，让用户可以轻松地分析数据。

Rapid Miner 界面如图 8－1 所示。

（二）IBM SPSS Modeler

IBM SPSS Modeler 工具工作台最适合处理文本分析等大型项目，其可视化界面非常有价值。它允许用户在不编程的情况下生成各种数据挖掘算法，也可用于异常检测、贝叶斯网络、CARMA 模型、Cox 回归以及使用多层感知器进行反向传播学习的基本

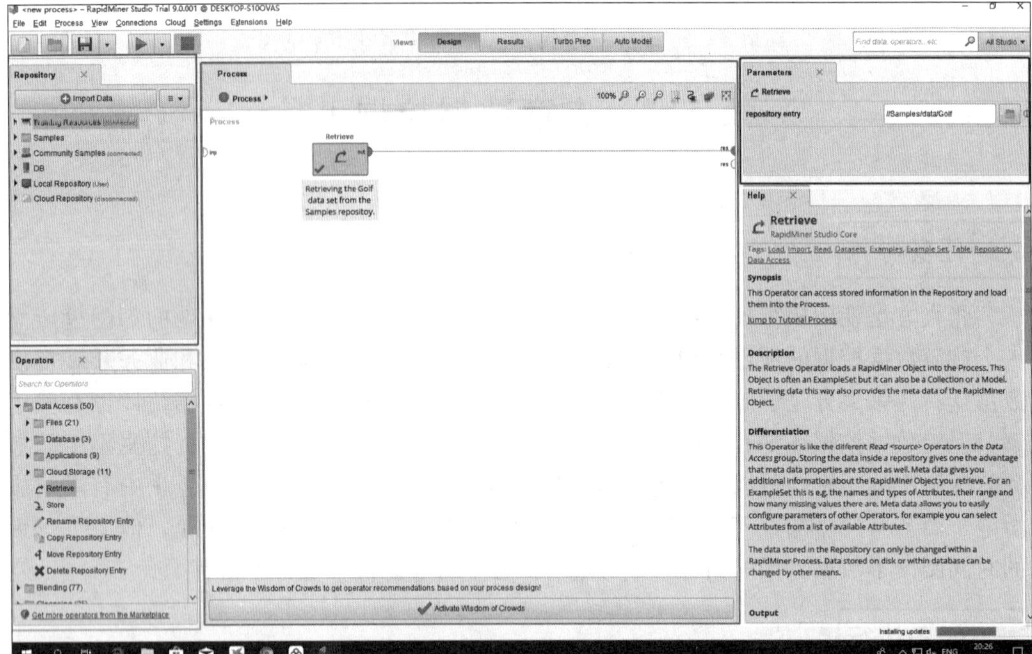

图 8-1　Rapid Miner 界面

神经网络。

IBM SPSS Modeler 界面如图 8-2 所示。

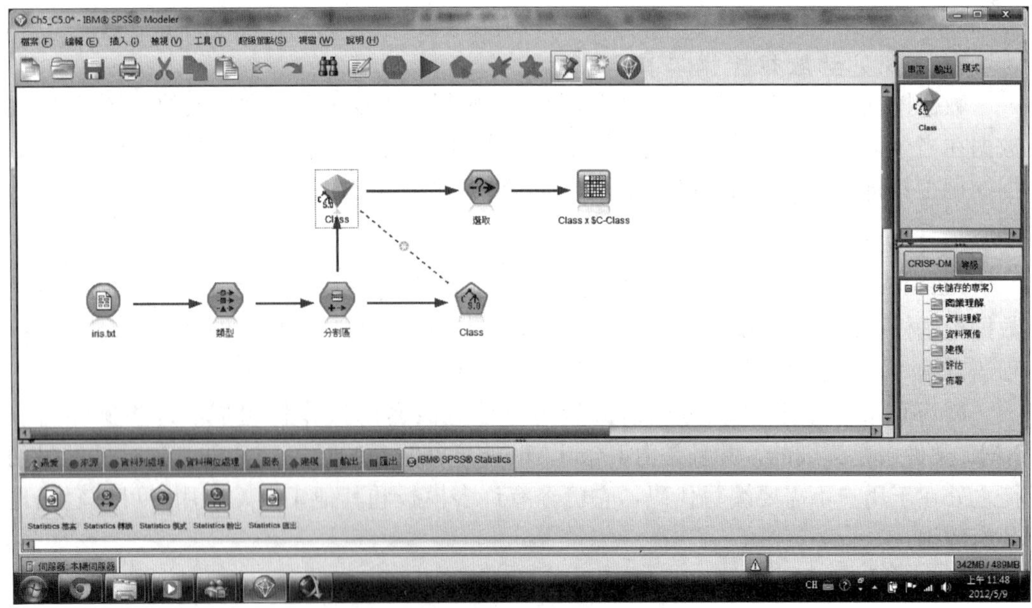

图 8-2　IBM SPSS Modeler 界面

（三）Oracle Data Mining

按照甲骨文（Oracle）公司官方描述：Oracle Data Mining（ODM）是 Oracle Advanced Analytics 数据库选件的一个组件，它提供了强大的数据库挖掘算法，可以让数据分析师发现洞察、做出预测并利用其 Oracle 数据和投资。通过 ODM，可以在 Oracle 数据库中构建和应用预测性模型，从而达到预测客户行为、确定理想客户、制定客户档案、发现交叉销售机会、发现异常情况并识别潜在欺诈行为的目的。算法以 SQL 函数形式实现，充分利用了 Oracle 数据库的优势。

Oracle Data Miner GUI 是一个图形化用户接口，同时也是 Oracle SQL Developer 的一个扩展，可以让数据分析师、业务分析师和数据科学家使用图形“拖拉”工作流和组件面板来直接处理数据库中的数据。

Oracle Data Mining 界面如图 8－3 所示。

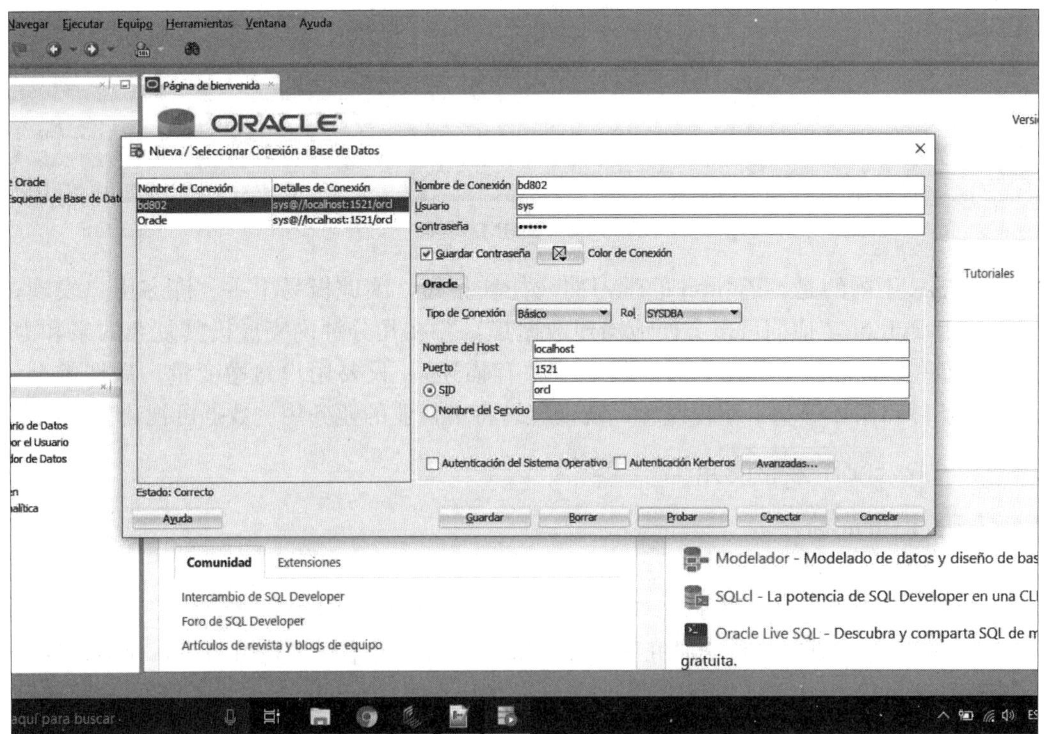

图 8－3　Oracle Data Mining 界面

（四）KNIME

KNIME（Konstanz Information Miner）信息采集器是一个用户友好、可理解、全面的开源数据集成、处理、分析和探索平台。它有一个图形用户界面，帮助用户方便地连接节点进行数据处理。

KNIME 还通过模块化的数据流水线概念集成了机器学习和数据挖掘的各种组件，并引起了商业智能和财务数据分析的注意。

KNIME 界面如图 8－4 所示。

（五）Python

作为一种免费且开放源代码的语言，Python 通常与 R（即一种金融和统计分析的专门计算机语言，集统计分析与图形显示于一体，同样免费开源）进行比较，以方便

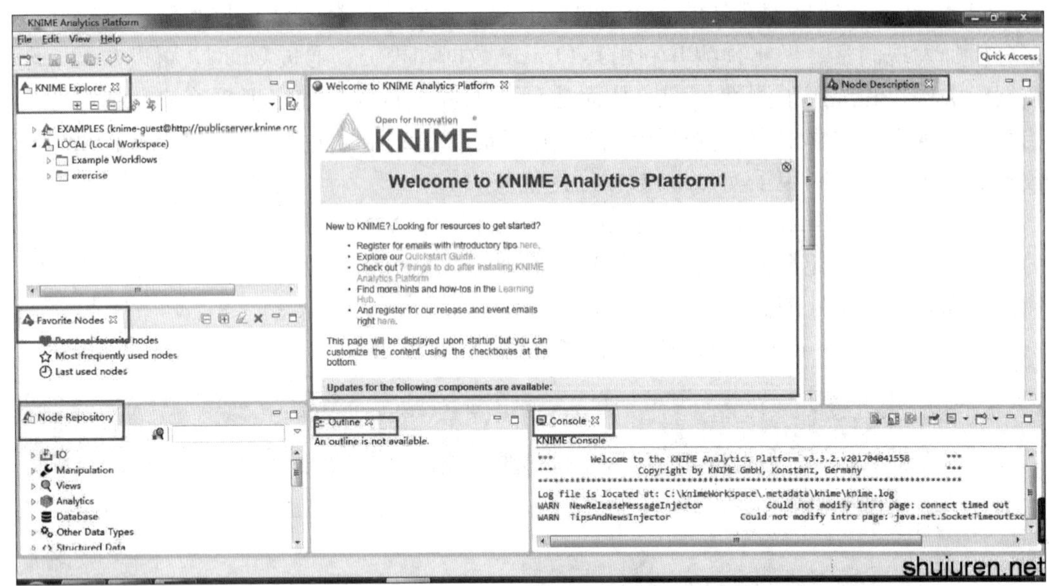

图 8-4　KNIME 界面

使用。与 R 不同的是，Python 的学习曲线往往很短，因此极易上手。许多用户发现，通过使用 Python，他们可以方便地构建数据集，并在几分钟内完成极其复杂的亲和力分析（即一种商品推荐算法，后面的章节中有描述）。只要用户熟悉变量、数据类型、函数、条件和循环等基本编程概念，就很容易将本行业的业务用例数据可视化。

二、Python 语言使用

（一）Python 简介

1. Python 的发展历史

Python 是由吉多·范罗苏姆（Guido van Rossum）在 20 世纪 80 年代末、90 年代初，在荷兰国家数学和计算机科学研究所设计出来的。Python 本身也是由诸多其他语言发展而来的，这包括 ABC、Modula-3、C、C++、Algol-68、Smalltalk、Unix Shell 和其他脚本语言等。Python 源代码同样遵循 GPL（General Public License）协议。

GPL 协议

GPL 协议，是 General Public License 的简称，是在自由软件所使用的各种许可证之中，最为人们注意的通用性公开许可证。

GPL 协议最主要的几个原则如下：

（1）确保软件自始至终都以开放源代码形式发布，保护开发成果不被窃取用作商业发售。任何一套软件，只要其中使用了受 GPL 协议保护的第三方软件的源程序，并向非开发人员发布，软件本身也就自动成为受 GPL 保护并且约束的实体。也就是说，此时该软件必须开放源代码。

(2) GPL 大致就是一个左侧版权（Copyleft，或译为“反版权”“版权属左”“版权所无”“版责”等）的体现。用户可以去掉所有原作的版权信息，只要保持开源，并且随源代码、二进制版附上 GPL 的许可证即可，让他人可以很明确地得知此软件的授权信息。GPL 的精髓是，软件在完整开源的情况下，尽可能使用户得到自由发挥的空间，使软件得到更快更好的发展。

(3) 无论软件以何种形式发布，都必须同时附上源代码。

(4) 开发或维护遵循 GPL 协议开发的软件的公司或个人，可以对用户收取一定的服务费用。但同样地，必须无偿提供软件的完整源代码，不得将源代码与服务做捆绑或进行任何变相捆绑销售。

现在 Python 是由一个核心开发团队在维护，吉多·范罗苏姆仍然占据着至关重要的地位，指导其进展。

2. Python 的特点

(1) 易于学习。Python 有相对较少的关键字，结构简单，语法的定义也相当明确，所以学习起来更简单一些，也比较容易上手。

(2) 一个广泛的标准库。Python 最大的优势之一是有丰富的库，想要什么，就有什么，各行各业的计算需求都可以得到满足。

(3) 互动模式。Python 可以说是一种交互式语言，也就是一种可以从终端输入执行代码并获得结果的语言，测试和调试代码也十分方便。

(4) 可移植。基于其开放源代码的特性，Python 已经被移植到许多平台。

(5) 可扩展。如果需要使用一段运行很快的核心代码，或是想要编写一些不愿意让别的程序员看到的算法代码，可以使用 C 或 C++完成那部分关键代码，然后用 Python 程序调用即可。

(6) 数据库。Python 提供所有主要的商业数据库的接口。

（二）Python 的基本用法

1. Python 开发环境搭建

工欲善其事，必先利其器。学习 Python 就需要有解释运行 Python 程序的软件，一般情况下，我们选择在 Python 官网下载对应版本的 Python，然后用记事本编写，最后在终端进行编译运行即可。但是对于大多数人（包括熟练的程序员）来说，直接在记事本中写程序很不方便，实际上并不可行，最好还是装一些方便的软件来辅助编写程序。例如在学习 Java 时，虽然理论上也可以用记事本写 Java 源程序，然后编译运行，但正常情况下，程序员们还是选择安装 JDK+Eclipse。将 Python 和 Java 进行类比的话，在 Python 中使用 Anaconda 好比是在 Java 中使用 JDK+Eclipse。

Anaconda 指的是一个开源的 Python 发行版本，其包含 Conda、Python 等 180 多个科学包及其依赖项。因为包含大量的科学包，Anaconda 拥有超过 1 300 万用户，是世界上最受欢迎的数据科学平台，也是现代机器学习的基础平台。Anaconda 的下载文件比较大（约 531MB），如果只需要某些包，或者需要节省带宽或存储空间，也可以使用 Miniconda 这个较小的发行版（仅包含 Conda 和 Python）。Anaconda 是一个基于 Python

的数据处理和科学计算平台，它已经内置许多非常有用的第三方库，装上 Anaconda，就相当于把 Python 和一些如 Numpy、Pandas、Scrip、Matplotlib 等常用的库自动安装好了，使得安装比常规 Python 安装要容易。如果选择直接安装 Python 的话，那么还需要 pip install 工具一个一个地安装各种库，安装起来比较麻烦，还需要考虑兼容性。

Python 开发环境的搭建过程如图 8－5 所示。

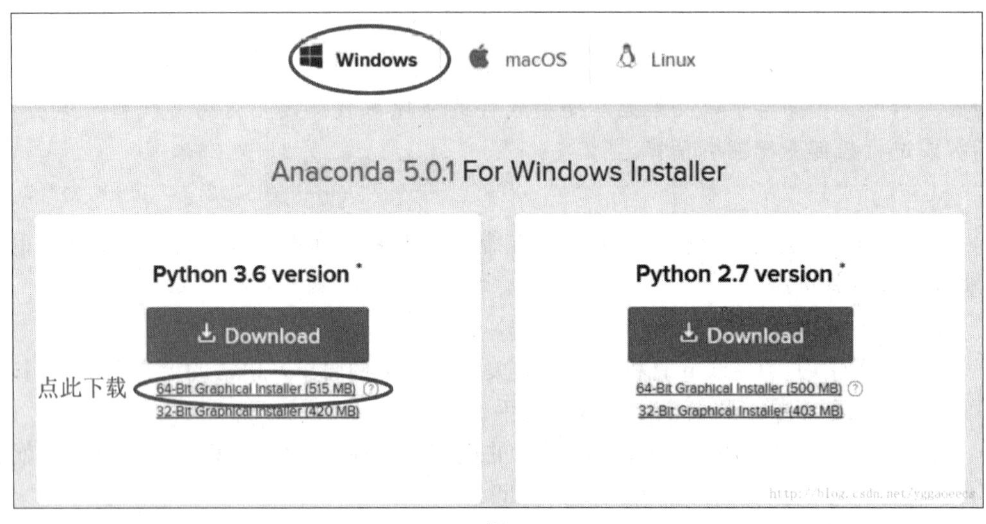

(1)

Anaconda3 5.2.0 (64-bit) Setup

ANACONDA.

Welcome to Anaconda3 5.2.0 (64-bit) Setup

Setup will guide you through the installation of Anaconda3 5.2.0 (64-bit).

It is recommended that you close all other applications before starting Setup. This will make it possible to update relevant system files without having to reboot your computer.

Click Next to continue.

Next > Cancel

(2)

Anaconda3 5.2.0 (64-bit) Setup
License Agreement
ANACONDA
Please review the license terms before installing Anaconda3 5.2.0 (64-bit).
Press Page Down to see the rest of the agreement.
===================================
Anaconda End User License Agreement
===================================
Copyright 2015, Anaconda, Inc.
All rights reserved under the 3-clause BSD License:
Redistribution and use in source and binary forms, with or without modification, are permitted provided that the following conditions are met:
If you accept the terms of the agreement, click I Agree to continue. You must accept the agreement to install Anaconda3 5.2.0 (64-bit).
Anaconda, Inc.
< Back
I Agree
Cancel
Anaconda3 5.2.0 (64-bit) Setup
Select Installation Type
ANACONDA
Please select the type of installation you would like to perform for Anaconda3 5.2.0 (64-bit).
Install for:
Just Me (recommended)
All Users (requires admin privileges)
Anaconda, Inc.
< Back
Next >
Cancel

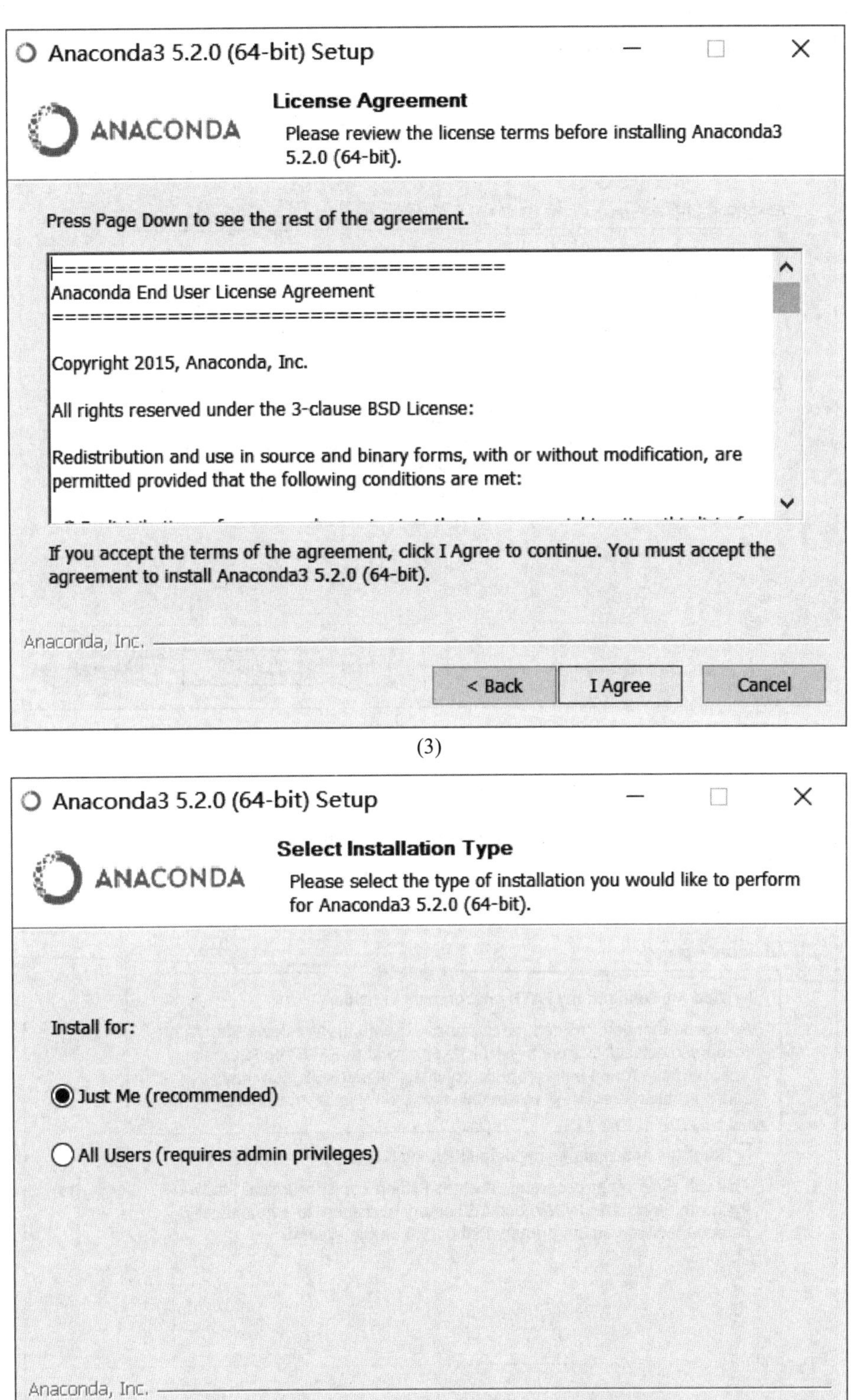

(3)

(4)

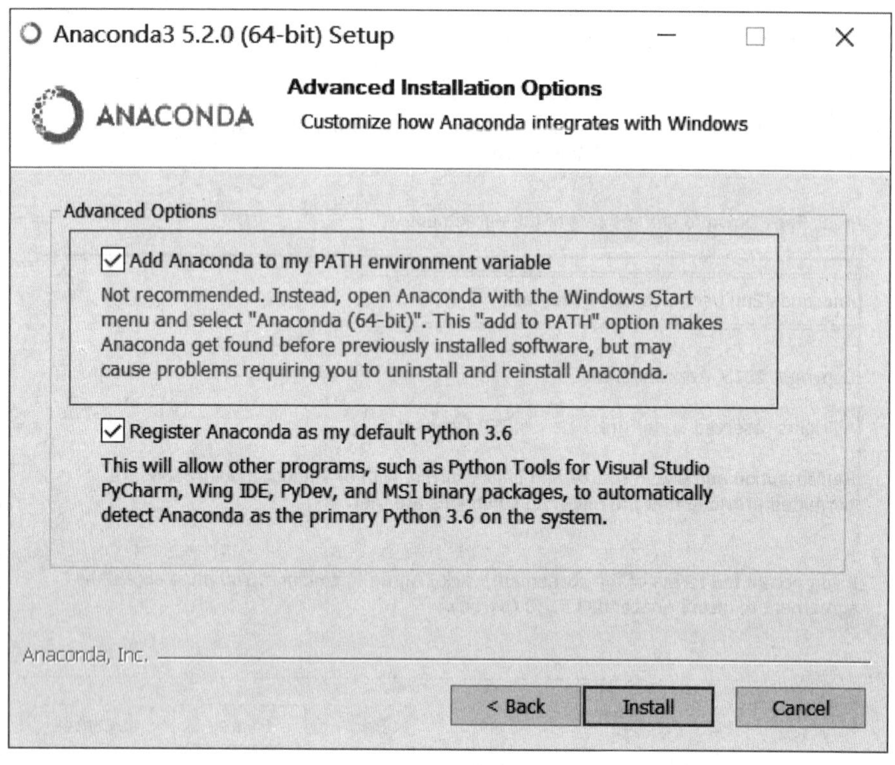

(5)

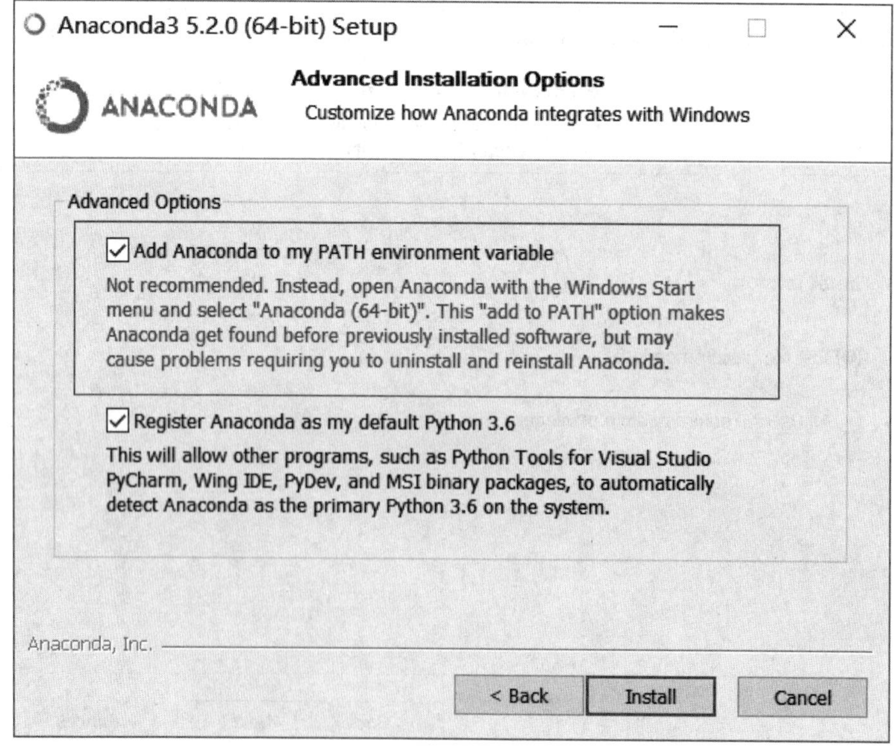

(6)

图 8－5　Python 开发环境的搭建过程

2. Python 语法简介

（1）第一个 Python 程序。

让我们写一个最简单的 Python 程序，Python 的源程序代码一般以 .py 为扩展名。对于世界上大部分的程序员来说，试用一个新编译器，写的第一个代码便是有名的“Hello World!”程序。我们遵循这一惯例，使用 Python 输出“Hello World!”，请将以下源代码输入 Spyder 编辑器中：

```
print ("Hello，World!")
```

输出的结果为：

```
Hello，World!
```

（2）Python 标识符。

①标识符由字母、数字、下划线（ _ ）组成。

②所有标识符可以包括字母、数字以及下划线，但不能以数字开头。

③标识符是区分大小写的。

（3）行和缩进。

与流行的语言 Java、C++、C#不同，Python 是使用缩进来表示代码块的，不需要使用大括号 {}，这一点倒是与另一种古老的语言 Fortra 类似（该语言是世界上第一个被正式推广使用的高级语言）。

缩进的空格数可以按自己的喜好来设置（一般来说，按一次 Tab 键即可）。需要注意的是，同一个代码块的语句必须包含相同的缩进空格数。实例如下：

```
if True:
    print ("真的!")
else:
    print ("假的!")
```

（4）数值（Number）类型。

Python 中的数值有四种类型：整数、布尔型、浮点数和复数，这里我们介绍前 3 种。

①int（整数），就是我们日常接触的数学中的正整数、负整数和零。

②bool（布尔型），即以数学家布尔的名字命名的一种数据类型，只有两个值：True 和 False。

③float（浮点数），通俗地讲，就是带小数点的数，如 3.141 5。

（5）字符串（String）。

字符串是 Python 中最常用的数据类型。我们可以使用引号（'或"）来创建字符串，单引号和双引号的使用方法完全相同。

创建字符串很简单，只要为变量分配一个值即可。例如：

```
str1='Hello World!'
str2="南京旅游职业学院"
```

字符串可以用“+”运算符连接在一起。例如：

```
str1="陈晓白是"
str2="朝阳旅行社"
str3="员工"
str=str1+str2+str3
```

（6）import 与 from...import。

在 Python 语言中，我们可以用 import 或者 from...import 来导入相应的模块。（类似于 Java 中的 import，或者 C/C++中的 include，或者 C# 中的 using。）

如果需要将整个模块（如 jieba）导入，格式为：import jieba。

如果想从模块中导入某个函数（如从 sympy 中导入积分函数），则可以写为：from sympy import intergrate。

如果想将模块中的全部函数导入，格式为：from sympy import * 。

（7）变量。

与目前流行的通用高级语言不同，Python 中的变量无须提前声明。但每个变量在使用前都必须赋值，只有在赋值之后，该变量才会被创建。

我们用等号（=）来给变量赋值，此处的“=”号不能理解为判断两边是否相等，而是指把“=”右边的值赋给左边的变量，所以“=”在这里是“赋值号”。

在 Python 中，可以同时为多个变量赋值。例如：$a=b=c=1$。这个示例的意思是，创建一个整数型对象，值为 1，从后向前赋值，三个变量被赋予相同的数值。也可以为多个对象指定多个变量。例如：$a,b,c=1,2$,"南京旅游职业学院"。这个示例的意思是，两个整数型对象 1 和 2 分配给变量 a 和 b，字符串对象"南京旅游职业学院"分配给变量 c。

（8）List（列表）。

List 是 Python 中经常使用的数据类型，类似于其他语言中的数组，但比数组更灵活，使用更便利。列表中元素的类型不要求是相同的，它支持数字、字符串，甚至可以在列表中嵌套另一个列表。和其他语言中的数组相同，列表也是用方括号［］表示的，用逗号分隔开各个元素。列表可以被索引，索引值以 0 为开始值。List 内置了很多方法，如 append()、sort() 等，这在后面的章节中陆续会被应用，并进行具体分析。

（9）条件控制。

Python 条件语句是通过语句的运行结果（True 或 False）来决定执行哪一段代码块。

if 语句的一般形式如下所示：

```
if 条件 1：
    代码段 1
elif 条件 2：
    代码段 2
```

```
……
……
elif 条件 n-1:
    代码段 n-1
else:
    代码段 n
```

这段代码的意思是：

如果“条件 1”为 True，则执行“代码段 1”的语句；

如果“条件 1”为 False，则继续判断“条件 2”；

如果“条件 2”为 True，则执行“代码段 2”的语句；

如果“条件 2”为 False，则继续判断“条件 3”；

……

如果“条件 n-1”为 True，则执行“代码段 n-1”的语句；

如果“条件 n-1”为 False，则执行“代码段 n”的语句。

需要注意的是：每个条件后面要使用冒号“:”，表示接下来是满足条件后要执行的语句块。使用缩进来划分语句块，相同缩进数的语句在一起组成一个语句块。

(10) 循环语句。

Python 中的循环语句有两种：while 循环语句和 for 循环语句。

①while 循环语句。

while 循环语句的一般形式为：

```
while 判断条件:
    语句
```

以下实例使用了 while 循环语句来计算 1 到 100 的总和，实例如下：

```
sum=0
i=1
while i <=100:
    sum=sum+i
    i=i+1
print("sum="+str(sum))
```

while 循环语句中，也可以使用 else 与之配合使用，如：

```
count=0
while count<3:
   print(count,"小于 3")
   count=count+1
else:
   print(count,"大于或等于 3")
```

执行以上脚本，输出结果如下：

```
0 小于 3
1 小于 3
2 小于 3
3 大于或等于 3
```

②for 循环语句。

Python 中的 for 循环语句可以遍历任何序列的项目，如一个列表或一个字符串。for 循环语句的一般格式如下：

```
for <variable> in <sequence>:
    <statements>
else:
    <statements>
```

例如，使用 for 循环语句来计算 1 到 100 的总和：

```
s=0
for i in range(1,101):
    s=s+i
print(s)
```

代码中使用了 range () 函数，它会生成数列，实例如下：

```
for i in range(5):
print(i)
```

也可以使用 range 指定区间的值，实例如下：

```
for i in range(5,9):
    print(i)
```

以上程序中使用 range 以指定数字开始并指定不同的增量（甚至可以是负数，有时这也被称为“步长”），实例如下：

```
for i in range(0,10,3):
    print(i)
```

另外，continue 语句可以用来结束本次循环，然后继续进行下一轮循环。实例如下：

```
i=1
while i<=100:
    if i%3==0:
        print(i)
    continue
    i=i+1
```

该程序的原目标是打印 1～100 间能被 3 整除的整数，但因为错误地加了 continue 语句，导致程序进入死循环，i 值永远为 1，无法累加。

任务拓展

有关 Python 语言的深入介绍不在本课程讨论范围内，课后，同学们以四人为一个小组的形式自学并研究 Python。可以从图书馆借阅相关书籍，也可以从网上收集并阅读相关教程。

任务反馈

请尝试做以下两道程序设计题：

1. 一个雇员一周的总薪水等于其每小时的时薪乘以其一周工作的正常小时数，再加上加班费。加班费等于总的加班时间乘以每小时薪水的 1.5 倍。

编写一个程序，以每小时的薪水、常规工作时间、加班工作时间作为参数，显示一个雇员的总周薪。

2. 编写一个程序，以球体的半径（浮点数）作为输入，并输出球体的直径、圆周长、表面积、体积。

3. 银行一般最长的有 5 年定期存款，比如你想存 10 年，需要拆成两个 5 年，计算方法如下（假设年利息率为 5.85%）：

（1）第一个 5 年本金是 100 元：

利息＝100×5.85%×5＝29.25（元）

本利和＝100＋29.25＝129.25（元）

（2）第二个 5 年本金是 129.25 元：

利息＝129.25×5.85%×5＝37.81（元）

本利和＝129.25＋37.81＝167.06（元）

假设你有本金 1 000 元，存入 20 年后，连本带利一共有多少钱？（假设年利息率为 5%）

以下程序可以完成上述任务，请阅读程序并上机调试。

```
def cp(money,tip):
    r1=money*tip*5
    return money+r1
n=input("请输入年份:")
n=int(n)
if n%5==0:
    i=1
    num=n/5
    m=input("请输入本金:")
    s=float(m)
```

```
    while i<=num:
        s=cp(s,0.058 5)
        i=i+1
    print("s="+str(s))
else:
    print("年份不是 5 的倍数!")
```

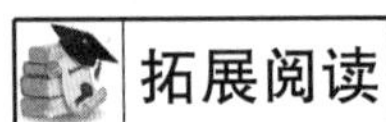

拓展阅读

《Python 应用排名》

TIOBE 编程语言排行榜 2019 年 9 月更新已公布，排名前十的分别是：Java，C，Python，C++，C#，Visual Basic.NET，JavaScript，SQL，PHP 和 Objective-C。

扫描二维码，阅读全文

《Python 与人工智能的关系》

我们经常听到“Python”与“人工智能”这两个词，也很容易混淆这两个词，那么 Python 和人工智能有什么关系呢？

扫描二维码，阅读全文

任务三　电商数据挖掘方法

任务导入

今天是陈晓白同学入职朝阳旅行社实习的第一天，在办好相关入职手续后，陈晓白充满了疑惑。

部门经理张大方：晓白同学，有什么问题吗？

陈晓白：我想问问，我的岗位是数据挖掘专员，具体要做什么呢？

张大方：咱们部门主要为公司提供数据，为各部门的业务开展提供数据支持，而你的工作就是从网络和各部门提供的大量数据中“提炼”或“挖掘”知识。

陈晓白：我在学校里学过一点 Python 语言，没有接触过数据挖掘的相关内容，听着感觉难度不小，有一点紧张。

张大方：不用担心，我这儿有一本《旅游电子商务》，其中有旅游数据挖掘的介绍，你可以先自学一下，有什么问题，可以请教你的企业导师，也可以来问我。

陈晓白：太好了，我这就去学习。

陈晓白同学接到主管的任务后，先用一天的时间学习了数据挖掘的几种常见技术，并尝试用在学校学习的 Python 语言对照教材上的几种技术进行了编程，体验了旅游数据挖掘的魅力。他感觉到在新时代，旅游业的确也是需要技术助力的。

一、情感分析技术

（一）情感分析技术简介

随着互联网的普及和不断发展，互联网日益成为企业和个人检索信息和发布信息的主要渠道，一条网络评论产生的影响不容忽视，特别是对某种产品的舆情评价信息，对购物者的导向作用越来越重要。购物者当通过电商网站选购商品时，一般先浏览该商品的评价，特别注重负面评价。如果有少量负面评价，购物者往往会犹豫；如果负面评价过多，购物者一定会放弃在该网站购物。旅游产品作为一种特殊的商品，完全要通过游客的身临其境的体验，才能完成产品的消费，潜在的购物者特别看重旅游产品的网络评价。由于网络评论的时效性强，对于意见类诉求若不及时响应，往往会对企业形象造成负面影响，因此在旅游领域，旅游电商企业、旅行社、酒店等十分重视对旅游网络评价的主动引导。例如，同程旅游网已经具有处理游客评价的能力，游客在酒店住宿或在景区游玩后，除了进行一段点评，还可以选择对旅游企业的服务进行“好评”“中评”和“差评”的归类评价。从表面上看，通过这种简单分类的办法，游客对旅游企业的服务评价一目了然，简单直观，非常实用，但实际上，这种方法往往达不到期望的效果，这是因为一些游客出于某种原因不得不选择好评，但点评文字表达中却又出现牢骚满腹的文字，表现出不满情绪，可见，实际上这些游客对旅游企业的服务还是不满意的。如果仅仅简单套用表面上的“好评”分类，不去分析游客的点评文字，势必会影响结果，对游客的不满和投诉的解决也起不到作用。因此，我们需要一种更为有效的方法，直接对游客对服务的每一条点评进行分析，从点评中挖掘游客实际的评价情感倾向，帮助旅游企业发现在旅游线路设计、景区服务管理、酒店客房管理中存在的不足，及时采取相应的补救措施，从而可以提高顾客忠诚度，产生更大的经济效益。

情感分析（Sentiment Analysis），通常是指对一段带有主观性情感的文本进行分析的过程。情感分析有很强的实用价值。例如：通过对某酒店服务评论的情感分析，可以发现游客对该酒店软硬件设施和服务的褒贬态度和意见，从而改进设施并改善服务，赢得竞争优势；通过对游客对某条旅游线路的评论的情感分析，旅行社可以了解游客对该线路的态度倾向分布，从而优化路线，提高服务品质，从竞争中脱颖而出。情感分析技术有助于企业从互联网上海量的产品评论中获取对产品综合、全面的评价信息。因此，许多企业都对应用情感分析技术分析客人的网络评价，有着迫切的需要，所以如何从旅游网络评价中获取游客的情感倾向，并更好地服务于游客，是一个非常有实用价值的研究方向。

目前进行情感分析，主要使用两种方法，分别是：基于机器学习的方法和基于语义的方法。基于机器学习的方法是利用分类技术来处理文本，分类技术一般是使用某种学习算法来确定分类模型，该模型不但能很好地拟合输入数据中的类标号与属性集之间的关系，还能正确地预测未知样本的类标号。我们需要为它提供一个人工标注的训练集，通过上述学习算法，训练并建立分类模型，然后将这个模型运用于检验集，从而检验类标号未知情感文本记录。基于语义的方法一般是先获得情感倾向词，把表示情感的词语划分成正面词语和负面词语，同时构造一个专用的情感词典，然后利用这个词典，使用线性代数和统计分析的方法来统计文本中的正面和负面情感词语的相对数量，从而确定文本的情感倾向。

基于机器学习的方法

机器学习作为人类智力的延伸和人工智能的重要研究方向之一，试图从模拟人类的学习能力出发，运用一些最基本的统计方法，去探索客观世界，获得各种知识和技能，在计算机技术的帮助下建立相关的学习模型，最终可以让计算机系统获得某些学习能力。

常用的基于机器学习的方法有：支持向量机模型、朴素贝叶斯算法等。

(1) 支持向量机（Support Vector Machine，SVM）是由科尔特斯（Corte）和万普尼克（Vapnik）于 1995 年根据统计学理论提出的一种新的机器学习方法，它以结构风险最小化为原则，其主要思想是建立一个分类超平面作为决策曲面，使得正例和反例之间的隔离边缘最大化。它在许多诸如车牌识别、文本分类等实际应用中体现了其大有可为之处。另外，支持向量机还有一个特点，就是可以很好地应用于高维数据，避免了“维数灾难”问题。

(2) 贝叶斯算法是以贝叶斯原理为基础，使用概率统计的知识对样本数据集进行分类。由于其有着坚实的数学基础，因此贝叶斯算法的误判率是很低的。贝叶斯算法的特点是结合先验概率和后验概率，既避免了只使用先验概率的主观偏见，也避免了单独使用样本信息的过拟合现象。贝叶斯算法在数据集较大的情况下表现出较高的准确率，同时算法本身也比较简单。

朴素贝叶斯（Naive Bayesian）算法是应用最为广泛的贝叶斯算法之一。朴素贝叶斯算法是在贝叶斯算法的基础上进行了相应的简化，即假定给定目标值时属性之间的条件相互独立。也就是说，没有哪个属性变量对决策结果来说占有较大的比重，也没有哪个属性变量对决策结果来说占有较小的比重。这个简化方式虽然在一定程度上降低了贝叶斯算法的分类效果，但是在实际的应用场景中，极大地简化了贝叶斯算法的复杂性。

（二）利用 SnowNLP 实现文本情感分析

SnowNLP 是一个中文的自然语言处理的 Python 库，支持的中文自然语言操作包括中文分词、词性标注、情感分析、文本分类等功能。下面将重点介绍 SnowNLP 中的情感分析。

在开发环境上输入以下代码：

```
from snownlp import SnowNLP
str1="买的夜场门票，在游玩了灵山仙境，和朋友带着小孩一起来的，两者距离非常近，可以安排在一天内完成，拈花小镇非常适合夜游，灯光很漂亮，晚上有很多场跟灯光相关的表演。"
s=SnowNLP(str1)
print(str1)
print("一>本点评情感倾向:"+str (s.sentiments))
str2="晚上人太多，演出时没秩序，乱哄哄。不会再去!"
s=SnowNLP (str2)
print(str2)
print("一>本点评情感倾向:"+str (s.sentiments))
```

这个场景主要用到 sentiments 得到某句话的情感倾向值，取值范围为 0～1.0，0 为负面评价的极限值，1.0 为正面评价的极限值，图 8-6 是程序的运行结果。

图 8-6　程序运行结果

从分析中可以看出：第一条评价中，游客是非常满意的；第二条评价中，游客的体验非常糟糕，完全不满意。

二、亲和性分析

亲和性分析是根据样本个体之间的相似度，确定它们关系的亲疏。在数据挖掘中有大量旅游营销的应用场景，如游客更愿意同时购买哪些景点的门票、旅行社向景区网站用户提供多样化的服务或投放定向广告、旅行社向游客推荐旅行线路、旅行社卖给游客一些与之相关的产品。

亲和性有多种测量方法。例如，统计两个景点门票一起出售的频率，或者统计游客购买了景点 1 门票后再购买景点 2 门票的比率。最常用来进行亲和性分析的两个重要概念是：支持度（support）和置信度（confidence）。

支持度和置信度

支持度：表示同时购买 X、Y 的订单数占总订单数的比例。

置信度：表示购买 X 的订单中同时购买 Y 的比例，即同时购买 X 和 Y 的订单数占购买 X 的订单数的比例。

以下是由罗伯特·莱顿（Robert Layton）所写代码改编，实现了简单的亲和性分析：

```
import numpy as np
dataset_filename="d:\\xinyuwork\\dataset.txt"
X=np.loadtxt(dataset_filename)
n_samples,n_features=X.shape
features=["面包","牛奶","奶酪","苹果","香蕉"]
from collections import defaultdict
valid_rules=defaultdict(int)
invalid_rules=defaultdict(int)
num_occurences=defaultdict(int)

for sample in X:
    for premise in range(n_features):
        if sample[premise]==0:continue
        # Record that the premise was bought in another transaction
        num_occurences[premise] +=1
        for conclusion in range(n_features):
            if premise==conclusion:  # It makes little sense to measure if X -> X.
                continue
            if sample[conclusion]==1:
                valid_rules[(premise,conclusion)] +=1
            else:
                invalid_rules[(premise,conclusion)] +=1
support=valid_rules
confidence=defaultdict(float)
for premise,conclusion in valid_rules.keys():
    confidence[(premise, conclusion)] = valid_rules[(premise, conclusion)] /
```

```
num_occurences[premise]
    def print_rule(premise, conclusion, support, confidence, features):
        premise_name=features[premise]
        conclusion_name=features[conclusion]
        print("如果一个顾客买了{0},他也会买{1}".format(premise_name, conclusion_name))
        print("一置信度:{0:.3f}".format(confidence[(premise, conclusion)]))
        print("一支持度:{0}".format(support[(premise, conclusion)]))
        print("")

    from operator import itemgetter
    sorted_support=sorted(support.items(), key=itemgetter(1), reverse=True)
    for index in range(5):
        print("规则{0}".format(index + 1))
        (premise, conclusion)=sorted_support[index][0]
        print_rule(premise, conclusion, support, confidence, features)

    sorted_confidence = sorted(confidence.items(), key = itemgetter(1), reverse = True)
    for index in range(5):
        print("规则{0}".format(index + 1))
        (premise, conclusion)=sorted_confidence[index][0]
        print_rule(premise, conclusion, support, confidence, features)
```

知识链接

Apriori 算法

Apriori 算法是亲和性分析的一部分，专门用于查找数据集中的频繁项集。基本流程是从前一步找到的频繁项集中找到新的备选集合，接着检测备选集合的频繁程度是否够高，然后算法像下面这样进行迭代。

(1) 把各项目放到只包含自己的项集中，生成最初的频繁项集。此步骤只使用达到最小支持度的项目。

(2) 查找现有频繁项集的超集，发现新的频繁项集，并用其生成新的备选项集。

(3) 测试新生成的备选项集的频繁程度，如果不够频繁，则舍弃。如果没有新的频繁项集，就跳到最后一步。

(4) 存储新发现的频繁项集，跳到步骤（2）。

(5) 返回发现的所有频繁项集。

任务拓展

查找 Apriori 算法用 Python 实现的程序，尝试用它来进行游客景点游玩的关联分析。

任务反馈

以小组为单位，调试和运行 Apriori 算法程序，直至能完成简单的数据分析。

拓展阅读

《数据挖掘的小故事》

谈到数据挖掘和商品的相关性分析时必须说说啤酒与尿不湿的故事，说的是美国沃尔玛超市数据挖掘的一个案例。

扫描二维码，阅读全文

《阿里巴巴与数据化运营》

阿里巴巴集团早在 2010 年就已经在全集团范围内正式提出了“数据化运营”的战略方针并逐步实施数据化运营。

扫描二维码，阅读全文

任务四　旅游数据挖掘应用

任务导入

陈晓白通过一周的学习，对数据挖掘应用有了一定的认识，加上他之前是学习过 Python 语言的，所以，他决定小试牛刀，对去哪儿网站上对公司业务的点评进行提取与词频分析。

任务执行

学习知识讲解中的代码，把几部分融会贯通，添加自己的代码，完成对某一景区网页上游客点评的分析。

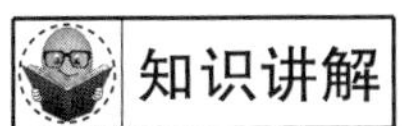

知识讲解

一、数据抓取

(一) Python 代码

以下 Python 代码，可以提取去哪儿网上的游客对某一景点的评价：

```
import requests
from lxml import etree # 要抓取的页面链接
url='https://piao.qunar.com/ticket/detail_7984.html?from=mpshouye_hotdest_sight'
headers={'User-Agent':'Mozilla/5.0(Macintosh;Intel Mac OS X 10_14_1)AppleWebKit/537.36(KHTML, like Gecko)Chrome/70.0.353 8.110 Safari/537.36'}
r=requests.get(url, headers=headers)
r.encoding='utf-8'
s=etree.HTML(r.text)
result=etree.tostring(s)
comments=s.xpath('//p[@class="mp-comments-desc"]/text()')
print(comments)
```

知识链接

lxml 和 xpath

lxml 是 Python 的一个解析库，支持 HTML 和 XML 的解析，支持 xpath 解析方式，而且解析效率非常高。

xpath，全称 XML Path Language，即 XML 路径语言，它是一门在 XML 文档中查找信息的语言，最初是用来搜寻 XML 文档的，但是同样适用于 HTML 文档的搜索。

xpath 的选择功能十分强大，它提供了非常简明的路径选择表达式。另外，它提供了 100 多个内建函数，用于字符串、数值、时间的匹配以及节点、序列的处理等，几乎所有我们想要定位的节点，都可以用 xpath 来选择。

(二) JSON 代码

去哪儿网上有些景点网页无法直接用上面的办法提取评价信息，需要使用 JSON 进行解析，以下代码可以实现这类网页评价信息的提取并保存到本地硬盘。

```
import requests
#要抓取的页面链接
url = 'https://piao.qunar.com/ticket/detailLight/sightCommentList.json?sightId=7984&index=1&page=1&pageSize=850&tagType=0&tagName=%E5%85%A8%E9%83%A8'
```

```
    headers={'User-Agent':'Mozilla/5.0(Macintosh;Intel Mac OS X 10_14_1)AppleWebKit/537.36(KHTML, like Gecko)Chrome/70.0.353 8.110 Safari/537.36'}
    r=requests.get(url,headers=headers)
    tjson=r.json()
    t=len(tjson['data']['commentList'])
    fp=open("qnercomments.txt","w",encoding="utf-8")
    for i in range(0,t):
        tempstr=tjson['data']['commentList'][i]['content']
        if tempstr !="用户未点评,系统默认好评.":
            fp.write(tempstr+"\\n")
    fp.close()
    print("已经成功地写入文件!")
```

配合循环语句,就可以连续抓取大量的数据,例如以下这段代码可以连续抓取某招聘网站上的一类职业的全部信息:

```
    import requests
    from lxml import etree
    #要抓取的页面链接
    count=1
    fp=open("info.txt","w",encoding="utf-8")
    while count<100:
    print("正在抓取第"+str(count)+"页")
    url='https://search.51job.com/list/000000,000000,0000,53,9,99,%2B,2,'+str(count)+'.html?lang=c&stype=1&postchannel=0000&workyear=99&cotype=99&degreefrom=99&jobterm=99&companysize=99&lonlat=0%2C0&radius=-1&ord_field=0&confirmdate=9&fromType=&dibiaoid=0&address=&line=&specialarea=00&from=&welfare='
        headers={'User-Agent':'Mozilla/5.0(Macintosh;Intel Mac OS X 10_14_1)AppleWebKit/537.36(KHTML, like Gecko)Chrome/70.0.353 8.110 Safari/537.36'}
        r=requests.get(url,headers=headers)
        r.encoding='gbk'#解决中文不能正常显示
        s=etree.HTML(r.text)
        result=etree.tostring(s)
        zw=s.xpath('//p[@class="t1 "]/span/a/@title')
        #jb=s.xpath('//span[@class="level"]/text()')
        #print(jd)
        i=0
        while i<len(zw):
            fp.write(zw[i]+"\\n")
            i=i+1
```

```
        count=count+1
    fp.close()
```

JSON

根据百度百科的描述，JSON（JavaScript Object Notation，JS 对象简谱）是一种轻量级的数据交换格式。它基于 ECMAScript（欧洲计算机制造商协会制定的脚本语言规范）的一个子集，采用完全独立于编程语言的文本格式来存储和表示数据。简洁和清晰的层次结构使得 JSON 成为理想的数据交换语言，易于阅读和编写，同时也易于机器解析和生成，并有效地提升网络传输效率。JSON 于 2001 年开始推广使用，在 2005—2006 年正式成为主流的数据格式，谷歌就在那时候开始广泛地使用 JSON 格式。

二、中文分词

（一）中文分词概述

将游客对景区的评价信息从网页中提取出来后，需要对评论内容进行预处理，第一步需要进行中文分词，分词就是将连续的字序列按照一定的规范重新组合成词序列的过程。我们知道，在英文的行文中，单词之间是以空格作为自然分界符的，而中文只是字、句和段能通过明显的分界符来简单划界，唯独词没有一个形式上的分界符。虽然英文也同样存在短语的划分问题，不过在词这一层上，中文比英文要复杂得多、困难得多。中文分词就是将由汉字序列组成的评价语句，通过一定的方法分割成若干个有着单独意义的汉语词条，这一步比较关键，同时也是中文文本挖掘的重点和难点。中文分词是文本挖掘的基础，对输入的一段中文成功地进行中文分词，可以达到电脑自动识别语句含义的效果。

中文分词技术属于自然语言处理技术范畴，对于一句话，人可以通过自己的知识来明白哪些是词，哪些不是词，但如何让计算机也能理解呢？其处理过程就是分词算法。分词算法一般有 3 种：机械匹配的方法、最大概率的方法、基于语义理解的方法。机械匹配的方法是最常用的方法，在借助一个词典的帮助下，它主要利用正向或者反向最大匹配的原则来分词，清华大学 CSeg&Tag 系统就是利用这种方法实现的；最大概率的方法是根据一个事先建立的常用词语的概率表，依据这张概率表，对汉字字符串可能存在的多种分词结果进行统计分析，将其中概率最大的那个结果作为该汉字字符串的分词结果，代表系统有中科院计算所 ICTCLAS 系统；基于语义理解的方法，可以实现新词识别功能，亦称为人工智能分词方法，代表系统有山西大学 ABWS 系统。

（二）Jieba 中文分词

Jieba 中文分词支持三种分词模式：一是精确模式，试图将句子最精确地切开，适合文本分析；二是全模式，把句子中所有可以成词的词语都扫描处理，速度非常快，但是不能解决歧义；三是搜索引擎模式，在精确模式的基础上，对长词再次切分，提高召回率，适合用于引擎分词。另外，Jieba 还支持繁体分词和自定义词典。

以下代码实现了对一段景区点评的中文分词。

```
import jieba
txt="扬州瘦西湖，一直是闻其名，果然是美景怡人，门票稍贵了点，不过也算值得，在湖上荡舟，别有风味。就是四月的扬州人太多了些。"
words=jieba. cut(txt)
print("/". join(words))
```

运行结果为：扬州/瘦西湖/，/一直/是/闻其名/，/果然/是/美景/怡人/，/门票/稍贵/了/点/，/不过/也/算/值得/，/在/湖上/荡舟/，/别有风味/。/就是/四月/的/扬州人/太多/了/些/。

评价关键词分析：

```
import jieba
from wordcloud import WordCloud
from PIL import Image
import matplotlib. pyplot as plt
stopwords=[]
fp=open("stop. txt","r",encoding="utf-8")
str=fp. readline()
stopwords. append(str)
while str:
    str=fp. readline()
    stopwords. append(str)
fp. close()
fp=open("yq. txt","r",encoding="utf-8")
txt=fp. read()
fp. close()
jieba. load _ userdict('gd. txt')
words=jieba. cut(txt)
print(words)
counts={}
for word in words:
    if word not in stopwords:
        #不统计字数为 1 的词
        if len(word)==1:
            continue
        else:
```

```
            counts[word]=counts.get(word,0)+1
items=list(counts.items())
items.sort(key=lambda x:x[1],reverse=True)
for i in range(50):
    word,count=items[i]
    print("{0:<20}{1:>5}".format(word,count))
wc=WordCloud()
wc.background_color="white"
wc.max_words=500
wc.font_path=r"c:\\windows\\fonts\\STHUPO.ttf"
wc.width=800
wc.height=600
wc.generate_from_frequencies(counts)
wc.to_file("wc.png")
img=Image.open("wc.png")
plt.axis('off')
plt.imshow(img)
plt.show()
```

以上代码，从游客点评的文件（通过爬虫程序从“去哪儿网”上抓取对瘦西湖景区的点评并保存到硬盘上）中读取点评信息，使用 Jieba 中文分词模块进行分词，统计分词的数量，最后列出出现最多的 50 个词，并绘制词云（如图 8－7 所示）。词云的作用是可以看出游客点评中对瘦西湖景区用得比较多的关键词。

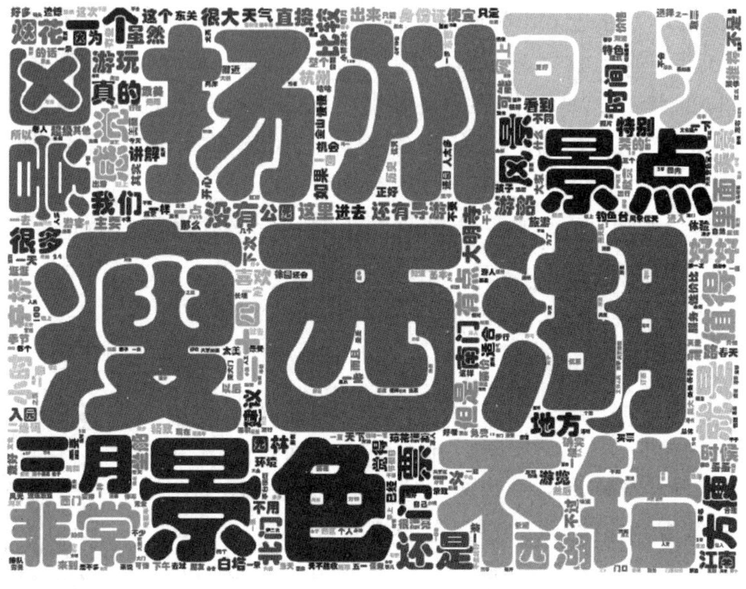

图 8－7　瘦西湖景区游客点评词云图

词云

根据百度百科的描述，“词云”（Wordcloud）这个概念由美国西北大学新闻学副教授里奇·戈登（Rich Gordon）提出。戈登曾担任《迈阿密先驱报》（*Miami Herald*）新媒体版的主任。他一直很关注网络内容发布的最新形式——那些只有互联网可以采用而报纸、广播、电视等其他媒体都望尘莫及的传播方式。通常，这些最新的、最适合网络的传播方式，也是最好的传播方式。因此，“词云”就是对网络文本中出现频率较高的“关键词”予以视觉上的突出，形成“关键词云层”或“关键词渲染”，从而过滤掉大量的文本信息，使浏览网页者只要一眼扫过文本就可以领略文本的主旨。在 Python 中使用词云包，可以很方便地进行词云图的绘制。

任务拓展

本项目示例代码没有实现对游客点评的情感分析，请以四人为一个项目小组，利用 SnowNLP 包，对一段游客点评进行情感分析。

任务反馈

可能有同学发现，某些网站通过一般的方法无法提取到有用信息，这是因为这些网站采用了反爬虫技术，这些网站不希望内容能被轻易获取，比方说电商网站的交易额、顾客的反馈等。

例如，猫眼电影里，对于票房数据，展示的并不是纯粹的数字，页面使用了 font-face 定义了字符集，并通过 unicode 去映射展示。也就是说，除去图像识别，必须同时抓取字符集，才能识别出数字。再如，美团里用到的是 background 拼凑，数字其实是图片，根据不同的 background 偏移，显示出不同的字符，并且在不同页面，图片的字符排序也是有区别的。再如，汽车之家里，把关键的厂商信息做到了伪元素的 content 里。

这是因为这些内容，往往是一个产品的生命线，必须做到有效地保护。这就是爬虫与反爬虫这一话题的由来。

拓展阅读

《旅游业现黑科技，“情感分析”技术助旅客规划旅途》

黑科技正在改变着传统的旅游行业。比如，通过感官知觉和生物识别技术，提供用户真实的潜意识反馈，帮助旅游企业吸引用户进行旅行产品的预订。

扫描二维码，阅读全文

《人工智能或将重定义旅游景区服务》

旅游休闲成为一种新常态。但事实层面是，尽管旅游人次众多，市场庞大，可多年来发展质量始终不高，过度依赖门票经济，导致整体产业的商业价值和想象空间一直被低估。

扫描二维码，阅读全文

项目测评

【知识/技能评价】

1. 能否应用 Python 语言进行简单的程序设计？
2. 能否进行简单网页的数据提取？
3. 能否提取网页上以 JSON 形式存在的数据？
4. 能否进行词频分析和利用词云包进行词云绘制？
5. 能否应用 Jieba 包进行中文分词？
6. 能否应用 SnowNLP 包进行文本情感分析？
7. 能否综合应用上述技能进行简单的数据分析？

项目实训

【实训背景】

陈晓白同学的景区游客点评的词频分析报告提交给主管后，主管认为完成得不错，并交给他一个正式的任务：对去哪儿网上有关景区景点的游客评价的情感倾向进行分析，为公司的旅游线路设计的安排作参考。假设你是陈晓白，你如果开展这一工作呢？

【实训目的】

通过实训，加深对旅游数据挖掘的理解，通过对某一景点的游客评价的数据采集、数据存储和对数据的情感分析，使学生具备旅游数据挖掘的基本技能要求，并激发他们对旅游数据挖掘工作的兴趣。

【实训任务】

1. 利用网页数据提取和文本情感分析技术，对某景区景点游客评价进行分析，得出某种结论，并把工作过程写成报告。
2. 文字需要是正规书面用语，结论需要有数据支持。
3. 情感分析的结果需要得出正向评价的平均概率。
4. 要有 Python 源代码。
5. 要对所使用的理论和技术进行介绍。
6. 要符合一般论文的格式要求。
7. 建议文章中用到相应的表格、图片。

8. 要注意报告的 Word 排版。

9. 项目设计报告不少于 2 000 字。

【实训反馈】

以四人为一个小组，完成顾客点评情感分析项目，并撰写分析报告，制作演示文稿，每组安排一名同学负责汇报并和全班同学一起分享成果。

参考文献

[1] Robert Layton. Python 数据挖掘入门与实践［M］. 杜春晓，译. 北京：中国工信出版集团，2016.

[2] Gordon S. Linoff，Michael J. A. Berry. 数据挖掘技术——应用于市场营销、销售与客户关系管理［M］. 3 版. 巢文涵，张小明，王芳，译. 北京：清华大学出版社，2013.

[3] 卢辉. 数据挖掘与数据化运营实战：思路、方法、技巧与应用［M］. 北京：机械工业出版社，2013.

[4] 托马斯·W. 米勒. 营销数据科学：用 R 和 Python 进行预测分析的建模技术［M］. 崔立真，鹿旭东，译. 北京：机械工业出版社，2016.

[5] 王新宇. 基于情感词典与机器学习的旅游网络评价情感分析研究［J］. 计算机与数字工程，2016（4）.

[6] 王新宇，阮立新. 基于机器学习的旅游大数据分析研究——以旅游网络评价情感分析为例［J］. 中国旅游评论，2016（2）.

[7] 林杰斌，刘明德，陈湘. 数据挖掘与 OLAP 理论与实务［M］. 北京：清华大学出版社，2003.

图书在版编目（CIP）数据

旅游电子商务/周春林等编著 . -- 北京：中国人民大学出版社，2020.4
21 世纪高职高专规划教材 . 旅游管理系列
ISBN 978-7-300-28003-5

Ⅰ.①旅… Ⅱ.①周… Ⅲ.①旅游业-电子商务-高等职业教育-教材 Ⅳ.①F590.6-39

中国版本图书馆 CIP 数据核字（2020）第 049430 号

21 世纪高职高专规划教材·旅游管理系列
“十三五”江苏省高等学校重点教材
旅游电子商务
周春林　李俊楼　王新宇　等编著
Lüyou Dianzi Shangwu

出版发行	中国人民大学出版社		
社　　址	北京中关村大街 31 号	**邮政编码**	100080
电　　话	010－62511242（总编室）		010－62511770（质管部）
	010－82501766（邮购部）		010－62514148（门市部）
	010－62515195（发行公司）		010－62515275（盗版举报）
网　　址	http://www.crup.com.cn		
经　　销	新华书店		
印　　刷	北京溢漾印刷有限公司		
规　　格	185 mm×260 mm　16 开本	**版　　次**	2020 年 4 月第 1 版
印　　张	19 插页 1	**印　　次**	2021 年 1 月第 3 次印刷
字　　数	435 000	**定　　价**	42.00 元

信息反馈表

尊敬的老师:

您好！为了更好地为您的教学、科研服务，我们希望通过这张反馈表来获取您更多的建议和意见，以进一步完善我们的工作。

请您填好下表后以电子邮件、信件或传真的形式反馈给我们，十分感谢！

一、您使用的我社教材情况

您使用的我社教材名称			
您所讲授的课程		学生人数	
您希望获得哪些相关教学资源			
您对本书有哪些建议			

二、您目前使用的教材及计划编写的教材

您目前使用的教材	书名	作者	出版社
您计划编写的教材	书名	预计交稿时间	本校开课学生数量

三、请留下您的联系方式，以便我们为您赠送样书（限1本）

您的通信地址			
您的姓名		联系电话	
电子邮箱（必填）			

我们的联系方式:

地　址: 苏州工业园区仁爱路158号中国人民大学苏州校区修远楼

电　话: 0512-68839320　　传　真: 0512-68839316

E-mail: huadong@crup.com.cn　　邮　编: 215123

网　址: www.crup.com.cn